魏忠贤

帝国阴谋家

清秋子◎著

中国言实出版社

图书在版编目（CIP）数据

魏忠贤：帝国阴谋家／清秋子著. —北京：中国言实出版社，2014.9

ISBN 978-7-5171-0734-7

Ⅰ.①魏…　Ⅱ.①清…　Ⅲ.①魏忠贤（1568~1627）-传记　Ⅳ.①K827＝48

中国版本图书馆 CIP 数据核字（2014）第 186369 号

责任编辑：郭江妮

出版发行　中国言实出版社
　　　　　　地　　址：北京市朝阳区北苑路 180 号加利大厦 5 号楼 105 室
　　　　　　邮　　编：100101
　　　　　　编辑部：北京市西城区百万庄大街甲 16 号五层
　　　　　　邮　　编：100037
　　　　　　电　　话：64924853（总编室）　64924716（发行部）
　　　　　　网　　址：www.zgyscbs.cn
　　　　　　E-mail：zgyscbs@263.net
经　　销　新华书店
印　　刷　北京毅峰迅捷印刷有限公司
版　　次　2015 年 10 月第 1 版　2020 年 8 月第 2 次印刷
规　　格　710 毫米×1000 毫米　1/16　21.5 印张
字　　数　277 千字
定　　价　68.00 元　ISBN 978-7-5171-0734-7

前言 他是怎样爬上去的

这本书说的是一个恶人。

有人也许要问了：恶人，乃人人厌之，为何要为他作传？

我认为：恶人之为恶，也须有他的道行。对这类人要是剖析透了，于善良的人们也有警觉的功用。特别是剖析一个出身无赖、一字不识的小人物，是如何见风使舵、巧为攀援，最后竟能爬上高位、左右大局的，就更有意义。

他是用什么伎俩讨得上司喜欢的？是用什么利器撬开权力大门的？是用什么手法避开灭顶之灾的？是用什么权术逐个灭掉对手的？是靠什么力量登上舞台中心的？

——考究考究，或许可以提高我们的识别善恶的能力。

好了，我们先来说说什么是"八千女鬼"？

这是一个拆字法的字谜。

关于"八千女鬼"，早年民间有各种传说。相传，大名鼎鼎的诸葛亮于军中闲暇时，写过一本奇书，叫《马前课》，专门预测天下大事。这"课"，乃占卜之义。"马前课"就是在马前起一卦。书中有一句，预言了蜀国未来的命运，是说"无力回天，鞠躬尽瘁。阴居阳拂，八千女鬼"。

看过《出师表》的人都知道，第一句里的"无力回天，鞠躬尽瘁"

是讲他自己，后面的"八千女鬼"，就是我说的这个字谜。"八、千、女、鬼"，合起来是个"魏"字。

这个传说，当然是扯淡，估计是野路子文人的附会。

陈年老酒，我们就不提了，今天就来说说搅乱了大明朝天下的权奸魏忠贤。

魏忠贤本名魏四，是河北沧州肃宁县人。肃宁，明代属北直隶河间府，是京师（今北京）之南、平原上的一个穷县。他家的村子，在肃宁县西北，潴龙河畔。那时候，整个河间府地势都很低洼，十年九涝，年年欠收，穷得连皇帝都知道（据当代专家考证，是因为水利年久失修，土地盐碱化严重）。只有这肃宁西北，老天开眼，给保留了一块"宜梨之地"，也就是特别适合种梨。这地方产的大鸭梨，个大、皮薄、汁多，从宋朝时候起，就成为贡品。明朝从永乐年间开始，也开始向宫中进贡。

大概因为魏忠贤是恶人吧，魏氏老家的村子叫什么名儿，正史里均不载，倒是小说家言里有写做"梨树村"的，有写做"魏家庄"的，姑且存疑。

这魏四就生长在这么一个地方，用北方土话讲，这出身是"满脑袋高粱花子"，只有一辈子刨土的命。可就是这位连个正经名字都没有的魏四，却没有屈从于命运。他天资机警狡诈，能言善辩，估计一天农活都没干过。从小就不务正业，四处游荡，后来又爱好赌博嫖娼、吹拉弹唱、骑马射箭，十足是个当地的"烂仔"。

这家伙聪明是聪明，但赌博上偏偏又是个臭手，欠了一屁股债。家中生计无着，闹到老婆改嫁，女儿卖给人当童养媳。史书上载，他最后被追债的"恶少年"逼迫羞辱，愤而自宫，也就是自己把自己给"阉"了，改名李进忠，找个机会进宫当了宦官。

他进宫的时候，是万历十七年（1589）。整个万历年间，太监都是不怎么得势的，他一开始干的，大概也就是扫地、倒马桶一类的活儿。此后，在宫中默默无闻30余年。到泰昌帝驾崩、天启帝即位，昔日梨树村的魏四时来运转，被皇帝赐名忠贤，开始步步登高。7年之间，位极人臣。生杀予夺，全在他一人之手；朝中公卿，竞相奔走其门；以至于民间"只知有忠贤，不知有陛下"。

据《酌中志》记载，当时魏忠贤出行，所到之地，家家都要焚香跪迎，路两旁插上杨柳花朵，"士大夫遮道拜伏，至呼九千岁"。他的仪仗随从冠盖如云，个个鲜衣怒马，浩荡疾驰如闪电，马蹄杂沓如雷鸣。一路驰过，烟尘蔽天。

如要远行，那阵仗就更大，出行之前京师须戒严数日，繁华闹市一时空无一人。出行时，魏忠贤本人坐八抬大轿在前，亲信坐四抬大轿紧随，后面是千名禁军簇拥，密如虫蚁，急趋而行。护卫士兵们边跑边发射鸣镝（响箭），呼啸不绝。十多支鼓乐队随行演奏，高歌猛进。夏有专车载运冰块，冬有专程运送炭火。场面之盛，超越帝王！

——这前后的境况，真有霄壤之别！

所以这个人，值得研究。

他是怎样爬上去的？主观上他做了哪些钻营？客观上他遇到了什么样的机遇？有几个历史关头决定了他的命运？有哪些人是他命中的"吉星"？为什么正直的人没能打压得住他？

最后是，这个权倾朝野的恶人，是怎样一朝覆灭的？

历史是不是真的有一条"丑恶必败"规则？

——这些，就是本书想要讲述的。

目 录

1
宦官是一群什么人

中国人都知道，在我国古代的皇权制度下，到了明朝，官员的准入、晋升制度已经很严密。也就是说，官员的来历很清楚。不识字的人，别想通过科举一途做官；没有进士资格的人，别想做到顶级高官；老爹没有立功的，就没法儿靠"荫子"的恩赏得官；一贫如洗的人，那就连捐官（花钱买官）的路都堵死了。

像魏四的这个条件，想通过正常路子做到"位极人臣"的份上，那是想也别想。他只有靠"阉"了自己那宝贵的部件，才有做大官的可能。

因此我们有必要先简略说一下"宦官"这个群体的来龙去脉。

宦官是怎么炼成的？我相信大家都知道个七七八八，在这里就不多说了，免得有污视听。反正基本条件就是：是男人，但经过手术，"命根儿"没有了，成了面光无鬚、嗓音尖细的"阉人"。具备这个条件后，再进了皇宫，做了伺候皇帝和皇族的御用人员。这类半雄半雌的稀有人物，就是宦官。

那么，这宦官的"生源"从哪里来？途径有四。一是在战争中掳掠的敌方适龄男童，二是因犯罪被籍没（即把一户人口财产全部没收入官）官员的家属，三是宫中太监回自己家乡去招聘，四是自己主动阉割、申请上岗。最后这一条，也分两种人，一种是希图就此富贵上进，一种是贫困潦倒想找碗饭吃。当然，也不是割了就一定能进得了宫的，这也需要候选。待人家选中了，才能聘任。

一般对宦官怎么称呼呢？看电视剧里，好像都叫"公公"。其实这里面学问大了。有人统计过，中国历代关于宦官的官方与民间称谓，竟有好几十种，这在古代职官的称谓中几乎绝无仅有。看得出，古代的中国人在这方面，充满了幽默感。

归类来说，以生理特色来称呼宦官的，有阉人、奄人、腐人、腐夫、刑余、刑臣、刑隶、刑人。以他们的工作性质来称呼的，有宦者、宦官；因为宦官掌管的是皇宫内苑事务，所以又称宫人、内宰、内小臣、阉人、寺人。以他们常任的一些职称来表示宦官的，称为司宫、阍寺、黄门、内常侍、中常侍、内监、少监、宫监、太监。以服饰来指代宦官的，叫做貂珰、内珰、珰。也有以宦官所处的环境来称呼他们的，因为皇帝住的地方称内廷，也称禁中，所以叫宦官为中官、中涓、内臣、内侍、内宫、内竖。

还有，要是宦官被皇帝派出宫去专差办事，就称为中使；因为宦官受皇帝宠信而骤然富贵，这样的就被称为中贵。而朝官们对宦官也有蔑称，比方：熏余、凶竖、阉竖、宦竖。至于一般人对他们的尊称，就比较简单了，一般就叫爷或公公。

中国的宦官，最早出自何时呢？据说商代就有，到周代渐成制度。《周礼》上称他们为阉、竖、寺，这都还不是贬义。指的是"看门的"（所以"阉"从"门"字旁），或是"伺候人的"（"寺"就是"侍"）。

那么皇帝老爷子要宦官来干什么呢？最早就是看门，干收发室的活儿，监视出入的各色人等。"阉""竖""黄门令"的叫法，都是来自此职务（"黄门"也就是皇宫之门）。后来，宦官们又负担起传达命令、伺候起居之职。西周的时候，不仅王室有宦官，贵族家也有，相当于一般的家臣。到后来，才逐渐变为只有皇宫和藩王府邸中才有了，成了皇家的专用人才。

这里要特别说明一点的是，秦和西汉的宦官，虽然多数是阉人，但也还用一部分士人，正常人和非正常人掺杂在一起。只是从东汉开始，宦官"悉用阉人，不复杂调他士"。（《后汉书·宦者列传》）至于用阉人当宦官的目的，一般是说统治者怕正常人在后宫服侍，容易秽乱宫廷，保不住皇族的血统纯正；还有一说是，皇帝考虑宦官没有家庭，不容易谋私，可以做到尽忠竭力。依我看，后面一条原因，恐怕才是统治者真正看重的。因为在他们眼里，奴才靠得住，人才却都不大保险。

由于宦官与君主亲近，所以往往容易得宠，进而插手政治。如果这样，其身份就不只是伺候人的了。从春秋战国时代起，齐国的竖刁、宋国的伊戾就开始参与国政。到秦末的赵高，则出任中丞相，其权势可以总揽朝政、主持废立皇帝了。他的"指鹿为马"故事，尽人皆知。

宦官集团从汉代起，就不断祸乱朝政。在中国历史上，以汉末、唐末的宦官为祸最烈。汉家天下，就是一场宦官政变"十常侍之乱"给闹垮的。而唐代中后期更甚，从肃宗到昭宗，无一不是由宦官所立。

到了魏忠贤阉了自己跑进宫里的时候，情况已略有不同。宦官在明朝，才被普遍称为"太监"。原因是，明代在宫中设置了由宦官所统领的二十四衙门，各设了一名掌印太监。"太监"这个职称，原本指的是明代宫中的上层宦官。但此后，"太监"一词逐渐泛化，变成了对宦官带有尊敬色彩的通称。明朝的宦官，气焰已经略逊于汉唐，基本不可能掌控废立了，但是也很有特色，危害一点儿也不比前代差。

明代的宦官不仅机构庞杂，而且人也多，到明末人数已达10万以上，堪称空前绝后。虽然朱老皇帝在开国后对宦官约束甚严，"洪武十七年铸铁牌。文曰：'内臣不得干预政事，犯者斩。'置宫门中。又敕诸司，毋得与内官监文移往来。"（《明史·职官志》）但由于他废除了中书省和丞相制度，导致皇帝工作负担太重，他本人和他的后代皇帝又不得不启用宦官分担政务。结果使宦官干政合法化、制度化、长期化，比如，司礼监秉笔太监握有"批红"权（即用硃笔代皇帝写诏书）；司礼监掌印太监的权势高于内阁首辅；司礼监提督东厂太监掌握了最高侦察权。太监群体正式成为国家机器的一部分，而且占据的都是"近水楼台"，所以权势熏天，很容易压倒外廷大臣。

以此来说，明朝也是宦官的一个黄金时代。某些宦官，如果机会好的话，就很有可能在这个时代大露一手，千古留名。

看来，魏忠贤对自己下手的这一刀，是下对了！

但是进了宫，又赶上了好时代，并不等于就一定能飞黄腾达。魏忠贤最先干的是"小火者"，即宫中杂役。须知，在宦官群体里，不全都是官儿，其下层也是劳动人民，只不过是御用的罢了，做的都是倒马桶、扫院子一类的活儿。

这离"内监"的金字塔顶，还差了十万八千里。

明朝在此之前，也有两个权势名气足可与发迹后的魏忠贤相媲美的"大珰"，一个是英宗时代的王振，一个是武宗时代的刘瑾。但是，人家那两位公公都识字，且学问都不错。

王振，年轻的时候就是个儒生，饱读诗书，可惜八股文不过关，屡试不第，最后连秀才文凭都拿不到。后来到某县任教官教书，依旧困顿潦倒，"九年无功"（清·查继佐《罪惟录》卷29《宦寺列传·王振》）。一怒之下，他犯了法，被判充军。恰逢成祖朱棣这时候想招一批有学问的阉人，任务是教宫内妇女识字。王振看准时机，毅然自宫，进了紫禁城。

这人一开始就有野心，不甘心当妇女扫盲教员，后来终于让他等到机会。宣宗时候，皇帝要提高宦官队伍素质，在宫内设宦官学校"内书堂"，王振有幸成为学员之一。因他以前基础就好，很快便脱颖而出，宫中都尊称他为"王先生"。宣宗欣赏王振的文采，任命他为东宫"局郎"（太子宫中太监设有六个局，局郎为下级宦官），陪侍太子朱祁镇读书，深受信赖。

太子继位为英宗，王振由此得以擅权，闹出了好大动静，不少王侯公卿都称他为"翁父"。正统十四年（1449），他心血来潮，诱导英宗亲征瓦剌，闹得明朝50万大军全军覆没，让堂堂大明皇帝当了战俘。他也被护卫将军樊忠一怒之下，当场一铁锤砸烂了脑壳。

正德年间（1506－1521）著名的大太监刘瑾，本姓谈，六岁时被太监刘顺收养。后净身入宫当太监，遂改姓刘。他也是自幼读书识字，心机极深。进宫后，凑巧侍奉太子朱厚照（也就是后来的武宗），大受宠信。朱厚照继位后，刘瑾数次升迁，最终当上司礼监掌印太监，领袖内廷。

他专擅朝政，动静也是闹得好大，奏章都可以晚上拿回家去自己批，时人称他为"立皇帝"，武宗为"坐皇帝"。后来栽倒，被判凌迟之时，从他家中抄出"金二千九百八十七万两、元宝五百万锭、银八百余万两"，其余珍宝无算。（《明史纪事本末补遗》）2001 年《亚洲华尔街日报》将刘瑾列入过去 1000 年来全球最富有的 50 人名单，不仅留名后世，而且扬名国际。

综上所述，这两个人的发迹，除了他们富于心机之外，还得有三个条件：有文化，有野心，跟对了人。

这三点，魏忠贤一条也不具备。他小子没上过一天学；进宫当宦官不过是为了躲债、谋饭吃；进了宫后辛辛苦苦 30 年，到最后跟的人也不大对，跟了一个在"移宫案"中倒了霉的泰昌帝遗孀李选侍（西李）。

他是怎么在泰昌元年（1620）新皇帝暴死之后，摇身一变乌鸦成了凤凰的？他是怎么在蹉跎多年之后，一脚踏上了时运快船的？他是怎么在天启元年（1621）"众正盈朝"的不利条件下，稳扎稳打最终赢了一把大满贯的？

看来，所谓"正奇之道""顺逆之理""福祸之机"，真是深不可测啊！

2
魏家的苦藤上结出一颗苦瓜

好了，闲话少说，书归正传。下面我们从河间府的穷乡僻壤说起，看看这个地方，是怎么出了个搅乱大明天下的巨奸阉竖的？

有人会说，穷乡僻壤远离繁华，无五色迷目、无妖冶乱心，出的应该都是淳朴乡民啊。不错，桃花源里是出良民。但中国也有一句老话，叫做"穷山恶水出刁民"。魏忠贤，就是明代肃宁县涝洼地里出的一个大大刁民。

我倒是认为，事情都不能一概而论。如果穷到了一定程度，出淳朴之民和出绝对刁民的概率都很小，最容易出的，是介于两者之间的低素质国民。

大明朝刚立国的时候，出淳朴之民的机率倒是最大。因为，朱元璋想要建立小农理想国，迁徙豪强富户到京师（今南京）和凤阳，战前的产权一律不认，不许富豪再多占田。农民不仅有田种，政府还鼓励小农开荒种地，谁种了土地就归谁。国家赋税劳役不重，朝廷也很抓了一番教化，大环境有利于出良民。

朱老皇帝还亲自写了圣谕"二十四字令"，教育小民要"孝顺父母，尊敬长上，和睦乡里，教训子孙，各安生理，毋作非为。"其实这就是乡约了，是明代的荣辱观。政府还安排残疾人，敲着梆子走村串户的宣传。工作做到了位，老百姓自然安分守己。

到了魏忠贤出世的隆庆二年（1568），情况早不一样了。什么"和睦乡里""各安生理"？那是"白头宫女说玄宗"，往事休提了！

那时候肃宁县的老百姓，跟全明朝的人民一样，正在水深火热中。最大的问题，就是没地可种。因为河间府离京师（今北京）近，明末皇室和勋臣贵戚都愿意在这里圈地占田，胃口越来越大。他们占下的田，就是所谓的庄田，也叫官田。穷（苦）老百姓早先的地，因为赋税越来越重，大伙撑不住纷纷破产，早就给卖光了。失地农民只有租官田来种，一亩交三分银子田租，灾年也不减不免。官田的租金高，租官田来种，丰年也仅够吃饱肚子；一到灾年，不卖孩子那简直就活不了。

河间府的老百姓还有一个特殊任务，就是要给国家养军马，即所谓的"官马民养"。这办法是从宣德年间起定下的。指定的养马户，五户养一匹，选一户为"马头"。五十匹为一群，选一户为"牧长"。一匹母马，一年要向国家交一匹马驹。养马户免交田租，而且还可以在官家草场上放牧。这办法看起来是挺不错，利国利民。可是，要是把马养死了要赔，交不出马驹则要拿钱来顶。而官家草场呢，早成了庄田，只能在自家地上种草。地里种了草，那吃粮朝谁要呢？

到这时候，再装淳朴那就是傻子啦。小民活不了，就卖房子卖地卖孩子。要是还撑不住的话，就男的逃亡、女的改嫁、胆子大的去当车匪路霸。

存在决定意识，屁股决定脑袋。河间府梨树村的魏家，也是一户小农。就这样的环境，出了个魏忠贤，还真是顺理成章。要是出了个陶渊明，那才是奇哉怪也，不符合因果规律了。

话说隆庆二年（1568）的大正月，月底，天气已略见暖的时候，魏忠贤呱呱坠地。

他的早年身世，史书里记载很简略。因为是恶人，又是阉过的，不是什么上得了台面的王侯将相，所以正史只是一笔带过。倒是一些小说家言，描述得五花八门，多少能品味出这苦孩子的真实状况。

首先说生下来之后取的名，其说就不一。有说叫"魏四"的，这很有可能。因为古代的农民没文化，喜欢按排行、或者按本家同辈大排行，以顺序数为名。但也有说因那一年是戊辰年，故魏忠贤的老爹给他取名"辰生"。

还有更离奇的，说是潴龙河这一带庄稼院儿的风俗，生了男孩不是请教书先生或乡绅取名，而是要"碰名"。孩子生下三天后，老爹要在神龛之前烧上香，供上鸭梨、麻糖、大馒头，烧纸磕头，求老天爷给赐个好名。然后就出门去"碰"，在第一时间碰上什么东西就取什么名。

比如，碰上娶媳妇的花轿路过，就叫"双喜"；碰上当官儿的路过，就叫"富贵"或者"财旺"……碰见好事物，就能叫个吉利名，将来准定能成材。碰见不吉利的，取了丧气的名，一辈子便出息不了。

魏忠贤在自家排行老二，他上面还有一个长他10岁的大哥，叫魏钊。这是史书上也留了名的人物。魏钊是后来改的名，一开始也是"碰名"取的名。那日，他老爹刚一出门，一只大绿蜻蜓就撞在了脑门上，老爹心里一阵儿叫苦，只好给大儿子取名"青蚂螂"。河北、北京一带的土话，把蜻蜓叫"蚂螂"（读如"妈浪"，后一字轻声）。

名不是好名，果然人也就笨，据说魏青蚂螂念了一年"社学"（明代的乡村小学），戒尺挨了无数，连《百家姓》也背不下10句来。这臭名字就这么一直叫着，直到快70岁时，老弟魏忠贤发迹成了"九千岁"，皇帝给魏青蚂螂封了"锦衣卫千户"，在写诏书之前才改名叫魏钊。取意"一手攥钱、一手拿刀"，有钱又有势力。

魏老爹给魏忠贤"碰名"的时候，因有了教训，曾经再三诚心许愿，结果一出门，看见一条大黑狗正抬腿撒尿。得！只好取名"黑狗"——魏黑狗。

这是小说家言了，聊博一笑。

其实魏忠贤打小时起就是有学名的，叫魏进忠。后来随娘改嫁，继父姓李，所以又改叫李进忠。这前夫之子李进忠，过去南方的叫法是"拖油瓶"，北方乡间的叫法是"带胡鲁子"。不管怎么说，都能看出其身世之苦。

到天启二年，皇帝开始看好他，给他赐名"忠贤"，并恩准恢复原姓。他从此才以"魏忠贤"名世。

他的名字改来改去，叙述起来就不大方便，所以本书从现在起，一般情况就一律叫他魏忠贤，省得麻烦。

关于魏忠贤的爹妈姓甚名谁，什么的干活儿，也有各种说法。比较权威的一种，是明代宦官刘若愚所著《酌中志》里说的，魏忠贤的老爹叫魏志敏，老妈姓刘，古代底层妇女名字一般不传，就叫刘氏。夫妻二人以务农为生。

刘若愚是个很有点儿来头的人，一生遭遇极富戏剧性。他原先是万历年间司礼监秉笔太监陈矩的手下，因为陈矩是个好宦官，所以刘若愚也跟着受了不少正面教育，擅长书法、颇有文才。

陈矩死后，刘若愚改属李永贞的名下。这李永贞，在天启年间是司礼监秉笔太监，著名的魏党人物，也是魏忠贤在内廷的第一心腹。后来，刘若愚渐渐也混成了秉笔太监，当然仍居于李永贞之下。

刘若愚虽然因这层关系成了魏党，但他良心未泯，对魏忠贤的恶德败行多有腹诽，只是不敢明说罢了。

据说有一次，天启皇帝和魏忠贤一干人等，叫了戏子来，在大内看戏。皇帝年轻、也随和，就叫魏忠贤点戏，唱什么都行。魏忠贤一肚子狗粪，哪里说得出个名堂。刘若愚在一旁就趁机提议，不妨演一出《金牌记》。

文章恰恰就在这里！《金牌记》讲的是秦桧陷害岳飞的"风波亭"故事。戏里讲，岳飞被十二道金牌追回，遭诬陷枉死后，老贼秦桧夜夜梦见岳飞父子三人前来索命，不能安生。于是，秦桧便与老婆王氏一起来到西湖灵隐寺，烧香还愿，超度岳飞亡灵。他还告诉岳飞的在天之灵，说"莫须有"不是他秦桧的主意，而是皇帝赵构的损招，求岳大人切勿怪罪。

哪知道，在寺里秦桧夫妇遇到了一个手眼通天的疯僧，在壁上题诗，把当初秦桧夫妇商量如何陷害岳飞的悄悄话，给揭了出来，把一对狗男女好一顿戏弄。

台上演戏的梨园子弟，见大奸贼魏忠贤在台下，又点了这么一出戏，哇靠！都兴奋异常，豁出了命去演，临时加了不少唱段和台词，把戏中的秦桧糟蹋得不成人样。

台上演得空前投入，把台下的天启小皇帝看得乐不可支，一个劲儿喊赏银子。

只有魏忠贤如坐针毡——宋时秦桧冤杀了抗金名将岳飞，魏忠贤那时也刚好冤杀了原兵部尚书兼辽东经略熊廷弼。他只觉得台上的戏子句句都是在骂他。想要让戏停下，又碍于是皇帝亲口御点的，没奈何只有干挺着。

待到饰演疯僧的演员信手写了一首七律"藏头诗"，递下台来给众人传看。天启皇帝接过，旁边有那认字的太监把奥秘念了出来，每句顶头的一字，连起来念就是"久占都堂、闭塞贤路"。魏忠贤不禁勃然变色，再也忍不住，借口泻肚子上厕所躲了出去，等散戏了才回来。

魏忠贤看《金牌记》受辱这件事，立刻悄然传开，闹得连民间都知道。

后来天启七年（1627）魏忠贤败死，崇祯皇帝钦定逆案，给魏党261人定案。大太监李永贞在这个集团中，列为二等同谋罪第四名，几乎仅次于首逆，被砍了头。刘若愚紧随其后，名列二等罪第五，也应论斩。

有人在这时候想起了旧事，上疏给崇祯说，刘若愚曾劝天启帝看《金牌记》，意在规劝。崇祯询之宫人，果有其事，于是免了刘若愚的罪。刘若愚这才拣下一条命来。

后来此人著书《酌中志》，其中有专章叙述魏忠贤的行迹，翔实可信。今人研究魏忠贤者，亦多有所摘引。

据《酌中志》介绍，魏家在肃宁县乡下原本有几亩薄田，生活勉强可过得下去。又据小说家言，魏志敏是个老实巴交的庄稼人，32岁时生了魏忠贤，之后由于家中人口渐增，生计陷于困顿。魏志敏只好进县城打零工、卖艺，挣钱养家。刘氏留在家里当留守女士，伺候庄稼，农闲的时候就织布纺线，换些零钱补贴家用。大哥魏青蚂蟥13岁起就给人扛小活（打短工），到18岁又给人杠大活（当长工），给财主卖命，当苦大力。全家就这么半糠半菜的度日。

魏忠贤7岁时，也上过两天学，可他胸无大志，不好好学习，整日偷鸡摸狗、打架斗殴，是个顽劣少年。上他家告状的人无日无之；学坊的先生也表示：坚决不教这个差生。他爹妈只好让他休学，结果他的文化基础比魏青蚂螂都不如。

老爹魏志敏为此犯了愁，干农活吧，这黑狗子哪是这块料？让这小子跟着自己上县城卖艺吧，那黑狗这一辈子就得成了下九流。没法儿，只好托人把魏忠贤送到肃宁县城一家饭馆学手艺，掂大勺、学厨师。可巧，他一个远房叔叔魏殿武，就在这家饭馆当大厨，当下多有照顾。魏忠贤不用像别的学徒那样，要给师傅端洗脚水、倒尿盆，也不用抹桌子洗碗，可以一门心思学手艺。

要说起来，魏忠贤也是庄户人家出的一个奇才。他长大后，身材魁梧，仪表堂堂，心眼既多，胆子又大。野史上称他"多机变，有小才"（宋起凤《稗史》）。他虽然是文盲，但能言善辩，记忆力极好。

这些素质，要是用到正地方，还真是见效。在叔叔手下学了半年，魏忠贤就完全入了门，选料、刀工、调料、火候，无一不通，能上手做高等宴席了。看来农民经过培训之后到底还是不一样，这一手本事，在后来还真有了用武之地。

这段时间里，他叔叔魏殿武充当了他的人生启蒙老师。每天晚上饭馆一打烊，长夜漫漫没什么事，叔叔就给他讲《三国》《水浒》，客观上给他灌输了一些诡诈、权谋和男子汉要出人头地的思想。

这一阶段他也很活跃，外出务工的生活多姿多彩。他一有空就四处游荡，吹弹歌舞，蹴球走棋，爱好良多，而且入门极快。他为人活络，广交朋友，县城里的流氓无赖，没有不喜欢他的。

可惜好景不长。他与此同时也爱好上了赌博，沉迷其中，屡教不改，成了"垮掉的一代"。叔叔很生气，就把他打发回家了。

在家里混到17岁，爹妈为了栓住他，让他走上人生正道，给他娶了亲。老婆是涿州人氏，姓冯。不久，小两口有了一个女儿。

成家后，他还是一样游手好闲，老婆孩子吃什么喝什么一概不管。只要有了点儿钱，就去赌。家里穷得低于最低收入线，他却敢于上百上千地赌输赢。赌桌上，他又狠又狡诈，总想占人家便宜，一旦赢了钱，就去吃喝嫖娼。

他老爹魏志敏本来身体就多病，为了撑持这个穷家，劳累过度，不到 50 岁就病故了，身后欠下一大笔债。魏忠贤根本不在乎，继续赌，输的多了，就卖家中的地。到最后，老妈活不下去，改嫁给一个姓李的。魏忠贤就是在这个时候跟着改了姓。

情况还是没什么改善。穷家终究养不住人，几年后，老婆冯氏也改嫁他乡了。剩下 5 岁的女儿没法养活，卖给了杨六奇家当童养媳。这个杨六奇，不管怎么说名义上就成魏忠贤的女婿了，日后可是大大的借了光，曾任左都督，虽然只是个军中的虚职，却也荣华富贵了一回。

魏忠贤又成光棍了。一个人的日子，生活成本要低多了，但赌债还是还不清。为此他没少受债主们的追逼、欺辱。据说，他老妈刘氏就是被这个不孝之子活活给气死的。

梨树村老魏家，到此是彻底败光了。魏忠贤被一帮追债的涉黑分子逼得走投无路，当了盲流，跑到外地以乞讨为生。

一位五大三粗的青壮年，若被命运逼到赖要饭以为生，那么转折点也就快到了。天道轮回，看来大明的天下靠一个乞丐和尚创始，迁延二百多年，也得由一个乞丐给彻底搞垮。

3
潦倒中他把利刃对准了自己

据说，魏忠贤在胡混的时候，偶尔找算命先生测过字。他的无赖同伴帮他写了一个字，是"囚"。算命先生一看之下，大惊，说魏忠贤将来富贵不可言："国内幸赖斯，如无斯人，国且空也。"

但是，眼下谁能信？

潦倒到这地步，魏忠贤做了深刻反省，想在重重困局中寻个突破。他把几种可能摆了摆，几乎都前景渺茫。种庄稼，一年苦到头收获无几，且受不了官府、富户催租逼债，勤劳致富只是梦，这是死路。做买卖，一文不名如何投资？名声不好如何借贷？书没读过几页，连小账都算不好，又如何操作？也是死路。当大厨，一辈子烟熏火燎；投军，人家不要。

条条大路都通不了长安了。

《圣经》曰："富人进天国，比骆驼穿过针眼还要难。"意谓奸商道德有亏，上帝不容。而在明朝末年，这话得反过来说穷人了。

陈胜吴广曰："今亡亦死，举大计亦死，等死，死国可乎？"魏忠贤既不想等死，也不想"死国"。他想到了一条路，可以活，就是把自己给阉了，当太监。

做这个选择，不容易，因为这是"绝后"，对不起列祖列宗，让人家瞧不起。但是当了太监，就能吃饱饭，而且比当官的都滋润。大明朝的正一品官员，月禄米不过八十七石，而一个宦官的禄米，则是这十几倍。若是当到了司礼监太监，一个月拿它三五百石不成问题。

不仅富而且贵。明朝的司礼监太监很容易得赐蟒衣，即官袍正面全身绣龙，与皇帝袍服同。外廷大臣即使做到位至三公，这待遇也是不可能的。

史载万历初年时，绍兴儒生朱升进京混饭，混到了山穷水尽。一日在市中遇到卜者给他算命，叹曰："当受刑之后而富贵，且长久。"朱升不信，只当是昏话，笑道："今非乱世，岂可似英布黥后而王？"归寓所之后反复思之，恍然大悟，遂自宫而投太监张大受名下，进而为司礼监大太监冯保器重，被赐蟒衣玉带，提督英武殿。数年间置下田产无数，里巷传为美谈。

金光大道不就在眼前！只不过要做点儿牺牲，去掉一个宝贵部件。魏忠贤决定牺牲。

他这个思想，其实是对的：要享福就得自己先忍受阵痛。不像有的人，只想享自己的福，让别人去阵痛吧。世上哪有这等美事？即使有了也不会长久。魏忠贤懂得因果律。

方向既已明确，下手就要快。不能等朝廷来人招太监的时候，你再去现切那玩意儿，因为手术后得有个把月的恢复适应期。

像魏忠贤这一路的，属于"自宫求进"，一般都是为生活所迫的成年人。这种人敢下这么大决心不容易，一是手术风险大、过程痛苦；二是大家都是尝到过生活乐趣的人了，要永别"性福"得有壮士断腕的铁石心肠；三是此举还有"切了也白切"的风险，就是说切了啰嗦物，也不等于人家就一定录取你，得一遍一遍去应聘，还得向负责招聘的"书办"（书记员）行贿。

由于朝廷不是每年都大批招收太监，且录取比例只是十之一二，落选者相当之多。所以从明嘉靖初年起，常年都有一两千名"净了身"的准太监在京城候着，眼巴巴地等机会。

要是切了以后，始终未能录用又怎么办？那就惨了。不男不女的，有辱家门，怎么有脸再回家去见乡亲，只能在皇城周围的寺庙里蹭着住、要着吃。其中，也有一部分流浪到河间、任丘一带去乞讨的。老百姓习惯上称他们为"无名白"或者"太监花子"。

太监后备军供大于求，这也是长期困扰皇家的一个问题。扰乱治安不说，朝廷面子上也不好看。《大明律》本来是禁止自宫的，太祖洪武帝时规定，对自宫者"杖一百流三千里"，弘治皇帝时更是严厉到颁旨一律处斩。但没饭吃的恐惧和有饭吃的诱惑，要甚于法律的威严，整个明代自宫者从来就没有禁绝过。冀北一带是明朝出太监的地方之一，穷人陷入了一种"阉割狂热"，有老爹把儿子给阉了的，有一家兄弟几个全阉了的，还有的一个村里有几百男丁统统阉掉的。

法不责众，皇帝对这个也没办法，明代实际上一直也没有处死自宫者的记录。一般就是动用锦衣卫和五城兵马司（首都公安）往外撵，不许他们暂住。最严重的，也就是发配边远卫所（军事据点）充当劳役，一遇大赦，还可以调回北京南苑种菜。

魏忠贤毅然加入了这个大军。他到底是怎么阉了自己的，说法也是五花八门。据《明史》《罪惟录》等权威著作说法，是他自己动手解决的问题。本来，阉割手术是有专门民间机构的，叫做"厂子"，就设在紫禁城的西华门外，里面有手术师五六名，统称"刀子匠"。朝廷不给他们发薪俸，但认可其手术资格，为皇家钦定阉割手术点。

刀子匠靠收手术费为生，每切一个收银六两。因为当了太监的人，都有可能将来既有钱也有势力，所以只要有担保，也可以赊帐。"厂子"里设备齐全、条件卫生，整个手术过程很规范、很科学。说白了，就是勒住，拍麻了，一刀拿下。

手术程序还很隆重，要送"红包"——酒一瓶、鸡一只或者猪头一个；双方还要签净身契约。刀子匠当场宣读了契约条文后，还要问受宫者："你是自愿的吗?"答："自愿的。"问："你这下子可是'空前绝后'了，不怨我吧?"答："不怨你。"这才能开始动刀。

估计净身的那一年，魏忠贤能吃上顿饱饭都很难，哪里有银子给刀子匠? 同时他又臭名远扬，大概也没人肯为他担保赊账。

怎么办呢? 只有自力更生。

魏忠贤天资聪明，人又胆大。他没看过阉人，但骟马、劁猪总还见过，照葫芦画瓢他就干了一家伙。可是人毕竟异于禽兽，虽然差异并不是太大，在正规的阉人所里，手术前要用艾蒿水局部消毒，要给患者服用大麻水麻醉，术后还要把新鲜的猪苦胆敷在创口消肿止痛。而后病人须在不透风的密室内躺一个月，这才成为标准的候补太监。

这魏二爷眼下是个要饭的，上述这些措施都落实不了，只能在墙角背风的地方蛮干。此外，技术上可能也有点儿问题，结果失血过多，晕死过去了。幸亏被附近庙里的一个和尚看见，出家人大慈大悲，连忙把他抱进庙里，清创、消毒、包扎。魏忠贤这才保住了小命一条，没发生致命感染。

托菩萨的福，他静养了个把儿月后，才拖着残躯告别和尚，又上街乞讨去了。京城那边迟迟没有招聘的动静，把待岗的魏忠贤等得好苦，夏宿野外，冬住颓庙，讨饭的足迹遍布肃宁县大地。本地走遍了，又上邻县去讨。

一天，他来到涿州北，住在碧霞元君道观旁边，忍不住进去求了一签。签是个上上签，说他将来能有大贵。他现在，手上要是能有半块馒头就心满意足了，这鬼话他根本不信。大贵？说能有10亩好地也许我还能信。

大话休提，还是来点儿务实的吧。他开口向观里的道士讨要剩饭，但道士们嫌他蓬头垢面、臭气熏天，谁都懒得理他。内中有个小道士，却不以貌取人，时常偷一些观里的伙食给魏忠贤充饥。世态炎凉，难得一饭，魏二爷感动得一塌糊涂，直向小道士作揖（《玉镜新谭》）。

在涿州地面上混了一段时间，魏忠贤动了进京的念头。他小时候就听给朝廷运贡梨的车把式说起过，那不是一般的地方。他想，京师毕竟地广人多，商贾稠密，冠盖如云，就是要饭恐怕也容易一些。

说走就走，他一路乞讨，来到了京城永定门脚下。那时候的北京，可说是世界第一大城，雄伟得确实可以。远望前门楼子高耸入云，气象昂然。大栅栏一带商旅骆驼成队，万方来朝。再往北走，就更不得了啦，大明门一派金碧，不似人间，往那边一蹓就是皇城了，那是天下的中心。望之俨然，中心如噎！只看上这一眼，就感觉没白活一场。

魏忠贤进京之后，人也像聪明了许多。他心想，不能消极等待，虽然自己没有知识，但只要脸皮够厚也能改变命运。从这一天起，他天天在大官们的家门口转来转去，巴望着哪个一二品大员能注意到他，赏给个差事干干。以后，就会有更好的上进机会。

我们中国哲学有个"否极泰来"定律，没啥科学道理，但常常符合规律。22 岁的魏忠贤，混到今天，比最底层的一般叫花子还少了点儿东西，成了"没势群体"的一分子，命运曲线可以说跌到最低谷，是否就该反弹了呢？

果然，这机会让他等到了。

当一个人丧失了全部的资源和机会、没法正常在社会上谋生的时候，他只有两种选择——毁灭或疯狂。年轻时的魏忠贤，是个对自己永不绝望的家伙，他不会选择毁灭。从表面看，他的堕落、破产、以至最终沦入"太监花子"的可悲境地，是一步一步在下降，而实际上，当那狠毒一刀切下去之后，他就已经完成了一个疯狂的转身。

他的悲剧的根源在于：主客观两方面的原因，把他抛到了社会这个梯级金字塔之外，完全没有了上升之阶。

一般被边缘化的可怜人，不是靠勤劳就能改变命运的，况且他也不想勤劳。

他只想在这个金字塔的底层找一个缝隙，钻进去，往上爬。一、求得温饱；二、没准还能扶摇直上。他的自宫、乞讨、流落进京，看似每况愈下，实质却是一系列极为理智的选择。他找的就是体制上的一个缝隙。

他牺牲了"色"，是为了"食"，对可能的身份转换抱有极大期待。梦想不是不可以成真。虽然他"少无赖，与群恶少博"，"猜忍、阴毒、好谀"，是农民中的一个劣质分子，乡邻皆鄙视之。但在上者与群众的眼光往往相反，他也可能恰恰就是内廷官僚集团所需要的一个优秀分子。对此，魏忠贤好像有直觉。

他整日在京城高干住宅区转悠，就是一个选择命运的主动行为。起点高，进步也就快。果不其然，没有多久，他就被一位官员看中，让他到衙门里去当听差。巨大的转机就此到来。

在这里，他的"强记"和"好诙"发挥了作用。交给他的事情办得麻利，上级就很高兴。往往主官对一个跑腿的器重，有时会胜过对副手的信任。魏忠贤于是开始走运了。最低生活保障有了，工作也很体面，最重要的是，有时还能得一些额外的赏钱。

抚着钱袋里硬梆梆的碎银，他不由心花怒放。想想昔日，那种"敝衣褴褛，悬鹑百结，秽气熏人，人咸远之。竟日枵腹，无从所归"的生涯，已恍如梦寐。

魏忠贤此时一到公余时间，又开始了花天酒地。这回没有叔叔的约束了，就放得更开。他本来就善饮，一喝起酒来不免忘形，或仰天长啸，或手舞足蹈，没有一天不尽兴的。

一来二去，不知怎么的染上了一身的疡疮。这种病，乃病毒感染，一般是不洁净所致。魏忠贤做了差人，衣服被褥要比讨饭时干净多了。病从何起，是个疑问。估计他本性难移，虽然"工具"没有了，但还是常去嫖娼（他后来当了太监，也有此癖）。一马虎，就沾了病毒。

小有得志便猖狂，老天爷恨的可能就是这种人，又开始惩罚他。他腰包里的碎银如水一般花干净了，两手空空。全身多处溃烂，臭不可闻。

这个样子，谁还敢接近。刚到手的差事，就这么又给丢了。他只好重拾打狗棍，再吃百家饭。但因为形容骇人，有碍市容，一到闹市人家就撵，连要饭也比过去困难了。转眼又是一个轮回——"昼潜僻巷乞食，夜投破寺假息。"

京师居，大不易啊！

魏忠贤再次滚下地狱，但他对自己还是不绝望。

据说有一日，他路过一个村庄，在一座废弃的土地庙里歇息。蜷在桌案下，头枕一小神像睡去，不一忽儿，便鼾声如雷。待鸡鸣时，尚在梦中，忽见一白发老人作揖跪告曰："我是这一方的司土之神，因上公您路过我们这里，我已经侍立通宵，不敢怠慢。唯你头枕的这个小鬼，还请赦免了吧。"魏忠贤惊起，却不见老者，方知是梦。再看外面——

"鸟声喧林麓，车音载道间，天将曙矣"。

魏忠贤不禁欣然有喜色。心想，既然能惊动鬼神，莫非真有后福？

不久后，他路过一家饭馆，嗅到门内异香扑鼻，脚一软，徘徊不能再走。便在门边守候，期待有善心之人能给一点儿施舍。但世上人的友善，多是对着上级来表现的，施舍一个叫花子又有何用？进出的人都对他疾言喝叱，避之惟恐不及，哪有想到要发善心的（可叹人间多短视。也许此时的一碗饭，来日起码可兑四品乌纱一顶）。

魏忠贤干乞讨这一行已堪称资深，脸皮够厚。他对此置若罔闻，坚持在门口守着，不信东风唤不回。

执着的人终有好报，最后总算等来了一位贵人。一位相面先生注意到了他，遂走近前去，将他仔细端详了一回，抚之背曰："君过五十，富贵极矣！"魏忠贤不信，只当他是说笑话。相面先生随后找来店主，嘱店主赏魏忠贤一碗饭吃。这势利老板瞄了一眼门口的太监花子，一脸不屑，对相面先生说："你若想做好做歹，便自己赏他饭吃，与我何干？为何你做好人，反倒要我出血？"

相面先生微微一叹（你就开一辈子小饭馆吧），遂从自己怀里摸出一只紫色锦囊，递给魏忠贤："我这里仅有二两银，送给你，你可半作药石之费，半做饭伙之资。钱若用尽，改日再来找我，我再给你。"

魏忠贤疑似做梦，满面惊喜，对那先生千恩万谢。两人约好了下次见面的时间地点，就分了手。

那时我国实行的是中医，医药费并不甚贵。魏忠贤只用一两银子，就在药铺配好了特效药。十几日过去，严重的痔疮居然就好了。

有了饭吃，病也好了，魏忠贤养得红光满面，与过去判若两人。再见到那位相士。相士大喜："你这番是脱胎换骨了！"魏忠贤直感激得叩头抢地。

相士和他一同来到郊外，把挂在手杖上的铜钱尽都拿来买了酒菜，说要找个安静屋子。魏忠贤恍然有所悟，便引相士来到他此前住过的破土地庙里，把燃香、酒水摆在神案上。

相士说："今日与你结为死友，他日慎勿相忘！"

魏忠贤泪流满面，说道："今日我这残生是先生所赐，说是异姓骨肉都不够，你就是我再生父母。他日苟富贵，一切听先生吩咐。假若相忘，天打五雷轰！"两人遂对着神像八拜而结盟。

相士倾其囊中所有，全部赠给了魏忠贤，说："我现在要出门远游，不知再相见是何年了。你自此当否极泰来，将有贵人相助。这是我原来备下的十年游历之资，今天全都给你。惟要嘱咐你的，是你务必以尊名里的'忠'字为念，可保善终。请永以我言铭记于心。"

两人再拜而别。相士随后即飘然而去，并不告诉魏忠贤他要去哪里，魏忠贤也没有告诉相士他那一日的梦中所见（见《玉镜新谭》）。

4

宫中的岁月也绝非天堂

　　然而相面先生终究还是没看透魏忠贤。这个仪表不俗的魏二爷终非池中之物是有可能的，但流氓哪里就能立地成佛？相士先生前脚一走，魏二爷后脚就又去下赌场、逛青楼，不知凡间有什么愁事，直把那千金散尽。

　　这次他吸取了教训，没钱也不去要饭了。好机会就像水资源，要找水你得到"水库"去找。官宦人家、豪门权贵，这才是社会资源的水库。他们把水都憋住了，你不去套近乎，他凭什么给你活命的水？

　　这一次，他选择了去给大户人家帮工挑水，趁机开展公关活动。他素来能说会道，又有豪爽之风，很容易就跟一批豪门的家仆打得火热。待火候到了，他就央求人家：把我给你们家主人推荐推荐，成吗？

　　由于这次方向选得准，很快就见了效：有人推荐他到司礼监秉笔太监孙暹家里去当佣工。

　　茫茫人海中，谁是救星？这次，真就让他给蒙对了。

　　孙暹是谁？在万历朝的中期，这个名字，在内廷外廷也是如雷贯耳的。他的职务，不光是秉笔代皇上批文件，而且还是提督东厂，是全国最大的特务头子。秉笔太监一般在内廷有好几个，倒也不稀奇，但是秉笔太监再兼提督东厂，那就是内廷的第二个爷。文武百官、皇亲国戚，全在他监视之下，只比司礼监掌印太监低半格。这在全明朝，也是数一数二的

"大水库"。

土地庙里的梦，好像是有点灵啊！

魏忠贤这回总算找对了门儿。虽然还是做苦力，但是成了个"上头有人"的人了。他知道：时不我待，再混的话就要完蛋了。于是格外卖力。这段日子，是他一生中仅有的几个月劳动生涯。

人固有性格与素质，终于起了作用。他机灵乖巧，善辨颜色，干活肯下死力，很快就受到孙公公的赏识。

在万历十七年（1589）这年，孙暹一高兴，把他推荐进宫当了"小火者"。

"小火者"是什么呢？就是宫中的杂役，职务范围是看门、打扫卫生、挑水、劈柴、跑腿儿。这是宦官金字塔中的最底层。"火者"一词，据说源自波斯语，原为"阿訇"之意，也许是在引进的过程中发生了转意。但我以为，这个"小火者"，很可能就是"小伙计"的转音。

尽管身份还是劳动人民，但毕竟进了紫禁城。这说明，"牺牲"并没有白牺牲——天底下有多少劳动人民能离奉天殿的龙椅这么近？魏忠贤狂喜，眼睛都不够用了。踩踩脚下，是中轴线的青砖；看看三大殿，四周环绕着绿树红墙。

魏忠贤知道：支点已经蹬住了，今后就看怎么爬了。他不能就这么摧眉折腰事一辈子权贵，他就要在这儿翻身！

于是，宫里的事，他就比较留心，多看、多听、多打听。比方，老规矩是如何，人际关系是怎样，皇上有几个娘娘，公公里谁权大谁权小……日子一长，都明白了个七七八八。

按照我们这些现代人的想象，这魏二爷到此就算走上坦途了，守在皇帝和娘娘的边上，要往上混，还不容易么？

非也！我们往往低估了古人的智慧。须知，紫禁城是皇家禁地、帝国的心脏，近万间房子，太监、宫人好几万，每天在这儿上班下班，操持事务，若规矩不周密，等级不森严，那还不乱了套？所以，内廷这个金字塔，结构相当严谨，运转很有规律。

往上爬？难矣哉！

魏忠贤高兴了没多少久，头脑就清醒了。他此时已经老大不小，宫中的繁文缛节，学起来脑袋都疼。而且一个河间府地痞出身的人，身上有改不了的恶习，动辄就会触犯宫中规矩，受人白眼。这不是个好干的地方啊。所谓的体制，在何朝何代都是一样的，也就是一张网。魏忠贤觉得，这网把人勒得有点儿太紧了！

宫中的太监，一般都不是吃白饭的，其平均的文化水平，比京城的胡同居民要高得多。很多人是自小就被阉了送进来，在内书堂受过系统教育的，读过四书五经的也有，通晓历朝典故的也有，精熟琴棋书画的也有。你想想，为皇上后妃办事，素质低了怎么能领会精神呢？

魏忠贤在肃宁县算是前卫的，但是一进宫，差距就显出来了。如何品字画，如何鉴宝玉，还有那些浩如烟海的典故，都让魏二爷一头雾水。别人说话，他搭不上茬儿；他说话，一开口就是硬伤。

堂堂魏二爷，在宫里成了笑柄了。人家送他一个外号，叫"魏傻子"。魏忠贤鬼精鬼灵，"傻"是不可能的，这是说他没见过什么世面。

他的岗位，是在御马监，由御马监太监刘吉祥照管。名义上，魏二爷是孙暹大总管名下的人，干却的是扫马圈的低级工作。一开始他还能夹起尾巴，小心谨慎，时间长了，本性就尽露。人家别的宦官，业余时间都能看看书、写写字，聊以消遣；他一个文盲，连《三国》都品不了，晚上真不知道怎么打发好。

喝酒、赌钱，这两项爱好又让他拣起来了。偏巧物以类聚，宫中也有三两个不成器的，魏忠贤渐渐地与同属孙暹名下的徐应元和赵进教成了酒肉朋友。

徐应元和魏忠贤很有缘分，两人同年，又是同时进的宫。徐是北直隶保定府雄县人，也是文盲一个，吃喝嫖赌样样精。他相貌奇丑，性格怪异，高兴时口若悬河，不高兴时张口就骂人。坐没坐相，站没站相，也是个典型的垮掉一代。这家伙命好，崇祯刚即位时他可是玩大了，可惜被魏忠贤拖累垮了。不过，这时候还看不出他有什么大出息。

三人行，比一个人胡闹有意思多了。他们一有空，就去饮、赌、嫖。上瘾了以后连工作都不顾了，上班只是去点个卯，瞅空子就溜号去逍遥。如此肆无忌惮地胡来，群众的意见大了。

三个人这么放肆，心里也是不踏实的。万一哪天露了馅儿，皇上发了火，上司不愿意罩着或者罩不住了，问题就将很严重。

宦官本来就是奴才，小火者更是猪狗不如，连娘娘养的一只猫都比他们尊贵。宦官就是不犯错，皇上都还要拿他们撒气。比方，走路快了、慢了，表情太高兴了或者太丧气了，都得挨一顿毒打。

万历年间，皇帝喜怒无常，把对外臣的廷杖之法也拿到内廷来责罚宦官。凡是宦官工作的地方，都常备有打人的板、杖。皇上一发话，立刻就得开打，即使冤枉了也不能辩解。东厂为了惩罚犯错误的宦官，发明了一种寿字杖，头粗尾细，打在冬瓜上，瓢烂而皮完好，打人也是一样。后来又有革新，杖里灌了铅，打上十几下就能致人死。曾有好几百宦官就死于这种杖下。

在这种压抑的环境里，前途如何？魏忠贤很茫然，为求得精神解脱，他有段时间常上宣武门外柳巷的文殊庵去拜菩萨。一来二去，认识了庵里的秋月和尚和大谦和尚，经常听他们讲佛理。有时魏忠贤高兴了，也施舍一些钱给和尚。久之，便与秋月和尚等人结成至交。

日子这么干耗下去，一晃就是10年过去了，魏忠贤越干心里越没底。在宫里打杂，还不如在肃宁县胡混来得痛快。自己才三十出头，这一辈子的命运不是看到底了么？

就在这时候，他瞄好了一个机会，想着也许能发一笔横财。此时当朝的万历皇帝，是明末最贪财的一个皇帝，他向各地派出了大批太监，充任"矿监"和"税监"，目的就是从老百姓身上榨钱。这些太监口含天宪，是皇帝老子的代表，地方官不仅不能干预，而且只有乖乖配合的份儿。

太监们若是正正经经地开矿、合法地征税，倒也罢了，老百姓谁都明白，皇家不靠这些办法搂钱，平常还怎么摆谱。但是这帮"没下边"的爷，出了京城，就没人能管束了，几乎个个都在胡来。矿监看好了哪个富户有油水，就硬说人家宅基地下面有矿，你要是不想破家，就拿钱来。税监也不含糊，在长江上商船密集的地方，隔三五里就设一个税卡。你走一趟货，一天里就要扒你几层皮。若有行贿和交税不痛快的，一声吆喝就绑了你，押在船上的水牢里泡着，一天暴打几遍，让你求死不得，只能乖乖送上银子。

要是他们为国家征税到了这么疯狂的程度，也算是古代的劳模了。其实大不然，国家利益哪能激发出这么大的疯狂劲儿来。据各种不同的史料印证，万历年间的矿税收入，十之七八是入了这些太监爷爷们的腰包。万历皇帝可能也知道一些情况，但不会想到有这么严重。他不相信奴才敢把个人利益放在皇家的利益之上，有地方官员向他告状，他也不信。

有皇帝罩着，能公开勒索民财，这机会真是千载难逢啊！魏忠贤看好的就是这个路子。

他当然没有资格去做一个方面的矿税大员，但即便是在矿税太监手底下跑腿儿，也强过扫马圈吧！

此时，万历皇帝得知四川云安县石硅寨有早年封闭了的银矿，大喜，派了太监邱乘云去四川任矿税总监。这个邱乘云不是别人，正是孙暹大老爷原先的掌家。明朝的司礼监太监，每人都有自己的一套工作班子，称为"各家私臣"。这些私臣各有其衔，分掌其事。掌家就是一家的主管，下辖管家（事务及出纳）、上房（箱柜钥匙）、司房（文书收发）。这些私臣，既可以是阉人，也可以是正常人。

这邱乘云也不是什么好东西，史有明载。他于万历二十七年（1599）去的四川。矿税太监外驻，朝廷是不给他派工作班子的，因此就只能在京城招些无赖混混儿随行。正好，欺压老百姓用好人还真不行。去的地方石硅寨是个少数民族区域，朝廷在当地任命有宣抚使。邱乘云一到，就让县令贴告示，限令家住矿脉之上的老百姓一个月内全部拆迁，官府不给任何补偿。

这一方的百姓坐不住了，找到宣抚使马千乘，求他代为说情。马千乘是个爱民的好首领，他自己拿了五千两银送上，请求勿骚扰百姓。邱乘云见钱眼开，同意了，不过要求贿银再加一万两，皇帝那儿他自可说妥。

当地官民又凑了一万两银奉上。不料消息在当地有所走漏，邱乘云臭名扬于外。他不由迁怒于马千乘，便将这一万五千两银派人送往了京城，面呈皇上。并附密奏一道，称："石硅土司马千乘向奴婢行贿白银一万五千两，阻挠开矿。现将此银献与皇上，听候处置。"万历见了奏报，又怒又喜，对众臣说："上下内外，有哪一个似邱乘云这般忠心？"于是下诏，将马千乘逮入云安大牢，听候查处。

马千乘的夫人是个女中豪杰，立刻四下里奔波营救。可是万历皇帝不理政是出了名的。人一关起来，就不判也不放。到京师去疏通，刑部里也是衙署空空，无人理政。马千乘在狱中关了三年多，竟然连罪名也无一个。他郁闷百结，难以释怀，最终病殁于云安狱中。

这一下，石砫一带民情激愤，人人要反，都想要拿下邱乘云为好官抵命。邱乘云手下那些开矿的爪牙，也被石砫军民打得抱头鼠窜。邱乘云便诬称石砫土兵已反，呼吁附近的总兵官来镇压，但镇守将领们都知道内情，谁也不动，只说是矿源早已枯竭了，还是不要激变当地土著为好。

事情捅到万历那里，两种说法互相矛盾。万历皇帝也不想把事情闹大，既然一万五千两银已经到手，也就含糊过去算了。邱乘云知道地头蛇不好惹，只得罢了手，另寻财路。

那个好官马千乘的夫人，后来成了明末大名鼎鼎的"剿贼"女英雄。她就是秦良玉。

当时给矿税太监当马仔，是个吃香的差事，好多人挤破头都要去，因为明朝的官僚集团，实质就是一个庞大的分肥机制，在中下层要是占了好位置，也能狐假虎威捞他一笔。魏忠贤于是向孙暹委婉地提出，要去四川给邱乘云效力。他想，好歹自己和邱乘云同属孙公公名下，况且邱公公也是从御马监起家的，这也算多了一层渊源关系。去邱公公的手下干活儿，他能不照顾一下吗？

孙暹觉得这魏忠贤不怕蜀道难，非要到第一线去，也是满有上进心的，就答应了。

魏忠贤大喜，想方设法筹了点盘缠，就上了路。

四川重庆府离京城五千里不止，魏忠贤风餐露宿，走了两个月，总算走到。一路有美梦支撑着，倒也是——越苦越累心越甜。

哪知道，他这一去，惹怒了一个人。谁呢？是邱乘云在京的掌家，名叫徐贵。这个人的资格比较老，魏忠贤的那点儿臭事他全知道。徐贵见魏忠贤此去，纯粹是准备放手大捞一通了，于是心里有气，便写信给主子邱乘云，告了一状，把这个混蛋小火者的劣迹一一细数，提醒主子说：这不是个能干事的人。

信是走的驿马快递，比魏忠贤先到目的地。邱乘云虽然政治品质不好，在四川打击、排陷了许多正直的官员，但却是个注重效率的人，不能容忍下级宦官吊儿郎当。于是当魏忠贤兴冲冲迈进邱乘云的监衙时，等着他的是劈头盖脑一顿臭骂。邱乘云骂完了，还不解气，命人将魏忠贤关禁闭，其间还倒吊起来过，三天三夜不给饭吃，准备活活折磨死他。

可怜这位 20 年后将令全明朝都感到震恐的宦竖爷爷，此刻被倒挂了金钟，命悬一线！

然而，龙年出生的魏忠贤，好像注定了不可能就此收场。虽然 50 岁前坎坷不止，甚至几乎丢命，但又屡有贵人相助。他本来这次是死定了，眨眼间却又绝处逢生。

原来是那宣武门外的秋月和尚，此时云游到了四川，正路过忠州。那邱乘云也是文殊庵的常客，与秋月和尚是多年老友。秋月走到此地，就特地来拜访，正与邱乘云寒暄间，忽听到魏忠贤在禁闭室内杀猪似地喊救命。当下知道是魏忠贤遭了殃，秋月便起了恻隐之心，恳求邱乘云放这混小子一马。

秋月德高望重，邱乘云只好买这个面子，放了魏忠贤，还给了十两银，让他速回宫去继续扫地。

魏忠贤大难不死，对秋月和尚连连叩首相谢。秋月索性善事做到底，给自己在宫中的老友、太监马谦修书一封，嘱马谦务必要关照一下这个倒霉的小火者。

据说，魏忠贤在临行之前，恳请秋月师傅指点迷津，他说："我今日扫地，明日扫地，扫到何时方能出头？"

秋月只是说："扫尽一屋，再扫一屋，或可扫天下。"

这话里面的机锋，不知魏忠贤听懂了多少。他只能唯唯而退，别了和尚，揣着推荐信打道回府。

这个收信人马谦，又是一个魏忠贤命中的吉星。该人资格极老，早在嘉靖四十一年（1562）就入了宫，历任司礼监写字、内宫监总理、乾清宫管事，现在是伺候皇帝起居的大管家。他朝夕亲睹天颜，容易跟皇帝说上话，因而地位比较显赫。但为人宽厚，并不因此而跋扈，待朋友很真诚。

秋月和尚是他素所敬重的人，居然来了这么一封信郑重嘱托，他当然要尽力去办。

魏忠贤的命运之舟，颠颠簸簸了许久，可能看得都让人心焦了，而现在好像是——船到了桥头！

马谦果然是厚道人，见到归来的魏忠贤，看了秋月师傅的信，他没有二话，立刻给了狼狈不堪的魏二爷一些钱物。然后就四处奔走，要帮魏二爷谋个好点儿的差事。明朝人的所谓事业、所谓前程，多半是走通了关系网后就能一帆风顺，跟本人的素质、能力无关。

马公公的一番活动见了效，不管谁，都还是要买他账的，魏忠贤很有希望被安排到宫内十大库之一——甲字库当差。

不料，这件事又被徐贵大总管知道了，他不想让这个混蛋小子反过把来，就告了一个通天大状，向司礼监太监王安汇报了魏忠贤私自出宫嫖娼的事，请王安按宫规给予惩治。王安是个位高权重的大太监，为人正直，万历年间，他是皇长子身边的亲信。这是他头一次处理魏忠贤的问题，以后还有多次。

好事多磨，王安假如这次要是下了狠手，魏忠贤逃不脱一顿暴打不算，宫里的饭可能也就吃不成了。

马谦见事情要出岔子，连忙四处打点，把这事化解掉了。王安公公高抬了一次贵手——他不可能知道，这一次小小的宽恕，将给他带来多大的厄运。而且他后来，还不止一次地在魏二爷的问题上犯糊涂。

甲字库那边，掌库的太监李宗政也对马谦吐了口：就让那小子来吧。

曙光初临，鸿运当头啊。没想到，背透了的四川之行，给魏忠贤开启了一扇通天之门。他终于放下扫把，当起了内库的保管员，开始向太监金字塔的上层攀登了。

甲字库是保管染料、布匹、中草药的部门，里面存放的物料，都是由江南一带"岁供"上来的，内廷各监、司、局（二十四衙门）要是有用到的，就可奏准领取。

这地方看似平常，其实是金字塔下层一个很不错的阶梯。因为只要管物，就有贪污、勒索的机会，皇帝也不可能在这地方安置一个千里眼实时监控。有了贪污的可能，就有了结交上层的资本金，路从此就活了。

皇家内库的猫腻，几乎是公开的秘密。大太监得了好处，他不会说的。皇帝高高在上，也想了很多办法禁止内库贪污的弊病，但他想不到，宦官为了贪污能聪明到什么程度。《明史》上说："内府诸库监收者，横索无厌。"这就是说，内库保管员的好处，不光是能够直接从库里拿，还可以额外索取。宫里的物品，一般是指定专业商户来提供的，这叫"解户"。解户运送供物来入库，管库宦官可以在质量上卡你，说不合格就不合格，你得另外再去置备，折腾死你。这小小的权力，这么着就能变钱——交了钱，就让你顺顺当当入库（这法子很眼熟啊！）。

这甲字库，是个索贿的好地方，在明代这是出了名的。史载："甲字、供用等库，各处官解进纳一应钱粮，被各库各门内官、内使等人指以铺垫为名，需索面茶果、门单种种使用，致解户身家倾毙。"这里提到的所谓"铺垫"，就是勒索的方法之一。

明代设立内库，仓库保管员由宦官担任，是一大发明。而这些仓耗子，同时也发明了形形色色的来钱之道。比较主要的两种，就是"铺垫"和"增耗"。

铺垫，始于嘉靖年间，是指内库在接收商人所交的物料时，要求带有相应的包装、垫衬等物。这只不过是个名义，实质是伸手向商人额外要钱。这数目，可不是个小数，商人往往承受不起。宦官就把他们锁住拷打，或者捆起来在烈日下暴晒，直到答应行贿为止。有的商人实在交不起，被逼破产，上吊投河的都有。

增耗，这个法子是跟地方官学来的，即收东西的时候，要求比原定数量多出一部分，作为抵顶损耗之用。若多收百分之几，倒也不奇怪，但是明代内库的增耗大得惊人，白粮一石，公然加到一点八石才被收下，各项物料有被迫纳贿四百两银才得以入库的。正德朝时，纳米一百石，要加增耗银六十至九十两；到万历年间，加耗更高达十倍，江南白粮解户，鲜有不破产者。

仓官硕鼠，从来就是这么猖獗。

他们在东西入库时捞钱，在出库时也是一样。少报多支，不打条冒支，这都是通行的办法——东西拿出去就能换钱。如果贪占的数目过大，帐目上实在核销不了时，就放把火，烧了仓库，让皇上也查无可查。

现在，你该明白魏忠贤是去了一个什么样的好地方吧？

人穷志短，现在魏忠贤可不穷了，也有了大志向。从四川回来后，他脑袋大大开了窍。他不考虑是秋月和尚这样的善心人给他解了困，反而看到的是马谦位高权大，才给他带来好运。因此他认定，权大就是好办事。

他的为人处世，从这时起，有了一个非常明显的转折。

5

他终于靠近了一个准皇帝

魏忠贤开始走上层路线了。其实，地位低微的人，与身处高位上的人，是不可能平等交朋友的，只能靠拍马屁、套近乎。用流行的术语来说，就是"跟人"。

跟人，也要有术。魏忠贤准备瞄准的目标，须有如下几个特点，一是，在要害部门里掌有大权；二是，此人要吃阿谀奉承这一套；三是，此人要有点儿侠义心肠，肯出手帮忙。

魏忠贤跟定的第一个有权势的人，很巧，跟他一个姓，名叫魏朝。

这个魏朝，上述三大要素都具备，特别是第一条。他是王安名下的人，属于东宫系统，先后担任万历时代皇长子朱常洛（后为泰昌帝）和皇孙朱由校（后为天启帝）的近侍。后来升了乾清宫管事，兼掌兵杖局，也是个"大珰"了。

其时，万历皇帝对皇长子常洛不大待见，只喜欢宠妃郑贵妃的儿子常洵，所以迟迟不立太子。但是朝臣几十年都在不懈地推动这件事，到后来，凡是头脑清楚的人都能预见到，常洛立为太子只是早晚的事。

因此，王安的这个系统，潜力就非常之大。只要万历爷一驾崩，新皇帝就是常洛。现在常洛的内侍人马，将来就是皇帝的近侍，肯定要成为内廷里最有权势的一系。

魏忠贤选择"跟"了魏朝，明显的就是预先投资，这一点儿也不含糊。下了一番工夫之后，魏朝果然很满意，两人关系渐密，好到干脆认了"同宗"，结为兄弟。魏忠贤年纪稍长，为兄，魏朝则为弟，外人呼为"大魏、小魏"。

魏朝果然很仗义，为这个突然冒出来的老兄不吝鼓吹，见人就夸。特别是在顶头上司王安面前，没少为魏忠贤美言。王安这人，《明史·王安传》的评价是"为人刚直而疏"。刚直是不错的，但这个"疏"却要了命。他颇知大局，但就是用人不察，耳朵根子软，对恶人下手不狠。

王安原先处理过魏忠贤违纪的事，对这个魏傻子没什么好印象。但是听亲信下属魏朝这么一说，便以为魏忠贤真是浪子回头了。

下属对人物的品评，对领导起的作用往往不可低估。王安按照魏朝的评价观察了一下魏忠贤，果然发现了一些优点：谨慎、机灵、能干。于是他也开始器重这个"大器晚成"的内库保管员了。

不久，皇孙朱由校的生母王才人那里，缺了个伙食管理员，魏朝就大力推荐让他的"魏哥"去。

王才人虽然是皇孙的亲妈，但是在太子常洛那里，地位并不是很高。常洛宠爱的是被人称为"西李"的李选侍。李选侍的野心颇大，但可惜没生儿子，只生了个女儿"皇八妹"，将来是做不成皇帝的妈了。由此，她对王才人忌恨甚深，不许王才人与常洛见面，又派宫女监视其行动。王才人的处境，形同被软禁。

看起来，王才人这里是个"冷灶"了，但魏忠贤钻营到这里来，还是有重大意义的。因为这样一来，就可以接触到皇帝的家人了。宫中权力体系的核心，无非就是皇帝和他的老婆、孩子，无论接近了他们中的哪一个，都等于接近了皇权的最关键部分。只要跟对了人，一旦时势变异，一个小小近侍很可能会一夜间骤贵，大权在握。

魏忠贤有了这个机会，心中暗喜：为王才人办膳，一样有油水可捞；而且伺候了皇孙的妈妈，跟皇长子、皇孙也就有认识的机会。这两个人，可都是大明未来几十年最伟大的人物。魏忠贤隐隐感觉到，攀爬的前景是越来越开阔了。所谓进身之阶，已在脚下。

转到王才人这里后，他知道这位置来得不易，便格外勤勉。虽然王才人和皇孙朱由校母子正被人冷落着，但魏忠贤倒不计较"烧冷灶"。他伺候王才人伙食的同时，自然也顺带照料皇孙由校的生活。这个历史的偶然细节，日后，对晚明历史的走向居然会产生巨大影响——当时谁能想到呢？

魏忠贤对这母子俩忠心耿耿。难道他有预见？当然不可能。当时不要说皇孙，就是皇长子常洛的太子身份尚迟迟不得确立，地位很不稳定。30多岁的人了，仍是在父亲和郑贵妃的冷眼下，活得战战兢兢。常洛身边的太监，大多觉得跟着他发达无望，都纷纷以各种借口求去。有几个没走的，也都对常洛不大热心。

至于皇孙由校，用奴才们的话说："陛下（万历）万岁，殿下（常洛）亦万岁，吾辈待小官家（由校）登极鸿恩，有河清耳！"等到黄河清了，才能沾上皇孙的光，这哪等得起？一般多遥远的事物，才能用得上"河清"来比喻呢！

可见近侍们的绝望。

魏忠贤却不，他干得挺有滋味。这原因，绝不可用"政治远见"来解释，当时有远见的太监，应该跑得越远越好，万一常洛真的被常洵取代了，大家就都白干。我以为，原因还在于他的性格。《玉镜新谭》的作者朱长祚说他"言辞佞利，目不识丁，性多狡诈"，但也说他"有胆气"，这归纳得大概是不错。魏忠贤性格中，也有粗豪、仗义的一面。此时王才人母子地位可怜，他也就不免心生怜悯，伺候得越发周到。

闲来无事，魏忠贤还要哄着小皇孙，讲一点儿市井奇闻，品一段平民三国。魏忠贤年轻时穷得妻离子散，此时大约是把对那个可怜女儿的感情，移到了小皇孙身上。而皇孙由校这一面，由于李选侍存心不想让他成器，以便将来好控制，竟然不许他读书。父亲常洛因为时有身份危机，也顾不上关照。因此，皇家的人伦，可能还抵不上这平凡的主仆之情。

这一长一幼的主仆俩，内心肯定都有一种"移情"现象发生。关系给倒了过来，犹如一对父子。天启初年，权势一度很大的东林党人，曾经猛攻魏忠贤而无果，就是他们忽略了这一层关系。他们仅以"内臣不得干政"的祖制、以正义与礼法来发难，当然不能奏效。因为在皇权政治的核心，除了原则和赤裸裸的利益之外，还有人之常情在！

可是，正当魏忠贤把冷灶烧得正起劲的时候，这灶忽然倒了！李选侍长期压迫王才人，甚至于毒打凌辱。王才人郁结于心，想不开，死了。这一年，是万历四十七年（1619），宫里的大变化很快就要到了，可惜她没能等得到。

王才人被"殴毙"，李选侍如愿以偿。她自己生不了儿子，就鼓动常洛去跟万历皇帝说把由校交给她照看。小皇孙从此就被李选侍控制。

王才人一倒灶，魏忠贤没了着落，只能重回甲字库。但有了这一段经历，他受益匪浅，不仅熟悉了很有潜质的常洛父子，还搭上了强势人物李选侍的关系，经常为她办一些事。渐渐地，魏忠贤竟成了李选侍的亲信。这当然也符合"王八瞅绿豆"的规律。

说话间，就来到了万历四十八年（1620）。进了七月，出大事了，万历皇帝驾崩。这个以懒和贪财闻名的皇帝，带着天下财物还远远没搜刮够的郁闷，见老祖宗去了。此后的一个月内，政局让人眼花缭乱。大明朝，走马灯似地换开了皇帝。

委屈了好多年、勉强才当上太子的常洛，终于熬到见了天日。可惜的是，他刚想在朝政上有一番作为，却中了老皇帝的遗孀郑贵妃使的"美人计"，接受了她馈赠的 8 名美女（一说 4 名），昼夜加班"宠幸"。结果纵欲过度，上任刚满一个月，就伸了腿儿玩完了。这就是福薄命薄的泰昌帝。

这下子，本来"河清无日"的小皇孙朱由校，眨眼之间就被推上前台，成了皇帝，是为天启帝。

紫禁城，一个月里死了两个皇帝，这已经足以让人目瞪口呆。而从万历皇帝死前，到天启帝即位，宫内外各种势力又展开了连环恶斗，出现了一系列诡异的政治事件。先有"妖书案""巫蛊案"，后有震动朝野的"梃击案""红丸案"和"移宫案"。

后面的这三个，就是晚明有名的"三大案"。其诡异万端、纠缠错结，即便几百年后，也还是让人惊异不止。

大明走到末路上了。天下虽尚未乱，朝中先乱起来了。乱局中，就该有枭雄出世。可是这枭雄本人，此刻还根本就没有这个意识。

日后注定要搅乱大明朝的魏忠贤，这段时间在干什么呢？泰昌帝即位后，外廷有刘一璟、韩爌这样的"正人"新入阁，内廷是老成持重的王安主持大局，朝政还算是清明，不容魏忠贤有更多的幻想余地。他此时最大的理想，大概是什么时候能再干上伙食长，与皇家的人走得近一些，权势大一些，多捞上一点儿，以免晚景凄凉。

泰昌帝的忠仆王安，顺理成章地升任了司礼监秉笔太监。他为人虽然低调，但在内廷显然已权倾一时。要想爬，就要拍好这个人。这点儿觉悟，对魏忠贤来说，不用教就会。魏忠贤此刻就专攻王安。王安常年操劳，体弱多病，魏忠贤就殷勤上门，给他送药、送好吃的。

经过多年历练，魏二爷的痞子恶习已经收敛了许多，懂得如何示人以"憨"。一般来说，官不打笑脸人。王安也是常人，脱不了这俗套，分不清这是真效忠还是假惺惺——不到下台他怎么能分得清。于是心一软，把魏忠贤调入东宫典膳局当了头头。

这是给未来的皇帝伺候伙食了，"专督御厨"，再不是当年的冷灶。上到了这个台阶，魏忠贤已经很懂得他应该怎么表现了。

如果他的技巧仅止于送东西、溜须拍马，那么无非也就是个低能的末流野心家。认真考究起来，他这一段的攀爬技巧，还是有些过人之处的。

根据朱长祚给他做的总结，这一段，他的手段有三招。

一是狐假虎威。在我国古园林建筑设计上，有一个诀窍叫做"借景"。即园林本身不是很大，但可以借用附近大的背景，以延展其深邃阔大。在政治权术上，其实也有这一套。《玉镜新谭》说，"忠贤日随老内相（指王安）出入禁廷，而忠贤悬牙牌（出入证），衣锦黻，亦居然一内相也"。这就是政治上的借景——常跟领导在一起走，借领导之光，使自身显得比实际上要高大得多。

二是不可小看群众舆论。魏忠贤为了将来攀得高些，这段时间"先以小忠小廉事人，为入门诡诀。人人咸得其欢心，亦咸为其笼络。"光是领导满意还不成，要人人都说好才稳妥。领导本来看到的只是你的笑脸，再听到群众呼声，就对你更是不疑。

三是，好处切不要自己捞尽。朱长祚说，魏忠贤掌了东宫御厨之后，"每啬于己而丰于人，毋论大小贵贱，虚衷结好。凡作一事，众悉颂之。"这是想上进的人起码要做到的克己礼让，也是争取群众的基本手法。常见有那急功近利的官迷，总想好处自己全部搂来，闹得人人暗里讪笑、咒骂，自己给自己设下无数陷阱，其实是太不懂辩证法。

这三招，是爬升的基本功。魏忠贤进宫后为潮流所迫，也学了点儿文化。在内书堂跟着讲读官沈淮，学了不少道理。运用到实践中，倒也暗合官场三昧。

据说泰昌帝在为太子时，就很欣赏魏忠贤这一套，命他随侍皇孙朱由校。魏忠贤受命后，不以皇孙年龄幼冲而打马虎眼，而是"服劳善事，小心翼翼"。正因如此，由校对他"喜逾诸常侍"，这才有了一段史上罕见的"父子情"。

泰昌帝暴死后，昔日的小皇孙骤登大位。按说，魏忠贤的好运就该来了。他没文化，当不了秉笔太监，但做一名其他监、司、局的首脑，总还是可以吧。正如有人说的那样，能当个尚膳司的掌印太监，也许是他此时的最高理想。

但实际上，这一变局，对魏忠贤却有极大的不利。原因是，他千思万虑向上爬，却在关键时刻"站错了队"。

6

"移宫案"中的幕后高参

在前面提到的"妖书案""巫蛊案""梃击案""红丸案"发生时，魏忠贤还是个微末角色，当时在舞台中心的，是沈一贯、叶向高、方从哲这样的当朝首辅。大人物多的是，排一百名下来，也轮不到他。

但是三大案的最后一案"移宫案"爆发时，原东宫膳食官魏忠贤的名字（当时还叫李进忠），就开始出现在有关史籍上了。虽然仍是小角色，但一度在本案中的作用甚大。

移宫案的主角是李选侍。在泰昌帝死后，为了给自己争权、争名分，她几乎是独自一人与廷臣展开了储君争夺战。这一案的核心，就是李选侍以手中的朱由校为筹码，不肯搬出皇帝住的乾清宫，"偃然以母后自处"（《莲编》），试图以此达到实际上的垂帘听政。

她这么干，显然超越礼法，大明没有这个先例。前朝有这样的事情，可是后果有时很难预料。廷臣怎么能容忍？就纷纷拿了礼法这面旗帜去反对。当然，今天不乏有新一代史家认为这"姑娘"也颇值得同情。因为她不这么干，就有可能被打入冷宫，永远离开权力中心，无异于僵尸。一个只当了一个月皇帝老婆的女人，就要从无限风光堕入长沟冷月之中，其情可悯。争一争好处，也不为怪。

当时廷臣方面，有刘一璟、周嘉谟、杨涟、左光斗等一干死硬的卫道者，勇与谋兼而有之，再加上内廷有王安与之呼应，势力甚为了得。

　　李选侍当时虽然把储君由校抓在手，可是面临的压力之大，几乎不是她一个妇人能承受的。她除了内廷有几个太监可供驱策之外，无人可给予支持。在几次争夺中，她又只顾耍蛮，屡屡失误，错失了不少良机。看起来好像气势很壮，实际上内心大概惶恐得很。

　　魏忠贤就是在此时，成为李选侍的重要智囊的。他不仅受命出面奔走，而且在关键时刻还能为选侍指点迷津。他出的招子，往往非常老辣，曾在不利之中为李选侍扳回了几分。

　　魏忠贤为何要支持李选侍？这个问题，不应绕开不谈。泰昌帝生前，李选侍有所依恃，权势既显赫，政治发展空间也很大。那个时候甘愿为她奔走，可说是利益驱动。可是现在情况已经逆转，新皇帝就要即位，李选侍既不是储君的生母，又不是储君的嫡母（常洛的太子妃早已死了），等于什么名份也没有。仅仅想以先帝遗孀的身份在未来政治格局中继续发威，可能性非常小。

　　她身边的一伙内侍，受她的指使，拼命阻拦廷臣抢回储君，大多是出于习惯。主子一时还没倒，权力幻觉仍在，再加上太监集团天然对外廷的敌视，大伙还想不到那么多，都在死力捍卫李选侍。

　　可是魏忠贤不同，他是能够看得清大局的，知道外廷不好对付，也知道李选侍是在做困兽之斗。他之不退缩，又是他性格中的"胆气"使然——看到一个女人可怜而出手相助。

　　这是一个性格相当复杂的人物。当然，也不能说他很有原则，比如，他忠心耿耿伺候了王才人多时，王才人无端被李选侍殴毙，他似乎并无义愤，转而投入李选侍名下。对比之下，王安就很不同。王安正是因为此事，而对李选侍恨之入骨，遂支持廷臣坚决阻遏李选侍的图谋。

　　可是他有时又能流露出若干同情心，很难用利益去解释。过去他对小皇孙、对王才人，现在他对焦头烂额的李选侍，都是如此。史家在评价他的时候，一般都强调他勾结某人、进窥中枢，而对他同情弱者这一面，因不能给出合理解释，所以往往不提。

　　下面，我们就来看他在移宫案中出的几次镜头。

　　泰昌元年（明熹宗即位后，把万历四十八年八月之后的几个月改年号为泰昌元年,以纪念短命父皇。即1620年)九月初一凌晨,泰昌帝崩。李选侍揽权的第一个动作,是要求通政使司(皇帝秘书处)将每日奏章先交她阅过,再交嗣君看,这实际已经是在垂帘听政了。这个要求,就是让魏忠贤出来传的话(许熙重《宪章外史汇编》)。此后尽管由校很快就被廷臣们抢走了,但这个程序却一直被执行着,直到李选侍被迫搬家为止。

初一早上,大臣们闻知噩耗,兵科给事中杨涟便与吏部尚书周嘉谟商议:"天子宁可托妇人?"建议在进乾清宫哭临(瞻仰遗容)的时候,把嗣君抢过来。众大臣认为可行,于是在杨涟带领下,突破了由宦官持梃组成的防线,闯入宫中,但是却找不到如今身份已是皇长子的朱由校。原来,是李选侍把小家伙藏在了暖阁里。

首辅方从哲不是个坚定的人,他提议,可以等李选侍主动移宫以后再说。

杨涟却毫不通融,一句话就给顶了回去:"选侍无僭居乾清之理!"(《先拨志始》)杨涟此前曾上疏抨击万历的遗孀郑贵妃,很为泰昌帝看重,将他列为了顾命诸臣之一。因此在朝中威望极高,在权力出现真空的这几天,他的意见往往能左右大局。

随后,杨涟便叫人把魏忠贤传到殿上,严厉斥责,跟他讲清了藏匿新天子的罪过。

在王安的说服下,李选侍同意让由校出来见群臣,履行一个拥戴新天子的手续。可是,她刚一松手,就反悔了,急忙又拉住由校的衣襟不放。王安哪里容得她变卦,抢过由校就跑。出了暖阁,群臣一见新天子终于露面,立刻伏地山呼"万岁"。而后,由王安开路,刘一璟抓住由校左手,英国公张惟贤抓住右手,把小家伙扶上了御辇。慌忙中等不及轿夫了,就由大臣们自己抬起轿子就跑,直奔文华殿。

这一路,堪称惊心之途!不断有宦官从乾清宫里追出来,有的大喊:"拉少主何往?主年少畏人(主子年纪小怕外人啊)!"有的上去就拉住由校的衣服。这里面。出力最甚的就是魏忠贤。

可以想见当时各方的狼狈。由校不过是个16岁的孩子,见到如此多的大臣和宦官在身边呼喝奔跑，他亦是惊讶不止，面露惧色。杨涟见不是事，连忙喝斥魏忠贤等："殿下群臣之主！四海九州莫非臣子，复畏何人！"

一直追到文华殿前，此处有听命于廷臣的锦衣卫戒备森严，宦官们才怅然而归。那时候的小由校脑子还清醒，分得出好坏，对王安说："伴伴，今日安往？得髯阁下伴我！"——他只相信大胡子阁臣刘一璟。

这次抢天子事件，是魏忠贤在史籍中露面的重要一幕。

抢人失败，也许是天意。就在李选侍绝望之时，魏忠贤又给她连出了几个主意。

九月初一这天上午，群臣把由校抢回，仓促中册立了东宫。下一步，按杨涟的意见，待九月初九日正式登极。新太子在此期间，暂时安顿在慈庆宫（太子宫）。下午，李选侍又有了一个反手的机会：因泰昌帝要在乾清宫入殓，按礼，太子必须到场。

魏忠贤立刻向李选侍献计：这次一定要把嗣君扣在手中。从后来的事态发展看，这是胜败在此一举的关键决策。可惜，李选侍临阵慌乱，竟然又没能控制住太子。

一般人认为，到此，事已不可为。李选侍是无计可施了。可是魏忠贤紧接着又建言：选侍娘娘此时应该占据乾清宫不动。乾清宫是帝权象征，占住了这里，太子即使登了位，也无法行使帝权，他只有乖乖回来。

李选侍认为此计甚好，立刻采纳。她还派宫眷王春花等去慈庆宫，监视由校，不许王才人的旧日下属与由校接近。这个举措，就是要给由校造成一个印象：现在，我就是你的妈，还是回来吧。

可是，朱由校对李选侍没有好感，此刻他又是在王安监护下，因此回去是不可能的。两边就这么僵住。

李选侍赖在了乾清宫不走，这成了个严重事件。实际上严格来说，"移宫案"就是因这个事而引发和命名的。明史上之所以有这个移宫案，始作踊者，乃魏忠贤也。

到了九月初二，群臣怕夜长梦多，周嘉谟、杨涟、还有更为激进的御史左光斗等纷纷具疏，要求撵走李选侍。其中以左光斗的言辞最为激

烈，其疏云："及今不早决断，将借抚养之名，行专制之实，武氏之祸，再见于今，将来有不忍言者!"（《明史·左光斗传》）

何为"武氏之祸"？就是武则天当国、改了天下的名号。左光斗这是把事情的危害说到了极致，顿时引起朝野震惊！

李选侍看见这个奏疏，大怒，尤其厌恶疏中的"武氏"之语。魏忠贤立即建议，派人宣召左光斗入宫，让他说清楚。暗地里，准备就在乾清宫把左光斗害死，以儆外廷。

可是这时候李选侍根本召不动左光斗。魏忠贤便又支招，建议李选侍以"母子同宫"为由，不断派人去慈庆宫好言好语，务求把太子哄回来。魏忠贤也为此亲自跑了几趟。

王安知道这个企图后，大为气愤，向外廷通报了这一情况。杨涟最怕这时候出岔子，便连日穷思竭虑，在紫禁城内外奔走，挡住李选侍派往太子那里的说客。

两边在角力，太子由校则稳坐在慈庆宫。他听说左大人有一疏，便很感兴趣，派人去取了来。阅后，觉得很不错，就下令叫李选侍"速择日移宫"。——李选侍气极，不但自己的号令不行，反倒要听昔日的被监护人发号施令了。

这天，在宫门外，杨涟恰好遇见魏忠贤，便问："移宫何日?"

魏忠贤摆手道："莫说，李娘娘太恼，正欲究左御史'武氏之说'呢!"

杨涟为了吓住这个狡诈且愚的人，便故作惊诧："误矣，幸亏遇到我。常言道：'吃饭莫怍大头。'选侍要是好好移宫的话，将来封号仍在。且嗣皇已经成年了，他就算是不能把选侍怎样，你们这些当下属的，就不怕吗?"（《三朝野纪》）

魏忠贤那几日，也是在极度亢奋中，但听了杨涟的这警告，心中有所震动，默然而退。

——据说，他自此冷静下来，决定放弃对李选侍的支持，另谋他途。

角斗也马上就会有结果了。太子由校在周嘉谟的奏疏上明确批道，九月六日登极。

此后的几天，对李选侍来说，形势急转直下。

李选侍当时应对的策略有二，一是放出风说，杨涟、左光斗都将被逮捕。这原本不过是恐吓，但反而激怒了廷臣一方。二是制造延缓移宫的舆论，寄希望于首辅方从哲能从中援手。可是方从哲是个老猾官僚，哪里肯背这个恶名？他迫于舆情，反而表态支持移宫。

到初五日，群臣见李选侍仍未有挪窝的意思，而明日就是登极之日，届时新皇帝如果入住乾清宫，就会重回魔掌；如果不进乾清宫，那又成何体统？

这日一早，杨涟与众大臣齐集在慈庆宫外商量对策。杨涟态度强硬，力主天子不可回避一个宫人，他说："即使两宫圣母在，夫死亦应从子。选侍是何人？敢藐视天子如此！"

当时，从乾清宫过来探听消息的宦官穿梭不止，都纷纷为选侍说情："为何不念先皇旧宠？如此逼迫？"

杨涟被这些家伙激怒，高声斥道："你辈岂是吃李家饭的么？能杀我则罢，否则，今日不移，死不去！"（《明史·杨涟传》）

大臣刘一璟、周嘉谟也当场力挺杨涟。众人随杨涟一起闯入宫中，词色俱厉，高呼"移宫"，喊声响彻大内！连深宫中的太子由校也被惊动了。

这就是著名的"闯宫"事件，实际是廷臣忍无可忍之下的一次示威。面对群臣情绪的爆发，李选侍惶恐不已，计无所出。王安随后又进入乾清宫，对李选侍进行了一番恐吓。

据说，魏忠贤在前几天，就已劝告李选侍还是走了为好。李选侍陷入困境后，她身边的宦官都忿忿不平，却拿不出个主意来，惟有魏忠贤沉着如常。他一方面指责刘一璟、杨涟吃着皇家的俸禄，却辜负皇恩；另一方面，劝李选侍若迫不得已要移宫的话，须将宫内宝物一同移走。因为这些东西都是先帝喜爱之物，现在则天经地义归选侍所有。

魏忠贤还说，为避外廷耳目，移宝必须秘密进行，且需要一段时间一点点来。对外可称移宫需要做准备，把时间拖得越长越好。

李选侍同意了这一建议，将此事委托给魏忠贤去办。同时命她的心腹刘朝、田诏、王永福、刘逊、卢国相、姚进忠等从旁协助。

魏忠贤这一招,并不完全是为李选侍打算。他看准了移宫是势所必然,死抗是毫无意义的。若能说动李选侍移走宫中珍宝,那么他便可从中大大捞一笔。小人要想捞好处,总会鼓动上级"干事",不干事,也就没有捞财的机会。

李选侍志大才疏,左右又无真正的干才,魏忠贤一撤步,她就完全没有了抵抗能力。初五这天,在内外夹攻之下,这个倔强女人牙一咬,认输了,不等内侍帮忙,就赌气似地自己抱了女儿皇八妹,一面流泪,一面徒步走到哕鸾宫去了(宫妃的养老处)。

"移宫案"大幕就此拉下,然而,仍有余波未尽。前几日魏忠贤策划和指挥的深夜盗宝,因行动不密,被宫中警卫发觉,惹了大麻烦。

据说,魏忠贤和李选侍的心腹内侍刘逊、刘朝、田诏等人,见李选侍仓促移宫,便树倒猢狲散、谁也顾不得主子了,把李选侍的首饰衣服劫掠一空,又趁机盗窃内府财宝。有人因为太贪心了,衣服里装得太多,路过乾清门时一个跟斗绊倒,被门卫发现。可巧,在这批人里,还有一个叫"李进忠"的,与当时的魏忠贤同名。

这是移宫案中的一个附案——"诸阉盗宝案"。

新即位的朱由校得报大怒,吩咐王安追究,最后是将一干人都抓起来交到法司去了。惟独魏忠贤脱逃,他见势不好,躲到了小哥们儿魏朝那里。

抓起来的那一批人,在法司里使了钱,倒还没受太大苦,他们异口同声说魏忠贤是主谋。据此,首辅方从哲等人上奏,要求将魏忠贤正法。

大祸临头了,如何走得脱?站错队的苦果,难咽啊!我们且看他怎么办?

魏忠贤先是痛哭流涕,表示追悔莫及,求魏朝哥们儿赶紧到王安那里说情。

魏朝此时还识不破他这"哥哥"的阴险嘴脸,立马行动。亏得魏朝在宫里资历长,脑袋还灵活,编了一套瞎话,说参与盗宝的是李选侍名下的另一个"李进忠",不是此"李进忠"。王安本就生性疏阔,视魏朝为心腹，这话也就把他蒙过去了。加之前一段时间魏忠贤常给王安送人参，好印象还没消失，王安也就高抬了一次手。

魏忠贤就是这样，躲过了一劫。但饶是如此，他的情况也很不妙。

他在移宫案中的死硬态度，给新皇帝朱由校和廷臣都留下极恶劣的印象。他在"盗宝案"中的罪责，也随时可能被重新提起。

九月初六日，太子朱由校如期即皇帝位，改明年为天启元年，是为熹宗。后人又称他天启皇帝。这位新皇帝堂而皇之回到乾清宫后，"宫禁肃然，内外宁谧"，乱象一扫而空。政局清明，这对魏忠贤来说，本来就不是好事。而这位天启帝，也没忘了几天前蹦得很欢的魏忠贤，在上谕里起码有三次提到这个"李进忠"。分别提到了：他为李选侍传话说奏章要选侍看过才给嗣君看，先帝宾天日受选侍之命"牵朕衣"，以及最要命的"盗库首犯"一事。

更何况，在朝中还有一批日后被魏忠贤称为"东林党"的直臣，各个占据要津。

这么看来，魏忠贤的上进之路，等于完全堵死了。移宫案，是魏忠贤第一次登上政治舞台演出，不过，这一脚，登上的却是贼船。上去容易，下来难啊！

7
一个女人送他上青云

魏忠贤这一年已经 52 岁，叫他"老魏"，一点儿也不夸张。一个人到这岁数，如果尚无像样的功名，已基本歇菜。况且他是得罪了新上任的皇上，有上谕点名痛责，要求"以正国法"的（《明光宗实录》）。

但是魏忠贤并不沮丧。刘若愚说他为人"啖嬉笑喜"，又说他"担当能断"。朱长祚说他年轻时狂饮滥赌，"唯闻其叫啸狂跃之声，罕见其悲愁戚郁之态"。看来这个人什么毛病都有，就是没有抑郁症。

转眼来到第二年，为天启元年（1621）。从这一年起，明朝开辟了一个新时代，这个时代，延续了整整 7 年。连魏忠贤自己也绝不可能想到，这个时代，在后世史家的笔下，竟然要以"魏忠贤时代"来命名了！

转机是怎么发生的呢？

在这里谈什么历史的"偶然""必然""规律性"等等，全是多此一举。我觉得，当时所有的人都在按理智行动，可是在魏忠贤的面前，出现的却是《西游记》似的魔幻现象——河水退去，大道通天。这，就是他的运气，好得不可理喻。

帮助他力挽狂澜的，是一个女人。

《明史》里面有一篇《五行志》，是专记灾异、妖孽的。其中"妖诗"一栏收了这样一段话：

万历末年，有道士歌于市曰："委鬼当头坐，茄花遍地生。"（注："委""鬼"拼到一志，就是个"魏"字。）北人读"客"为"楷"，"茄"又转音，为魏忠贤、客氏之兆。

这就引出了魏忠贤政治生涯和日常生活中的一位女人——客氏。据高阳先生考证，"客"这个姓名极为罕见，虽然《姓苑》里收有，但历史上绝想不出有过什么名人姓客。高阳先生还很老实地说，上述一条中，"茄"怎么能转音为"客"，他弄不懂，只能照抄《明史》（见《明朝的皇帝》）。

其实是，当时京师一带的北方人，习惯上把某些读"客"音的字，读成"怯"。"客氏"在当时的读法，很可能就是"怯氏"。此例在近世也有，比方陈寅恪先生的大名，究竟如何读，至今还有争论。

这个客氏，原名叫客印月。她的身份和职业，从年轻时到死都是奶妈。但这个奶妈，是中国史甚至世界史上的第一奶妈，这么说的根据，我们要在后面讲。

她是天启皇帝小时候的奶妈。不知为什么，天启帝一直叫她"客巴巴"，于是她同时也以此名传世。这个客奶妈，是北直隶保定府定兴县老百姓侯二之妻，生有一子叫侯兴国。据史书记载，她是18岁那年被选入宫的，给朱由校当奶妈。但有今人考证，她入宫时的实际年龄，应该在25岁左右。

明代皇城的东安门外，设有"礼仪房"，老百姓俗称"奶子府"，归司礼监管。常年养着40名奶妈以备皇家用，另有80名注册奶妈，随叫随到。

这个客氏当上朱由校的奶妈，据说很有传奇性。几十名奶妈，小由校在刚出生时谁也不认，喂不了奶。太监们急了，全城去寻，抓着哺乳期的妇女就行。这样把客氏大海捞针一般捞了出来。尽管没当过奶妈，但小由校就认她，于是顺利入宫。

她入宫两年后，丈夫死了。这个女人，《明鉴》上说她"性淫而很（狠）"，《稗说》上也说她"丰于肌体，性淫"。根据是什么？就是客氏在宫中值勤，偶尔也回家，说是照料孩子，实是与人偷情。

不大正常的是朱由校。按照宫规，皇子六七岁，保姆就要出宫，可是由校大了以后，还离不开客氏。即位当了皇帝，还是一样，甚至一天不见都不行。估计是亲妈死得早，他这也是移情代偿现象。

客氏是伺候由校生活的，魏忠贤曾经两度伺候由校的伙食，这样的一条线，把魏、客两人牵在了一起。一个"代父"，一个"代母"，再加一个妈死了爹不照顾的小孩子。三个人，构成了晚明史上一个非常诡异的"百慕大三角"。

好戏，或者说悲剧，就从这里开始。

就是这个客氏，不仅为魏忠贤解脱了困境，还把他抬上了政治舞台的中心。

首先我们来看看，这个超级奶妈究竟有多牛？

泰昌元年九月二十一日，天启帝即位刚半个月，就以"保护圣躬"有功为由，加封客氏为"奉圣夫人"，并荫封她的儿子侯国兴为锦衣卫指挥使。又命户部选 20 亩好地作为客氏的护坟香火田。言官中对此颇有不同意的，御史王心一上疏，抗言此举"于理为不顺，于情为失宜"（《明通鉴》）。天启帝竟一连发下几道谕旨，说明缘由，对客氏评价道："亘古今拥祐之勋，有谁足与比者？"（《玉镜新谭》）

有了这样高得吓人的基调，客氏这个劳动人民出身的大嫂所享受到的一切，可说是"俨如嫔妃之礼"，而且还要过之。

这年冬，客氏移居乾清宫西二所，天启帝亲自到场祝贺乔迁。皇上入座饮宴，钟鼓司领头的太监亲自扮妆演戏。皇上喝得高兴，又下令，从此客氏在宫中出入可以坐小轿，专门拨给数名内侍抬轿，一切礼仪形同嫔妃，就差一顶青纱伞盖而已。

第二年，客氏又奉旨搬到咸安宫住，阵势就更大了。天启帝赐给她内侍崔禄、许国宁等数十人，还有带衔的宫人十多人。再加上跑来"投托"自愿服务的，光伺候她的下人就有好几百名。在住的地方，夏天要搭起大凉棚防暑，皇帝赐冰不绝；冬天烧大火炕取暖，贮存了木炭无数。

每逢客氏生日，皇帝必到场祝贺，连带着赏赐无计其数。客氏那里所用的钱粮，各衙门感觉比皇帝那里催得都紧。皇帝的饭伙，是客氏亲自主持打理，名曰"老太家宴"。每日三餐皇帝吃完了，撤下的御宴全部赏给客氏。于是一天三遍，宫道上端盘子的内侍往来不绝。

刘若愚后来谈及此事，不禁感叹："夫以乳媪，俨然住宫。"奶妈也能住上一座宫殿，其骄奢僭越可想而知。

刘若愚做过秉笔太监，是皇帝身边的人，见过大世面。他尚且感叹如此，可见客氏这位劳动大嫂所享到的荣宠，"中宫皇贵妃迥不及也"（《明史纪事本末》）。

那么，这位客氏究竟有什么能耐，能受到天启帝这么照顾呢？

要说客氏的发迹，以至后来的干乱朝政，是出于多大的政治企图，在史籍上找不到什么根据。这位劳动妇女奇特的一生，既是皇帝权专制所造成，我以为也是皇家特有的人情在起作用。客氏一生的某些行为，倒还真是富于劳动人民的淳厚特点，到后来，不过是她充分使用了她所能得到的特权而已——富贵之下，有几人能清醒如常？难啊！

她入宫伺候朱由校的时候，由校这里还是一处相当冷清地方，亲生母亲受窝囊气，父亲朝不保夕。太监们只当这冷灶烧不烧也没什么意义了。客印月女士倒还不势利眼，只要是奶妈该尽的义务，她都一丝不苟。

孩子就是孩子，吃了一口奶，就有亲情的血脉在。

大明的皇宫里有规矩，皇子皇孙满百日后，头发要剃光，到10多岁时才开始留发。宫里的"篦子房"就是专管这类事的。客氏对由校显然是有感情，从由校小时候起，就将他的胎发、疮痂，还有历年的剃发、落齿、指甲，都收集起来，包好，珍藏在小匣子里。

朱由校断奶以后，她干的活儿，实际上就是保姆。直到由校当了皇帝，客氏风光十足地住进了咸安宫，她也没变。天不亮就赶到乾清宫内，等候皇上睡醒。皇上一醒了，就赶紧伺候洗漱更衣。一忙一整天，直到夜里头更时分，才回去休息，天天如此。

这样快20年下来，她和天启帝情同母子，当然不奇怪。我们读过艾青先生的《大堰河——我的保姆》，"大堰河，我是吃了你的奶而长大了的你的儿子”，对此，大都没有什么异议，有人甚至很感动。那么客氏，不过就是明朝最尊贵的一位“大堰河”罢了。人虽恶，她与由校亲情深厚这一点，却不能否认。

客氏受到了天大的恩宠，就有点儿跋扈。知名的大太监孙暹、王朝辅、刘应坤、李永贞、石元雅、涂文辅一干人等，每天见到她，必叩头问好，行子侄礼。

她的私宅在正义街西、席市街北，据说今天北京的丰盛胡同，旧名为“奉圣”，就是因她而得名。她每次归家，一路都要警戒，百姓们望之惊疑。路人如有闪避不及，立遭棍棒暴打。回到家中，所有的下人都要依次叩头，口呼：“老祖太太千岁！”喧声响彻云霄。

客氏还常常“自居于皇上八母之一”。哪八母？泰昌帝皇后郭氏一；天启帝生母王才人二；泰昌帝还有个刘淑女，是崇祯皇帝的母亲，后来封了太后，为三；有两个李选侍（即东李、西李）为四、五；一个赵选侍，为六；还有一个姓名不详的“旧贵人”，为七；轮到客氏本人，就是当然的“八母”了。

如此作威作福，可见这位劳动妇女已完全变质了。朝臣对此多有不满，接连上疏，“请出客氏”，要把她撵出宫去。

由于舆论太大，天启元年九月，皇上只得让客氏搬回家去。结果，人走当天，天启帝就受不了啦，传谕内阁：“客氏……今日出宫，（朕）午膳至晚未进，暮思至晚，痛心不止”，甚至“思念流涕”（《国榷》《明史》）。

这样子哪成？连公都办不下去了。结果，没几天，又把客氏召回。吏科给事中侯震旸、御史马鸣起等数人，先后上疏谏阻，都被贬官或罚俸。

有意思的是，他们几个都不约而同地提到，客氏如此出而再入，受宠过甚，“有不忍言者”。也就是，大伙有不好说出口的话。

什么话，不好说出口？

几个人的奏疏，都提到“道路流传，讹言不一”，或者“狎溺无纪”，“内外防闲尽废”。这说的，其实都是男女暧昧问题。“防闲”，即男女之大防也。

《明季北略》上也说，客氏"年三十，妖艳，熹宗惑之"。

这就是说，是客氏给天启帝上了最初的性启蒙课，而且似乎后来也一直不大正常，否则，天启帝登极后，已经是一个 17 岁的大男孩了，怎会一日不见客氏，就丧魂落魄？这类传言，已经流入民间，所以才引起臣子的忧虑和愤怒。

从客氏的表现来看，也能看出不对头。

天启元年四月，皇帝大婚，娶了河南祥符县（今开封）生员张国纪之女，是为张皇后。张皇后是个好女人，文静端庄，知书达礼，天启帝对她很满意。这与客氏本无关系，但这老奶妈居然醋意大发，对张皇后百般刁难，连吃饭用的盆碗瓢勺都不配给。又对天启帝嗔怒道："有了新人忘旧人！"天启帝只得给她厚赏安慰（《明季北略》）。

史籍上一般都说，客氏比天启帝大 18 岁，但从后来崇祯皇帝钦定的文件里所记载的年龄倒推，她应该比天启大 25 岁。也就是说，当年这女人已经是 42 岁了，如何还能与天启帝保持姐弟恋，而且把天启帝"惑"成那样，很不可思议。

在明代，没有人敢把这个话说破。臣子的奏疏只是露骨地旁敲侧击，天启帝也不是看不出，但他发了火、惩治了上疏的人，也就完了。因此，这是一段说不清的绯闻。

讲到这里，我们大概就明白了：客氏对天启帝来说，有点儿"亦母亦情人"的关系，很有现代派色彩。这不大容易被人理解，但存在可能就是合理的。由于这层关系，她能够在相当大的大程度上影响和左右天启帝。

邪恶者永远与邪恶者为友，就是再跨越千年也是这样。客氏这颗灾星，正是魏忠贤翻身求发达的一颗福星。

一般人写明史，写到魏忠贤，都是从他这个时候写起。说他勾结客氏，开始有预谋地登上舞台。

两人很相投，关系开始密切。魏忠贤"站错了队"以后，本来是政治上基本玩完，但是客氏这只"看不见的手"，狠狠地拉了他一把。

魏忠贤是当年九月初五在李选侍贼船上栽的跟斗，差点没呛死。谁也想不到，到九月二十一日，才过半个月，就在天启帝封客氏为奉圣夫人的同一道诏书上，赫然有"魏进忠"的大名，明明白白地写着"赐太监魏进忠世荫"。诏书说，因他侍卫有功，荫封其兄魏钊（即那个留在老家的魏青蚂螂）为锦衣卫千户。

几天前还是"盗库首犯"的李进忠，现在则是"侍卫有功"的魏进忠了！

这令人目瞪口呆的转折还没完。三个月后，到年末，魏忠贤居然晋升司礼监秉笔太监，正式进入内廷高层！

明朝的秉笔太监，权重如山，他们是替皇帝批文件的。大臣有奏疏上来，提建议或者汇报情况，要先由内阁首辅替皇帝拟个意见（票拟），然后由秉笔太监按皇帝的意思，用红笔对票拟进行批示（批红）。有时候，这个"批红"究竟是皇帝的意思，还是秉笔太监的意思，就谁也搞不清了。

一场荒诞剧就这样开幕了。

在帝国的政治格局中，一颗52岁的新星冉冉升起！勿庸置疑，魏忠贤这颗出人意料的卫星，就是客氏给放出来的。除了她谁也办不到。

那么，客氏为什么要帮他这么大的忙？

8

太监在宫中也有女朋友

　　客氏之所以要力挺魏忠贤，有一个重要原因——因为他们俩是"两口子"，伴侣关系。在古代宫廷中，太监和宫女长期不能过正常家庭生活，生理和心理不免失衡。为了解决这个问题，就流行一种"对食"关系。从字面上看，是男女合伙吃饭的意思，实际就是临时夫妻。两人虽不能真的"行周公之礼"，但意思意思也聊胜于无。

　　早在汉代，宫里的这种男女互助关系就叫"对食"，到明代，因宫女常为一个固定的宦官热菜热饭，所以又称女方为"菜户"，也就是"临时老婆"的意思。单身男浆洗做饭有困难，单身女挑水劈柴乏力气，互相一补充，就协调了，有助于稳定宫内的服务人员队伍。万历皇帝原本最恨宫中男女配对儿，曾禁止过此类不伦关系，但人之基本需求，哪里禁得住？于是后来他也就不管了。

　　这个客氏，原先是"小魏"——乾清宫管事兼兵杖局掌印太监魏朝的"菜户"。魏朝是最早伺候并保护由校的太监，是真正的侍卫有功。由校对魏朝很信任，刚一即位，就给他安排了这两项要职。他和客氏，都是由校的旧人，年纪又相当，可说是很班配的一对儿。

　　这样论起来，客氏还是"大魏"魏忠贤的弟妹。可是三来两去，魏忠贤也瞧上了客氏。魏朝升了官以后，忙昏了头，魏忠贤便趁虚而入。如《甲申朝事小记》所说，这两个魏"共私客氏"。不过魏朝一开始并不知情，头上"戴了顶大大的绿帽儿"。宫中的其他人却知道底细，都等着看笑话。

纸里终究是包不住火，魏朝就是再迟钝，也有所察觉。他这才明白过来：自己曾经出大力气救下来的这个"魏哥"，原来是个白眼狼！魏朝气不过，便去责骂客氏。可哪里知道，客氏却更看好魏忠贤，当场就与魏朝掰了脸，两人高声对骂。

事情公开化了，魏忠贤要有个态度才行。此时的客氏，正是如日中天，魏忠贤掂了掂分量，便一脚蹬了利用价值相对较低的老弟，公开跟客氏结成了对食。

魏朝当然耿耿于怀。就在天启帝即位后几个月，某日晚，时近丙夜（半夜零点），魏忠贤和客氏在乾清宫西阁亲热嬉闹。恰巧魏朝路过，听到里面的浪笑，不禁气血上涌——他一脚踹开门，揪住了魏忠贤，抡拳就打。

二人你来我往一场恶斗。那魏忠贤年纪虽大，但年轻时骑马射箭都练过，身手要敏捷得多，几拳就把魏朝打了个乌眼青。

魏朝见势不好，一把拽过客氏就跑，魏忠贤跟在后面撵。两人"醉骂相嚷"，一直打到乾清宫外，惊动了已经睡下的天启帝。此外司礼监掌印太监卢受、东厂太监邹义、秉笔太监王安、李实、王体乾、高时明等，也都被惊醒。

什么人这么大胆？天启帝穿衣起来，到了殿内，卢受等八名太监侍立两侧，二魏"并跪御前听处分"。几个太监知情，就对天启帝说："愤争由客氏起也。"

天启帝一听就明白了，他不但一点儿没生气，没准儿还在心里乐，态度和蔼地对客氏说："客奶，只说谁替尔管事，我替尔断。"（《酌中志》）

有皇帝愿意做裁判，客氏就大胆地表示了她的选择。她早就厌恶魏朝的"佻而疏"，喜欢魏忠贤的"憨而壮"。有了这一表态，天启当场就点了鸳鸯谱，让魏忠贤今后专管客氏之事。名义上是让魏忠贤负责有关客氏的事务，实际是皇帝给他们俩做了大媒。

魏朝一看自己要彻底出局，心如刀搅，连忙哀求客氏不要太绝情。

王安在一旁看不下去，怒其不争，狠狠打了魏朝几个耳光，勒令他去兵杖局养病，从此调离乾清宫。

谁也想不到，这件宫里太监的"家务事"，对明末的政局、对当事的几个重要人物的命运，都有至关重要的影响。

历史有一扇诡异的门，就在此刻悄然敞开了。巨奸大蠹，从此得以登堂入室。几个在场的太监各自回去后，也许心里只是好笑。不过，巨变就从这一夜开始了！

此后客魏两人亲密来往，再无避忌。天启帝对这二人也日益宠信，把宫中的一切庶务，都交给二人打理，"惟客、魏之言是听"（《酌中志》）。内廷的控制权，于无形之中渐渐易手。

至于客氏究竟看中了魏忠贤身上什么好处？对此，后人的猜测颇多。

我相信客氏首先还是更喜欢魏二爷的性格。客氏是不大守妇道，但她的所谓性要求，也可以向别人来索取，那个时候已经无人能够约束她了。她之所以选择与魏忠贤"一帮一"，是从全面来考虑的。

在有关的史籍上，都特别强调了魏忠贤与魏朝性格上的不同。《明史纪事本末》说的是小魏"狷薄"、大魏"憨猛"。这也许可以看出一点性功能的差异来，但主要说的还是处世之道。

而魏忠贤在入宫前，已有相当丰富的阅历，这与从小长于深宫的宦官相比，是一大优势。且入宫20年后，宫里面的事情也精通了。他能示人以"憨"，就说明这家伙处世的功夫已很不得了了。

从更深层一点儿来分析，客氏此时已从默默无闻的冷宫保姆，一跃而为皇帝的"代理母亲"，她自然会从长远考虑，要选一个最合适的伙伴帮她统辖内廷，作为她维持皇帝隆宠的保障。

客氏一个女流，地位即便再高，也不可能亲任司礼监首脑。因此她选中魏忠贤，等于是选了一个代理人。当然。两人后来的利益高度吻合，无所谓代理不代理了，几乎成为一体。

客氏其实并不是个政治人物，她所做的，无非是想"固宠"。但这女人为此所采取的手段，直接改写了明朝末期的政治史。

客、魏结成合法的"伉俪"之后，气焰顿张，他俩和天启帝形成了一种奇特的三角关系。

两个男人都与客氏有特殊关系，但互相并不吃醋。反而是客氏要吃皇帝的醋，她对皇后和几个妃子都很不好。平常皇帝驾幸哪一宫，要由客氏来安排。在嫔妃当中，只有听客氏话的，才能和皇帝睡觉，反之就要受冷遇。

天启帝信任两人是为了图省事，从此"端拱于上"，像木偶一样不大问事了。客、魏则是开始有计划地清除"地雷"，要把内廷变成自己的家。

那时候王安在内廷是有很大控制权的，但因为多病，不能常见到皇上。本来魏朝在乾清宫管事，是他的一个最好的耳目和看门人。可惜因为风流事，王安把魏朝贬走，等于把门户大开。客、魏趁机控制了乾清宫事务，同时也就控制住了皇上。

天启帝上台之初的内廷局面，原本还是很清明的，有一条很坚固的"防线"。由于魏朝的不慎和王安处置的失当，这防线给生生撕开了一个口子。

客、魏两人此后的配合很默契，如果两人中有一人有事要出宫，必有另一人在宫中值班，岗位一天都不留空白。等到魏忠贤成了秉笔太监，他就可以"矫诏"了，也就是以自己的意图作为"圣旨"，等于当了半个皇上。

这个态势，对王安和正直的朝臣来说，已相当危险。

泰昌元年（1620）十二月，魏忠贤对曾经的恩人、现今落败的情敌魏朝哥们儿下狠手了。这是客魏联盟出手拔掉的第一个钉子。

他矫诏，将魏朝发配到凤阳守皇陵，把他赶出了京师。魏朝行至途中，知道前途不妙，便逃走了，窜入蓟北山中的寺庙里。后来被当地差役抓住，在魏忠贤授意下，就在献县看守所把他缢杀了——活活给勒死。

这个魏朝，死得太冤。自己引狼入室，赔了夫人又赔了命。三个月前李选侍垮台时，他要是不管魏忠贤的鸟事，最后被勒死的恐怕就是魏忠贤了!

当年魏党的重要成员之一刘若愚，后来忆及魏朝之死，也不能释怀。他认为魏朝对天启帝幼年时的呵护，居功至伟，处理二魏纠纷时，魏朝的地位还远在魏忠贤之上。天启帝何至于糊涂、或者忘恩到如此地步！

天启帝的"昏"，从这件事上开始显露，后来就越发不可收拾。凡护卫有功的，任其败死。而对于魏忠贤，"移宫之是非，选侍之恩怨，忽然尽反其态度"。著名明清史学者孟森先生认为，大明出了这样的皇帝，是"天亡之兆"；天启帝纯粹是朱家的一个"至愚极不肖之子孙"（《明史讲义》）。

魏朝败死，这只是倒下的第一颗多米诺骨牌。客魏联盟扫荡内廷的第二个目标，竟然是天启帝即位后，宫内最有权势的大太监王安。

说起王安，这是客魏二人的老主子了。王安是泰昌帝当太子时的伴读，泰昌帝一即位，马上就升他为秉笔太监，深受信任。在移宫案发生时，又是他出大力遏制李选侍的阴谋，护卫天启帝有功。

客、魏二人早年伺候皇孙朱由校时，从东宫系统上来说，就已算是王安的下属了。两人在勾结之初，曾经分析过内廷的人事，觉得王安是最具潜力的领导。于是商定，一定要拍好王安。

那时候，魏忠贤对王安毕恭毕敬。每次见王安，必撩衣叩头。王安不叫不到，不问不答，极为恭顺。

王安是个正直的人，但就有一点小毛病：喜欢奉承，不识人。魏忠贤所以能一步步靠近中枢，魏朝的作用只是美言，而起实质作用的，都是王安。尤其是在"盗宝案"的处理中，王安更是救过魏忠贤一命。

这样一位"恩公"，怎么会成了魏忠贤要灭掉的人？

那是因为客魏联盟定型后，权势陡增，已经能与王安相抗衡，他们再用不着王安这棵大树的荫凉了。相反，王安由于太正直，成为了他们的眼中钉。客、魏这种小人，本能地意识到：要想在内廷随心所欲，有王安在，就不大可能。

偏巧在这时，王安对客魏不仅构成了潜在威胁，而且也有了正面的冲突。泰昌元年（1620）十一月，王安见魏忠贤侵权日甚，就奏报天启帝，要求严惩这个无赖。恰在此时，御史方震孺、刘兰、毕佐周等接连上疏，要求逐客氏出宫。天启帝被逼不过，表现了最后的一点清醒，答应在先帝大葬礼之后就让客氏出宫，并将魏忠贤交给王安鞠问。

这是千载难逢的一个机会！

鞠问，就是审问，不老实的话可以用刑。魏忠贤在得势后，本性已露，王安应该有所警觉。可惜，这次王安又是心太软，盘问一番后，令其改过自新，就把这家伙给放了。

总之，这事确实令人扼腕。王安又放了魏忠贤一马（人参之作用，大矣），魏忠贤却不领情，反而与王安"结怨"。王安就是从这时起，成了客、魏必欲除去的第二颗钉子。

只能叹世上好人难做！

王安是个宁静的人，深居简出，嗜书如命。他还不知道，一场灭顶之灾就在眼前。

9

内廷官场的一棵老树被他挖倒

据说，在此之前的 50 年前，那还是隆万年间，京师街头就流行一句"八千女鬼乱京畿"的谶语。这一令人惊悚的预言，在天启元年（1621），变成了压在人们头顶的漫天阴云。

事情开始变得险恶起来。

这年的五月，司礼监掌印太监卢受被罢，天启帝下诏让王安接替。这个任命，应说是相当明智的一招。王安本人淡于名利，泰昌帝即位后，所有以前因伺候了常洛而有点儿政治资本的内侍，都在营求美差，而王安只以秉笔太监兼掌了巾帽局的事务，名义上并不是太监里的一把手。泰昌帝体谅王安多病，准他可以不必在御前伺候，凡是秉笔太监该看的文件，都由专人送给他看。

王安的身体现在坏到了什么程度？很严重。他出门行走无力，需要有人搀扶。说话也有气无力，十步以外人家就听不清。天启帝的任命诏书下达时，他正在称病静养，照例上了一道辞谢疏，内有"臣愿领罪不领官"之语。一般的说来，这都是例行公事，等皇上再下一诏敦请，做臣下的才可以勉为其难地接受，省得人家说"太热衷"。可是，在这个极其微妙的时候，孔孟之道的这一套虚礼，误了大事！

司礼监的另一个秉笔太监王体乾，非常想当这个掌印太监，就趁着这个空档，跑去找客氏和魏忠贤。

三个人嘀嘀咕咕，达成了一笔交易。由客、魏出招儿搞掉王安，在司礼监把王体乾"扶正"。但是将来王体乾这个"一把手"，要听秉笔太监魏忠贤的招呼。王体乾权衡一番，同意了。

这个王体乾，也是个利欲之徒。可惜王安也没把他看透，反而把他视为可信赖的朋友。

就这样，密室之内，三个龌龊小人商定了人事大计，要扳倒一棵曾经庇荫过他们的大树。

恩还未断，义就绝了。看来，人心根本不是教化就能教好的。

那时，魏忠贤在内廷势力已渐大，外廷已有个别官员看好他的潜力，开始投靠了。给事中霍维华，就是一个。霍维华按照魏忠贤的意思，上疏弹劾王安心口不一，说王安本心是想得到这个职务的，却为何要假惺惺地推辞？如果真的是病了，又为何有精神头到西山去游玩？

这本来是无事生非，可是脑子不转筋的天启帝居然就迷糊了。客氏看好时机，就在一旁吹风，说王安也确实是病得不能担大任，就让他歇了算了。

不知天启帝是真不明白官场老规矩呢，还是他体恤王安不易，居然就听了客氏的建议。王安没能等到第二次任命。这掌印太监的帽子，天启帝在考虑，也不妨就给王体乾戴上。

棋路在按照客、魏的布局在走。刚刚移动的这一步，彻底搞垮了大明一座长城。

如果王安不是这样低调，而是高调抢进，抓住这顶帽子不放。那么，天启帝身边，有能够主持正义的张皇后，外廷有刘一璟、韩爌、孙如游和即将到京入阁的叶向高等正直大臣，内廷有王安掌控，几股势力足可以把客魏联盟压制住。

可惜，正义占上风只能是在一个漫长的历史轮回中才能看得出来。

这件事情还没有完。王安尽管没有获得最高职务，但他人还在，他还长着眼睛。客氏在考虑这问题时，要更彻底一些。那就是，杀人必须头点地，否则就不要杀。

她向魏忠贤提出，只要王安活着，就终究是个危险人物，必须把他搞死!

魏忠贤稍好一点儿，毕竟没忘几个月前王安的救命之恩。要老主子的命，这得多狠！他还是犹豫，一时没有什么表示。

但是王体乾却坐不住了，他知道：不干掉王安，这顶帽子就迟迟戴不到自己脑袋上。

什么叫宫廷政治？就是狠心学！谁狠，谁赢。

王体乾已经看准了客、魏内心的微妙区别，就编了一套瞎话去说服客氏，连吓带忽悠，把客氏听得心惊，当下决定：一定要催促魏忠贤早下手！

在宫中，彩凤门内有一间直房（办公室），客、魏每天在宫中，都要在这里相见。这日，屏去左右宫女后，客氏一脸严肃，说起了王安："外廷若是有人救他，圣上一回心，你我谁能比得上西李（李选侍）？最终还不是要吃他的算计！"（《酌中志》）

她这样一说，魏忠贤才警觉起来，决意要杀掉王安。

这年七月，趁着有霍维华弹劾王安的奏疏，魏忠贤又发动"盗库诸阉"刘朝、田诏等上疏，为"盗宝"一案辩冤。天启皇帝不管这事。魏中贤便矫诏，革除了王安的大小职务，发配到南海子（现北京南苑）做最低等的"净军"，看守围墙和附近商铺。

王安一走，王体乾果然升了司礼监掌印太监。朝中有人好做官，这绝对不假！魏忠贤一控制了任免权，马上就提升自己的心腹梁栋、诸栋、史宾、裴升、张文元，统统为秉笔太监。这些人，足够帮他打理宫里所有的事，包括帮他这个文盲"批红"。

王安去南海子后，开始还有一批忠心旧属跟着，能照顾一下他的起居。

可魏忠贤并不是让王安去养老的，他授意南海子提督太监宋晋，找个机会做掉王安。那宋晋是个长者，心地善良，哪里下得了手？魏忠贤见说了几次没动静，就干脆撤了宋晋，把盗宝案中被王安整肃过的刘朝，调到南海子去管事。

这刘朝原是典兵局官，后投到李选侍名下为心腹，在盗宝案中被王安修理得够戗。同案中有几个人运气不好，已经被处死，刘朝、田诏等侥幸脱罪。他们自然是对王安恨之入骨。

小人复仇，那是要挖地三尺的！魏忠贤想看到的就是这一幕。

刘朝到任后，果然凶恶。他先是遣散了王安的随从，禁止王安和家人联系。三朝老宦，立刻落入十八层地狱之中。

刘朝故意罚王安做苦工，今日遣他去某园劳动，明日遣他去某铺干活，又不给饭吃，就想活活折磨死他。

可怜一代老臣，饥饿难耐。附近村民有看不过去的，偷偷送他一块糕、一张饼，但一旦被监视者发现，就是一顿喝斥。

王安挺不住，偷着拔了篱笆下的萝卜，藏在袖里，晚上拿出来狼吞虎咽。

如此，又是数日不死。

刘朝为了向客、魏表功，等不及了。九月二十四日，授意手下将王安勒死。此外还有两种说法，即放狗咬死和"扑杀"。扑杀，就是用麻袋盛土，活活压死。《玉镜新谭》上说：王安死后身首异地、肉喂狗，真是何其惨毒！

大树扳倒了，枝枝蔓蔓也一并清除。王安名下的一干太监，惠进皋、曹化淳、王裕民、杨公春等，也受到株连。各个挨了一顿酷刑后，被发配南京鼓楼打更。还有王安手下的管事、文书等一干人，则尽数被害死。

这时候的天启帝究竟知不知道王安的下落呢？据后人分析，天启帝虽然糊涂，但断不能同意将王安贬至南海子。估计他是没工夫过问这位老内臣，就是偶一问起，魏忠贤大概也以"病故"搪塞了过去。

大树倒了，倒得竟无声无息。

王安这一死，魏忠贤眼睛猛地一亮：客巴巴的见识绝非女流，内廷这不是全部摆平了！

有怨报怨，有仇报仇。扬眉吐气的日子到啦！

魏忠贤是个苦出身，发迹之前没少受折辱。这些老账，今朝全都要清理。那个在他去四川的时候告了他一状的徐贵，被他找了个名目害死。

自此之后，魏忠贤一帆风顺。天启元年（1621）十二月，他又兼了惜薪司（负责宫中柴炭）、供用库（负责宦官食米）、尚膳监（负责御膳、宫内伙食）的掌印太监。此外还掌管了皇店"宝和店"。

到天启三年（1623）末，魏公公又兼管了东厂，更是气焰万丈。在衙署内挂匾，上书"朝廷心腹"。皇帝更是赐密封章一枚，令其有事上奏可盖此印加密，恩宠无以复加。

在他身边，也很快培植起一批强悍的爪牙。王体乾、李永贞、石元雅、徐文辅，皆死心塌地之徒。

魏忠贤虽是个睁眼瞎，但记忆力极好，他掌管国家中枢政务，居然也有独特的一套。文件他看不了，自有王体乾等五人每日替他批答。这伙人一大清早就起来上班，批完奏疏和内阁拟票后，由王、李、石三人轮流念给魏忠贤听。王体乾主要负责讲解。魏忠贤听完以后有什么想法，再与几个人商议。

等到皇帝早上起来上班，还是那几个人念给皇帝听，凡是需要改动、批驳的，他们早就在奏折上掐了指甲印。念完后，由王体乾提出建议，某处应如何改，某人应如何处分。

天启帝略作考虑，就亲自提笔修改。魏忠贤则根据记忆，对不同的上疏人或褒或贬，添油加醋，以左右皇帝的情绪。

即便如此，魏忠贤还是担心会有遗漏，每天晚上夜宴结束后，都要专门到客氏的直房去，两人密商，检查白天各项处理是否妥当。

这么一搞，每天在向皇帝汇报时，王体乾便不假思索，随口能答出"某票可以""某票应改"，居然也井井有条。

他们创建了一个类似内阁的机制。为了专权，也不怕累，数年如一日绝无疏露。外廷的大臣们对这批阉党发起的任何攻势，都会在这里消解干净。

10

摊上个荒唐皇帝是他的至福

魏忠贤的得势，我们看到现在，大致可以看明白了。总结起来，就两条：一是运气好，二是策略对。

策略方面，前面我已经讲到一部分。无论是客魏联盟，还是魏忠贤的那个"宦竖内阁"，在应付政敌方面，谋划都相当严谨。先打哪个，后打哪个，对方的软肋在哪里，一清二楚。出手的步骤也是经过协调的。尤其客氏，虽是女流，但记忆力又超越魏忠贤之上，所出计谋，滴水不漏。

甚至当今有史家认为，魏忠贤在史上留有如此之大的恶名，惟客氏不为人知，是不公平的。

相比之下，他们的对手虽然很强大，但整体上失于粗疏，似乎没有意识到这是一场赌命的战役。史载王安"器宇严毅，鹤立昂宵"，刘若愚更是高度评价他"读书极博，品极高，守极介，性极为骨鲠，有大臣风"。这是一个中国古代罕见的好太监，可是这些优点，并不能保证他的胜利。在政治斗争中，疏忽、超然与过分的宽容，都是他的致命弱点。

移宫案发生后，他与外廷的联系似乎也不十分紧密了，未能形成内外联手的一个遏制机制。结果，身为两代皇帝之辅，却首先被击溃。王安冤死后，尽管有熊廷弼、邹元标、杨涟等人为之泪流不已，但已于事无补。朝中有过一些议论，也被天启帝的一个禁令给压住了："王安处

分已久，外廷章奏不得牵入。"（《明熹宗实录》）

外廷对一个内侍的援救，固然有一定难度，但王安毕竟是拥立两代皇帝的大功臣，廷臣如果事先有警觉，或在王安被贬后掀起较大舆论，悲剧也可能不至于发生。

运气好也是魏党崛起的一大关键因素，这样说绝不是宿命论。

他们最好的运气，是碰上了一个没心没肺的孩儿皇帝。

魏忠贤是看着天启长大的，知道这小家伙是个什么货色。魏忠贤所拿出的"惑主"招数，全都是因人而宜的。

朱由校登极这一年，虚岁才十六，小时候父亲的地位不稳，所以受的教育不足。著名的明清史专家孟森，对他有过"至愚至昧"的评语（《明清史讲义》）；朱东润先生更是称他为"文盲儿子"，"一字不识，不知国事"（《陈子龙及其时代》）。两位泰斗的评价影响至深，以至于在当代很多谈论明史的书籍上，都能看到"天启是文盲"的说法。

这当然是苛论。天启虽是大明十七朝皇帝中最不具治国才能的一个，但说他是文盲，还是冤枉了。他受过一定的教育，特别是登极后更是接受了比较良好教育。平时能自己批答奏章、票拟，也能给臣下题扇，这都是有记载的。

不过，他确实没受过严格的储君教育，匆匆忙忙就登了位。问题大概就出在这里。他对政事不大动脑子，比如移宫案发生时，他的是非观还非常清楚，而案件一过，立刻倒行逆施，近乎忘恩，所以后来有人指他为白痴。

其实他和他的前辈有几个皇帝一样，不过是懒得当皇帝而已。他的兴趣，大部分在于玩木匠活儿。《三朝野记》等书里说他"好盖房屋，自操斧锯凿削，巧匠不能及"。在这方面，他大概确有异才。刘若愚曾绘声绘色地描述天启自造喷泉机械的场面，说那机械出水时，或如喷珠，或如瀑布，操纵自如。水花能托起核桃大的木球，久而不堕。各样奇巧，"皆出人意表"，魏、客二人就在一旁喝彩赞美。

这个孩子之所以成了个木匠神童，有史家说是因他幼年时孤独，自我封闭，常以观看宫中各殿的建筑过程为乐，慢慢的，就产生了浓厚兴趣。

此外，他还好驰马、好看武戏，完全是个大顽童。

还有祖父辈的贪财好色诸般嗜好，他也一样不少。

摊上这个放着皇帝不愿做的毛孩子，真是魏忠贤的福气。魏党这一伙，很快就制定了一整套对付天启帝的法子，屡试而不爽。

魏忠贤看得明白，天启帝虽说是贵为天子，实质不过就是个孩子。要想取得他的绝对信任，就得哄着他高兴。于是魏忠贤经常陪着天启帝斗鸡走狗、骑马射猎、倡优宴乐，总之就是变着法子玩。天启帝长这么大，恐怕还没这么痛快过呢！人的本性的力量，在无束缚的情况下，恐怕是要远远大于责任心。天启帝一乐，就越来越觉得魏忠贤会办事，连连夸奖他比王安能干多了。

朱由校做了皇帝之后，要什么有什么，条件比以前好多了，木匠手艺随之也大有长进。后来又学会了一手油漆活儿，就干得更加来劲儿。他在宫里做活，总要脱下龙袍，短衣上阵，甚至光着膀子大干。每逢这时，他就两眼放光，神采异于平常。

在这种"入境"的状态中，天启帝有个特点，就是：除了平时亲近的内侍之外，别人不得窥视。

魏忠贤摸到了规律，就充分加以利用。一到这时，就和王体乾把一些重要奏章拿进去让他看。天启帝不愿被打搅，就说："你们用心去办，我知道了！"所奏何事，实际上他问也不问。

魏忠贤要的就是这个效果，许多矫诏就是这么搞出来的。天启年间，外廷大臣与魏忠贤斗，往往有理也斗不赢，原因就是双方的政治资源太不对等了。

皇帝喜好玩乐，魏忠贤就甯掇皇帝玩大的。他建议在宫内开"内操"，也就是在宫中进行军事训练。天启帝点了头，他就在各处招募亲军，据说人数多达万人，统统拉到宫里去练操。举行内操时，不光是抢刀舞棒，还要放炮发石，金鼓震天。承平时期，皇宫居然没有一天安宁，犹如战时。天启帝有个皇二子，生下来没多久就死了，据说就是让炮声给吓死的。

一到此种场合，魏忠贤顿时神采飞扬，穿着蟒衣玉带，乘坐高头大马，来往于阵前。百名壮士着红衣、佩牙牌，在前头开路，他身后是千骑锦衣禁军簇拥跟随。

凡是遇到天启帝亲自来检阅，魏忠贤都要露一手。他年轻时曾练过骑射，此时功夫仍不减当年。纵马弯弓，箭箭不离靶心。每中一箭，场内都是一片欢声雷动。

这高级游戏确实让天启入了迷。有一次在宫内试放火铳（枪），天启帝也在近处观看。点火后，火药突然在膛内爆炸，持枪者伤了手，血流满地。四面飞迸的铁片差点伤了天启，但他一点儿也不恼，谈笑如常。

魏忠贤是个无赖出身，对付这样的荒唐皇帝真是得心应手。他的所为，已经分了皇帝大部分的权，以至出现人们所称的"并帝"现象，甚至在行政上基本架空了皇帝。且在内廷里也拥有了一支他私人的武装。这种情况，在皇权制度下是极为反常的。任何对权力学稍有一点儿常识的皇帝，都绝不可能容忍。但天启帝至死也不疑心魏忠贤。

——做恶，也得做得有水平才行啊！

11
皇帝的老婆他们也敢整肃

客、魏二人成了皇帝最亲近的人。可是，从道理上说，再亲也比不过皇帝的老婆吧？两人也知道这个道理。为了控制天启帝，挡住来自任何一方的攻击，他们对皇帝的老婆也开始下手整肃了。

天启帝对他们的信任，最终超过了对自己大小老婆的信任，这事情说起来不可思议，但这个没心的皇帝居然就能干得出来。

天启元年，皇帝大婚，在选皇后的问题上，客、魏也下了功夫。他们相中的是跟他们关系很铁的一个妃子，叫宸妃。可是选皇后不是他们分内的事。负责选后的秉笔太监刘克敬、杨舜臣选中的是河南张氏。客、魏当然恼火，多方予以阻挠，但众议却以为可，后终成事实。张皇后的父亲张国纪，也由一名生员得封太康伯，成了一号皇亲。

婚后，天启帝与张皇后倒也有一段关系不错的蜜月期。但两人性格毕竟相差悬殊。一个持重端庄、淡静知礼，一个是混小子、垮掉的一代。久之，感情也就淡漠了下去。

魏忠贤开"内操"以后，一次天启想拉张皇后一起玩。自己率三百宦官为左阵，旗帜上绘龙；想让张皇后率三百宫女为右阵，旗帜上绘凤。张皇后到校场一看：这不是胡闹么？就借口身体不适，坚决不干。天启顿觉下不了台，尴尬异常。待皇后离去后，只好吩咐挑选一位身材高挑的宫女顶替皇后。但是选来选去没有合适的，只好挑出几个宫女一起领头。操练了一阵儿，假的毕竟是假的，天启觉得无味，便草草收场。

这类的事多了，天启与皇后之间就日生龃龉，渐渐地没话可说了。

魏忠贤看到帝后之间有裂隙，心生暗喜，越发起劲地拉着天启胡闹，让张皇后一人独自面壁。又派心腹宫女到坤宁宫管事，以窥伺张皇后的一举一动。

张皇后并不是个软弱的人，后人评价她是"严正骨鲠，爱憎稍与众异"，是个很有性格的女子。她对客、魏毫不畏惧。比方，客氏喜欢江南审美趣味，让宫女们都仿江南装束，广袖低髻；张皇后偏就反其道而行之，让坤宁宫宫女全都窄袖高髻，大唱对台戏。

对客、魏二人的诡诈伎俩，张皇后也屡次向天启说起过。但天启哪里听得进，反而嫌耳根不清静，连后宫都不大去了。

一日，天启来到坤宁宫，见桌上置有一本书，就问："卿读何书？"张皇后朗声答道："《史记》中赵高传也。"暗指魏忠贤是个有可能让天启亡国破家的贼子。天启听了，默然不语。此事被客、魏二人知道，自是将张皇后恨之入骨。

不仅如此，张皇后还曾派人把客氏唤至坤宁宫当面教训，"欲绳之以法"（《明史》）。

客、魏忍不了这个，决定扳倒张皇后以绝后患——既打击敌手，同时也在后宫立威。

关于如何搞垮皇后，他们俩费了不少脑筋。他们觉得，正面出击，可能把握不大，毕竟中国人讲究的是"疏不间亲"，于是想出一个损招。

他们买通一名死囚、强盗孙止孝，让孙咬定张皇后是自己女儿，而非张国纪亲生（《国榷》）。如果天启信了，那么血统有问题的人，岂能做一国之母？张皇后的下台，也就可以预料了。但是这个谣言虽然有人愿意承担，但也须个人敢于在朝中公开上奏，把这事情捅到皇帝那儿去。

客、魏专横，祸乱天下，这是世人有目共睹的。就算准备攀附他们而上的恶人，也知道这不过是快乐一时算一时的事，绝对长久不了。一般地给客、魏当个狗腿，捞好处，不少人还愿意干，但是诬蔑皇后的血统，这显然是弥天大罪。一旦客、魏失势，谁能担保性命无虞？坏人也有坏人的顾虑。所以，魏忠贤的手下出主意说，一定要找一个岁数大的、能死在魏忠贤之前的人，这样的人才会放心大胆去干。

——做坏事，就像欠账可以不还吗？在古代，就连恶人也不敢做如是想！

这个人，被他们物色到了。

该人叫刘志选，浙江慈溪人。他的一生，其人品前后判然不同，堪可玩味。

他是叶向高的进士同年，早年也算是一位直臣。万历年间上疏反对册封郑贵妃，及抗议皇上钳制言路，被贬为外官。此后又挨整肃，在例行"大计"（外官考察）中被罢。

他这一去，就是投闲置散30年。这30年，不知他是吸取了教训，还是受到世态炎凉的刺激，整个变了一个人。

天启元年（1621）十月，叶向高被皇帝召回京师，准备入阁。途经杭州时，老刘（此时已是七十老翁了）从家乡赶来，盛情款待旧相识，前后游宴有一个月之久。叶向高当了内阁首辅以后，却不开情面，给老刘安排了一个南京工部主事（处级）的差事。

高阳先生说，这个刘志选大概是30年赋闲给闲怕了，所以"老而复出，穷凶极恶"（《明朝的皇帝》），投靠了魏忠贤。他疯狂弹劾在"三大案"中坚持正义的王之寀和孙慎行，竟导致王之寀最后死在狱中。

魏忠贤身边，不缺少恶仆，就缺这类没骨气的文官。于是，刘志选得以入京，当了尚宝司少卿（皇帝印章管理处副长官）。老刘有奶便是娘，越发起劲，在攻击正直大臣时，索性连保举他做官的叶向高也牵连进去了。

这样疯狗一样反咬恩主的人，正对魏忠贤的胃口，他很快就把老刘提为顺天府府丞（首都副市长兼教育局长）。

倒皇后的阴谋，是从倒皇帝的老丈人开始的。当时有人在宫门贴了一张谤书，指斥魏忠贤要谋反，并列出阉党共70余人。魏忠贤怀疑此事是张皇后的老爹张国纪干的，大为恼怒。阉党成员邵辅忠、孙杰便出主意，要以此兴大狱，一网打尽朝中主持正义的"东林党"。

邵、孙二人拟了个奏疏，要参皇帝的那个老丈人，里面就提到张皇后不是张国纪的骨肉。这样的折子，也不是随便什么人就能上的，起码要够资格，比如说本身是言官，有风闻举报之责；或者德高望重，足以证明提出的意见有分量。这种顶缸上奏的事就叫"买参"。

物色到刘志选的时候，老刘头也知道这是个有可能掉脑袋的活儿，不能立时作出决断，便与家属商量。家属认为，老刘已经 70 多岁了，魏忠贤不过才 58 岁，刘死在魏之前是毫无疑问的，只要魏还活着，就能包刘无事。所以这个活儿完全干得。至于将来如果翻了盘子，人死了还怕啥？

利欲之徒也有他们的逻辑，而且是够唯物的：死了还怕什么千刀万剐？

这个奏疏，指责张国纪图谋霸占宫女韦氏，还借中宫（皇后）之势屡次干预司法。此外就是最厉害的，说张皇后的身世是"丹山之穴、蓝田之种"。丹山是出朱砂的，蓝田是出玉石的，两不搭界，暗示张皇后不是张国纪亲生，而是海寇孙止孝之女。

这一攻击，恶毒之极。张皇后的儿子，按理都将是皇子，如果皇后之父是强盗的话，这皇子岂不是强盗的外孙了？

好在天启在涉及后妃的问题上，还是有一定原则的，他疑惑了一会儿，最后还是说："只要身体好，管什么亲生过继的。"于是下旨严斥刘志选。

御史游士任、给事中毛士龙等也上疏要求追查谣言。刘志选不服，勾结御史梁梦环再次上疏。两边形成对峙，事情越闹越大了。

这是一场乱战，客氏在其中表现相当嚣张。她在宫里还打起了心理战，扬言要去河南调查张皇后的身世，还声称要重修"内安乐堂"，援引前朝故事把张皇后给囚禁起来。她的这些话，都故意让人去说给张皇后听。

客、魏还想到了下一步：搞倒了张皇后，就另立魏良卿的女儿为皇后。这魏良卿是谁？魏忠贤的大哥魏青蚂蟥之子，现在已经在掌管锦衣卫南镇抚司（审讯机关）了。

想得美啊！

因此，搞倒张皇后，就不是一个局部的阴谋，而是深思熟虑的一盘大棋。

但由于这种想法太过荒诞，即使在客魏阵营里，也出现了不同的声音。客氏回老家去探亲时，她的老母亲就劝她不要胡来，万一调查张皇后查不出问题，后果将很难预料。客氏闻听，心里也发虚，自此才有所收敛。

魏忠贤意识到，张皇后是他将来实施"宏图大计"的一个绝大障碍，必欲除之而后快。他又想出了一个绝招：私召了一批武士引入大内，暗藏在便殿附近，然后诱导天启来到便殿办公。魏忠贤故做警惕状，带人四处搜索，将几个身带凶器的武士搜出。天启不知是计，大惊失色，命把刺客交给东厂和锦衣卫审讯。

武士们按照魏忠贤事先与他们定好的口径，诬招是张国纪指使他们欲行弑逆，另谋信王朱由检（就是后来的崇祯帝）。

此计可谓一箭双雕，既能彻底搞垮张皇后一家，又将不与他们同流的信王牵扯在内。这样一来，可把与皇帝有亲缘关系的两大势力一举铲除，消灭最具威胁性的潜在力量。

但这事情策划得太像是儿戏了。阉党重要人物王体乾得知后，也是吃了一惊，连忙跑去找魏、客，表示了极大的疑虑。他说："皇上凡事迷迷糊糊，独于兄弟、夫妇间不薄。万一出了纰漏，吾辈将死无葬身之地！"

魏忠贤想想，觉得王体乾说得有理。人多嘴杂，难免不泄露天机，于是他急忙命令把几个武士杀掉灭口。可怜那一帮粗人，当初应承来做这谋逆的蠢事，不过是想图个快速发财，却把脑袋给玩掉了（见《罪惟录》）。

针对张皇后的阴谋，就这样持续了好多年。张国纪本人大概也不够检点，因此备受攻击。后来，张皇后为避开魏忠贤的锋芒，只得让天启把张国纪打发回原籍。

天启同意了，下诏痛斥张国纪"怙恃国恩"，为非作歹，但又说"念中宫懿亲，国家大体，姑着回原籍"，叫他回老家去痛改前非（《明熹宗实录》)。

王体乾确实没看错。天启就是再糊涂，在原则问题上，也还是护着至亲骨肉和皇后的。此诏虽然把张国纪说成是个恶棍，但却明明白白地肯定：张国纪再坏也是皇后"懿亲"，这个"国家大体"是不可动摇的。

这件事，产生了两个不同的效果：一是魏忠贤对张皇后一家的攻击，终于在皇帝那里碰了壁，未能得逞，只得拖延下去。二是，毕竟赶跑了这个碍眼的老国丈，引起天下震动，显示了魏忠贤不可忽视的实力。从此，想依附魏忠贤的人就再无顾虑了，攀附之徒前赴后继。

在客、魏的挑拨之下，天启与张皇后的关系愈加冷淡。按例，皇后千秋节（生日），对内侍和宫女应有赏赐，但天启就不拨给银子。张皇后只得赏了大家一些银制的"豆叶"。这东西一般地赏人还是可以的，而在千秋节赏人，就有点拿不出手。有的内侍嘲笑张皇后太寒酸，天启听到了，也不以为意。而逢到客氏生日，天启不仅亲自到场贺寿，还大赏众人，包括赏赐珍贵的"兜罗绒"（织法来自西域，极为豪华）。

面对冷落，张皇后采取的办法就是忍耐。她知道，有客、魏环伺，轻举妄动不仅不能取胜，还有可能导致不测。她以文雅对抗野蛮，在坤宁宫召集了一批比较聪明的宫女，教她们背诵唐诗宋词。为打发深宫长夜，张皇后让宫女们环列，依次背诵，以考勤懒。碰到背得流利的，皇后还会开颜一笑："学生子应该拜谢师傅了！"

闲来无事，张皇后还喜欢用五色绫来制作菩萨像，一些信佛的宫女也争相效仿。

隐忍并不是软弱。再怎么搞也搞不倒，这实际就是强者！张皇后默默捱了许多岁月。后来客、魏虽然几次想发起总攻，但天启的身体情况越来越不好了，魏忠贤另外还有很多可忧虑的事情，掀倒张皇后的阴谋终于成了泡影。

这个障碍没去掉，对魏忠贤的前途来说，是致命的隐患。——张皇后在天启死后，成了魏忠贤在转折关头败亡的一个关键因素。

说到张皇后，我们这样称呼她，印象里也许会是个半老女人模样。其实，她在天启年间，才不过是个"初中女生"。天启大婚时，年纪17

岁。皇宫里一般的"选秀女"，女孩大都在 14～16 岁。古代人"立世"早，这是他们的最佳婚龄。

因此张皇后与客、魏斗智、被卷入帝国矛盾中心的时候，也就是十五六岁的样子。

这样一说，我们对她的胆识，就会有一个相当高的估量了。

嫁入帝王家，亦是不易啊！

她一直受到客、魏的监视与迫害。贵为国母，却只能谨慎得像个小媳妇，说来不可思议。

按明朝惯例，皇帝住在乾清宫。宫里有东、西两个殿，天启就住在西边的"弘德殿"。乾清宫的北边，就是皇后住的坤宁宫，坤宁宫也有东、西两个殿，但是没名儿，就叫"东暖殿"和"西暖殿"。

为了往来方便，皇后当然住在西暖殿。

在乾、坤两宫之间，还有一座"交泰殿"。客氏把她的"直房"（办公室）就设置在交殿的西偏房。你看看这位置，正夹在乾、坤之间，为的就是监视张皇后与天启的来往。客氏还把自己的心腹太监陈德润安排为坤宁宫管事，完全把张皇后监控起来了。

天启三年（1623），张皇后怀孕，客、魏大惊。按照他们既定的"务绝皇嗣"方针，决定要对张皇后下狠手，亦即"损元子"。

元子，就是嫡子之意，意指皇后生的儿子。明朝一向重视嫡子，在立嗣君时，遵循"有嫡立嫡，无嫡立长"的原则。客、魏要"损元子"，就是要让张皇帝后流产，不想让张皇后的儿子当未来的皇帝。

而且客、魏是干脆不让皇上有任何儿子，别的宫妃生的也不行。这一决策，据说有他们的长远考虑，但后来，这也成了导致他们迅速覆灭的原因之一。这里先不多讲。

客氏把皇后身边不大听她话的宫女全部换掉，换上了一批还不太懂事的宫女。这等于撤消了皇后自卫的防线。而后，"暗嘱宫人于捻背时，重捻腰间，孕坠。"（《甲申朝事小记》）

也就是说，宫女在给张皇后按背时，在腰上故意用了力，导致流产。这是明代宫里处理宫女意外怀孕的办法。现代有的书上说，"捻"

就是"捶背"。高阳先生更正道：不是捶背，而是"推拿"，也就是当今交际上流行的"按摩"了。

客、魏把张皇后逼到了墙角，但就是没来得及消灭，可称明朝的大幸。但"张皇后事件"中有关人物的结局，却颇令人感慨。

在"倒张"风潮中出了死力的刘志选，见诬蔑张皇后也未遭处罚，气焰愈张，又连续攻击杨涟、左光斗等正直人士，深为魏忠贤所重，遂将他提为右佥都御史提督操江一职。这个位子，官居正四品，名义上是都察院（监察部）的三把手，而加提督操江后，实际是南京都察院最高首脑，负责安徽、江苏两地的江防与监察。

刘志选风光一时，却不料千算万算，魏忠贤却还是死在了他前头。后来崇祯帝定逆案，刘志选没能跑得了。"倾摇国母"，这也是吃了豹子胆了。因明朝法律无"倾摇国母"的罪名，因此援引"子骂母律"论罪，被逮下狱。他自知不免，上吊而死。这个70多岁的"子"，为诬蔑20多岁的"母"，未得善终。

魏忠贤"倒张"未成，迁怒于参与选后的太监刘克敬和负责照管刘的老阉马鉴，将两人贬到凤阳，偷偷缢杀。据《酌中志》记载，两人入敛后，在棺材里复苏，"众人俱闻棺中急迫有声，而畏逆贤虐焰，遂埋之。"真是惨无人道之极！

后来，张皇后在天启病重、将传位于五弟信王的期间，不惧威胁，挫败了魏忠贤篡逆的企图，为权力平稳过渡立下大功，为此赢得世人尊重。崇祯帝尊她为"懿安皇后"。可惜，李自成大军进京后，玉石俱焚，在崇祯帝的再三催促下，张皇后也自缢殉了国。

对客、魏来说，张皇后拱不倒，其他的妃子之类还不在话下。连续多年，客、魏对后宫的娘娘们进行了有计划的迫害。分析其目的，似乎是为了钳制后宫之口，因为枕头风往往最厉害。但是从他们的手段来看，其狠毒，好象又超出了这个目的，像是在有计划地灭绝。所以不排除他俩企图让皇帝永无后代。

头一个遭难的，并非天启的老婆，而是已故泰昌帝的遗孀，叫赵选侍（在泰昌生前尚未封号）。赵选侍原是一位受先帝宠爱的宫人，客氏发迹后，她与客氏不睦，因此魏忠贤矫诏将赵选侍赐死。内廷中对赵选侍多有同情的，但高压之下，谁敢说话？赵选侍知道是客魏要逼她死，但一个寡妇，如何能抗得过当今天子的红人？先帝之灵，是保不了活人的，世态中皇帝也是人走茶凉。她只好将先帝所赐的物品陈列于案头，又向西方拜了拜佛祖，痛哭一番上吊了。

高阳先生觉得这一案件有点儿悬疑，疑问在于：为何泰昌不封，而是天启给封的号？这明明于例不符。后帝为先帝所喜欢的宫人封号，一种情况是普遍加恩，一封就是一批；另一种情况是该宫人曾对自己有恩。这两种情况，赵选侍都不适合。由此，高阳先生大胆假设说，是天启喜欢上了这位赵选侍（也有史书写作"旧贵人"）。客氏是吃醋，才逼死了人家，否则一个在仁寿殿养老的宫人，怎么会碍到客氏的事？所谓先帝所赐之物，其实是天启所赐。而死前向西方下拜，不过是向天启所住的方向拜罢了。

高先生的话，可聊备一说。

接下来倒霉的，是裕妃。裕妃也姓张，她性格刚烈，也很活泼，深受天启宠爱。天启做木匠活儿时，就是这个裕妃在一旁陪着说笑，客、魏则将她视为"异己"。因为有了孕，天启便封她为妃，这下子招来了杀身大祸。当时裕妃过了预产期而未生，魏忠贤就对天启说，这是得罪了神灵，须让裕妃在宫中祈祷。天启也就信了。于是魏忠贤又矫诏，将裕妃的宫人、太监尽逐于外，把裕妃一人"幽于别宫，绝其饮食"（《明史·后妃传》），这个所谓"别宫"，据说就是宫内的露天夹道。这时候的皇帝老婆，连见皇帝一面都不可能了。熬了几日，正逢天下大雨，她匍匐到屋檐下，接着檐溜水喝了几口，便气绝而亡。

第三个枉死的是冯贵人。冯贵人"德性贞静"，也很得天启喜爱。她曾经劝天启不要再开内操了，这当然触犯了客、魏。客、魏怕她把更多的事情捅出来，就干脆矫诏将她赐死。

下一个他们要收拾的是李成妃。李成妃之所以得罪客、魏，源于为慧妃说情。慧妃范氏，生皇二子，因此晋升为贵妃。可惜好景不长，皇二子早夭，慧妃跟着也就失宠。后又得罪了客氏，被斥居冷宫。

李成妃与慧妃一向交情甚好，每见慧妃，"辄怅惋"。一次偶然侍寝，成妃把皇上伺候得比较舒服。她便见机对天启吹了吹枕头风，也就是"为范氏乞怜"，同时也为死了的冯贵人鸣不平。

这皇帝床头的私房话，不知怎的也为客、魏侦知。客氏大怒道："彼欲树兵向我耶？"——你敢向老娘我使招子！于是便挑拨天启，革了李成妃的封号。客、魏仍用对付裕妃的法子，将李成妃"幽于别宫，绝其饮食"，要让她也当个饿死鬼。

幸亏李成妃够聪明，以裕妃为前车之鉴，在檐瓦缝隙间遍藏食品。被禁闭以后，就以这些食品充饥。客、魏等了半个月，没见人死，只好将其斥逐为宫人了事（见《酌中志》）。

李成妃断了半个月饮食仍未死，客、魏不疑是有神灵相助，只怀疑是近侍暗送了食物。于是矫诏将成妃的近侍全部贬至南海子，不分青红皂白一律处死。

还有一位胡贵妃更冤，只因偶然说话不当，"误触"了客氏，客、魏就忌恨在心。趁天启出宫祭天之际，将胡贵妃害死，然后谎称暴病身亡。天启也是糊涂到家了，老婆接二连三地死，他也一点儿不放在心上。

客、魏的辣手催花，在后宫形成了巨大的恐怖气氛。正如《明宫词》所叹："横陈此夕真恩数，明日还疑事又非。"今晚能躺在皇帝床上是大好事，明天就不知要遭遇什么了。皇帝的宠幸，成了后宫女子们的祸端。

那时宫人们个个胆寒。见了面也只能"道路以目"。都不敢讲话，彼此看一眼就匆匆离去，惟恐大祸临头。

天启之愚，可以说古今罕有。清人评价："若此恣害宫闱，作威擅杀，即明季亦所未有。"（《明通鉴》）明末的历朝中，后宫形势确实只有这一段最可怕。

天启共有过三子二女，子嗣并不算单薄，可是居然没有一个活过了周岁的。皇长子生于天启三年（1623）十月，生下来不久就夭折。皇二子也是同月生的，活的时间稍长，九个月的时候呜呼的，是得惊风症而死。当时有人推测，大概是内操放炮给吓死的。皇三子是天启五年

（1625）十月生的。这个小孩有些来历，他的母亲是容妃任氏，其人"丽而狡"。据说是魏忠贤亲自在京师民间挑选出来，献给天启的。皇三子一出生，就被立为太子，可惜也就活了八个月，在王恭厂火药库大爆炸时受惊吓，给吓死了。

据刘若愚说，除了放炮、爆炸吓死的外，那时宫里养猫甚多，冬天烧火炭也不得法，皇子女还有被群猫齐叫给吓死的、被火炭给熏死的，总之是没养活好。

后人分析，天启的子女寿命之所以不长，都是因为客、魏摧残后宫太甚之故——大人都担心保不住命，哪还有心思好好伺候孩子。

可是，昏君没有谁认为自己是昏的。天启闹到后继无人、家室不保，明明是魏忠贤惹的祸，他却不断地给魏忠贤加恩，一直加到了吓人的程度。大概在那以后一千年里，河间府都再出不了第二个这样品级的大人物。

正直者折翼，卑鄙者飞升。凡是这样的荒谬大行其道的地方，无论是哪个君，还是哪个国，也就离死不远了！

客、魏暴虐内宫，把皇帝的几个老婆逼得落叶飘零，所存无几。仅有良妃王氏（习称东宫王娘娘）、纯妃段氏（习称西宫段娘娘），也是与张皇后一批由刘克敬选进宫的。均因无子，尚能保住平安。

我们读史，总不免要搀杂一己的好恶在内。可惜，历史在局部的地方、或在个人的命运上，并非总是善有善报。曾为国家力挽狂澜的张皇后，在北京城破之日，不得不随着她的小叔子和弟媳自尽，又能奈何？

据说，李自成毕竟还有仁心，并不想虐待皇族。得知崇祯帝上吊在煤山，叹息道："我来与你共享江山，如何寻此短见？"（见赵宗复《李自成叛乱史略》）

当时周皇后的尸体也被抬到东华门，容色如生。李自成见周皇后的全身衣服用线密缝，猜她是为避免死后受辱，便又叹息了一回，命人将崇祯和周皇后的尸体搬运到魏国公坊下，发钱二贯遣太监买柳木棺收敛，尸体的头下面枕着土块（意为不弃社稷故土），放置在东华门外施茶庵。后又换成较好的红、黑漆棺，派人抬到昌平天寿山皇陵处（见

《燃火录》）。因为崇祯在位时没有来得及给自己修建陵墓，昌平当地士绅自己凑钱，打开早死的田贵妃坟茔，与其合葬。后清军入关，才为崇祯修建了"思陵"。

至于与他们同一命运的张皇后，最终魂归何处？不得而知。

那个由魏忠贤选来的容妃，据说是魏的养女。甲申巨变时，农民军逮住了她，她大言道："我天启皇后也。"众将士竟呆住了（见《菊隐纪闻》）。

因李自成进京之前有严格军令，"不得掠人财物与妇女"，否则杀无赦。农民军开初几日军纪还好，因此未敢动容妃一根汗毛。这个女人最后落到清军手中，被当成受优待的皇族，结局可能还不错。

还有那位在"移宫案"中曾骄横不可一世李选侍（西李），就更是命大福大，不仅平安度过了甲申这一劫，而且还好好地活到了康熙十三年（1674）。

12
东林党可不是好对付的

魏忠贤在内廷和后宫横行霸道，所遇到的抵抗很微弱。王安虽有威望，但为人性格疏阔，心肠软，太低调，不似老辣的政治人物，被魏施以诡计轻松干掉。后宫的娘娘们更是缺乏政治斗争经验，无法招架客、魏这一对恶狼。

但是想要专权，仅仅摆平了宫里边还不够，因为明朝的中枢行政实行的是二元制，皇帝和司礼监掌握一部分，另有一多半的政务，是掌握在外廷大臣手里的。就政务的透明度和"民主化"来说，明朝要远超过以前各代。因此，魏忠贤必须在外廷也要打开局面。

说到泰昌和天启初年的外廷局面，可以说是最不利于魏忠贤这样的"大珰"胡闹的了。因为那时候，有个势力庞大的"东林党"。

东林党，这个名字很响亮，与"正人君子"几乎是同义词。

在这个名头下，聚集着一批赫赫有名的正直廷臣，比如顾宪成、高攀龙、叶向高、刘一璟、韩爌、周嘉谟、周朝瑞、杨涟、左光斗等。这样的正直之士，只要朝中有一两个，就够魏忠贤喝一壶的了，何况在天启之初，他们盘踞了各路要津，深受泰昌、天启两代皇帝信任，势力正盛。

东林党，巍然挺立。看魏忠贤挟起的滔天浊浪，如何能击垮这正义的大堤！

老奸巨猾的阉竖，也遇到头疼的问题了。

在这里，我们先略回顾一下东林党的来历。

"东林党"并不是这个政治集团的自称，最初，是他们的政敌叫开的。东林党人当然不能接受这一蔑称，反讥对方为"邪党"。但是这一政治集团总要有个名称，后来的人们习惯了，也就以"东林党"名之，渐渐地，最初的丑化意义已经消失了。

东林党的得名，源远流长。追溯到最早，是万历三十二年（1604），与顾宪成有关。

顾宪成，字叔时，号泾阳，无锡泾里（今无锡县张泾）人。他家境穷苦，老爹是开豆腐店的，但他人穷志不短，从小以学为乐，万历八年（1580）考取进士。入仕途之后，从户部主事做起，后任吏部文选司郎中。这是个主管官吏迁升、改调的司局级位置。

顾宪成素来直言敢谏，不阿权贵。万历年间，首辅张居正有病不起，举国都设醮坛为之祈祷，官员们都要掏钱。顾宪成独不赞成。别人怕他得罪当道，替他出了钱，把他的名字写在祈祷词章后面，他得知后，飞马赶去，亲手抹掉自己的名字，以示绝不趋炎附势。

万历二十二年（1594年），顾宪成任吏部文选司郎中，因为上疏为常洛争太子名分，以及推荐的入阁候选人名单不合上意，触怒了万历皇帝，被削职，回了无锡老家。

罢官之后，他致力于研究学问，四处讲学，反而步入了人生最辉煌的阶段。

万历后期，朝政败坏到不成样子。那时丧心病狂者多，心灰意冷者多、醉生梦死者多。顾宪成却傲立浊世，一反王阳明的"无善无恶乃心之体"说，直面人世，不当驼鸟，力求挽救危局。

他有一句话流传后世，足以振聋发聩——

"即使天下有一分可为，亦不肯放手！"

其时，"宪成既废，名益高"，慕名前来就教的人极多。他不论贵贱，一视同仁，以至于小小的泾里镇上，连祠堂、客栈和周围邻居家都住满了求学者。如此，住宿处还是供不应求，顾宪成就与兄弟就在自家宅边造了几十间书舍，供来人居住。夫人朱氏则给学生们烧饭做菜，学生来此，如归家中。甚至一些素有才名的学者，也争相前来求教。

顾宪成讲学的足迹，遍及苏州、常州、宜兴。还常与吴中名人聚会于无锡惠山"天下第二泉"，讲学议政，指点江山。

在顾宪成的经营下，讲学活动渐成规模。他此时感到有必要设置一个讲学大本营，进而对全社会产生影响。大本营的选址是现成的，无锡县城东门外有一所旧时的东林书院，是宋代学者杨时的讲学之地，可以利用。但房舍因年久失修，多有坍塌。顾宪成与其弟允成遂倡议修复书院。

他们的主张，得到常州知府欧阳东凤和无锡知县林宰的支持。万历三十二年（1604）四月十一日，重建工程开始，至九月九日告竣，共用银1200多两。首倡顾宪成捐银最多，官员和缙绅也多有捐助。

当年十月，顾宪成与顾允成、高攀龙、安希范、刘元珍、钱一本、薛敷教、叶茂才（即所谓"东林八君子"）发起东林大会，制定了《东林会约》，成立了最初的学术团体。来此讲学者，多为失意的中下级官员，因是官场过来人，对时弊也就看得更为透彻。他们崇尚"实学"，锋芒毕露，所虑皆天下家国事。

书院大门上的一副对联，则成为万古绝对——**风声雨声读书声声声入耳，家事国事天下事事事关心。**

《东林会约》规定每年一大会，每月一小会，将分散的游学变为组织化的讲学。书院广招学员，不分尊卑、不限地域、无论长少、学费全免。讲学内容以儒家经史为主，兼及自然科学知识与应用管理学。讲学的形式也不拘一格，演讲中间还穿插诗词朗诵。主讲者随时回答学生的提问，有时还开展集体讨论——这已经具有现代学院的气氛了。

在明末颓靡之时，这无疑是开了一代新风。"东林"一词顿成时髦，天下影从，四方云集，每年的大会有时多达千人。书院实际上成了一个舆论中心，并由学术团体逐渐发展成为政治派别。随着"东林名大著"，顾宪成也被人尊称为"东林先生"，成为影响力巨大的一代精神领袖。

东林学人在讲学之余，经常"讽议朝政，裁量人物"，指摘当道者之愚，忧心于天下汹汹之民变的征兆。其影响到达京师，部分正直官员也与之遥相呼应。顾宪成的许多学生也陆续走入官场，同气相求，在朝中形成了一股较大的政治势力——这就是天启初年"众正盈朝"的远因。

然而，好事多磨，历来是我们民族的宿命。

万历三十八年（1610 年）。东林书院受政局牵连，开始陷入困境。当时廷臣中围绕亲东林党的官员李三才的褒贬，掀起了大政潮，就他能否入阁的问题发生激烈党争。掌京畿道的御史徐兆奎首攻"东林党"结党营私。不少士人心生惧意，不敢再与东林书院有瓜葛。

顾宪成则不改初衷，独力支撑，一年一度的东林大会也照旧进行。

万历三十九年（1611 年），是例行的京察（考察京官政绩）之年。是时，尽管有东林党人首辅叶向高主持其事，希图化解纷争，澄清吏治，但万历皇帝仍听信徐兆奎的一面之词，对东林官员实行打压。这次京察之后，邪党成员趁势而上，纷纷占据要津，朝局愈加恶浊。

这时参加东林聚会的人数也呈现锐减，仅"二三真正如苍然隆冬之松柏"者而已。次年，顾宪成抱恨去世，享年 62 岁。留有著作《小心斋札记》《还经录》《证性篇》《东林商语》等。

明代的士风，也就是廷臣的节操与风气，到嘉靖初年还都比较正。经过嘉靖一朝的乌烟瘴气，士风开始大坏。官员们徇私舞弊、道德沦丧，居然都不以为耻了。

就在东林党崛起的过程中，一批品质污浊的官员也纷纷结成"党"，时人往往以他们的籍贯名之。比如，宣党——首领为汤宾尹（宣城人）；昆党——领袖为顾天峻（昆山人）……其中以浙党的势力最盛，沈、方二人曾任内阁首辅。而齐、楚、浙三党又以科道官员（监察官员）为主。

这些"党"虽然彼此之间也偶尔互掐，但在对付东林党问题上却是一鼻孔出气，不分你我。他们"声势相倚，务以攻东林、排异己为事"（《明通鉴》）。

在万历末年，东林党与"邪党"互斗，波澜迭起。双方激烈纷争的焦点有三个——

一是"争国本"，也就是皇长子常洛的太子名分问题。东林党是拥护

常洛的死硬派，拼死抵制了郑贵妃想立自己儿子福王为太子的图谋。此后
又有"三大案"之争，也都是由万历死后皇帝谁来做这个敏感问题派生出
来的。

二是"李三才入阁"之争。李三才的资历比较老，是万历二年
（1574）的进士，曾以右佥都御史总理漕务，历任凤阳等地的巡抚，《明
史》称赞他"英迈豪隽，倾动士大夫，皆负重名"。他有名望，有务实
能力，亦有正义感，曾劝谏万历撤销为害百姓的矿税太监。顾宪成在吏
部的时候，就曾力荐他入阁。但是邪党一哄而起，给他加了"贪、险、
伪、横"四大罪名，说他"借道学为名"，"党与日甚"（《明神宗实
录》），暗指他与东林结党。

工部郎中邵辅忠甚至捏造说，世人"一时只知有三才，不知有陛
下"。邪党揣摩万历皇帝长期懒于理政，最怕的可能就是这种舆论。顾
宪成此时已经下野，他见势不好，便给叶向高等人写信，申明事实，
"论救淮抚"。但不料却激起邪党更大的反对声浪，使李三才陷入危机。
最终，李三才不得不连上十五疏告病请辞。

此后，邪党官员怕他东山再起，又挖出他"盗用皇木"（修建皇宫
用的木料）营建私邸的丑闻，将李三才彻底搞垮。顾宪成在名誉上也因
此受到影响，在满朝诽谤中郁郁而终。

为此事，邪党在攻击东林党时有一句"名言"，叫做"一入其党，
而贪可为廉"（《万历邸抄》）。"入党"一词，大概就发源于此。东林党
在这件事情上比较被动。

三是争掌握"京察"之权。明朝惯例，京官每6年考核一次，四品
以上自察，五品以下由吏部、都察院、吏科等部门官员会同考核，以其
功过得失，来评定升降。因此，由哪一党的官员主持京察，就显得尤为
重要。自万历中期以后，两派互有胜负。万历三十九年（1611）京察，
正值东林党人叶向高任首辅。主持京察的是吏部尚书孙丕扬，万历皇帝
对他比较信任。在他的提议下，将一批齐、楚、浙等邪党人士罢免，但
是由他推举的一批东林党人却未获任用。实际上的形势是，邪党势力已
经坐大。

到了下一次京察，即万历四十五年（1617），浙党方从哲任首辅，三党完全得势，"言路已无正人，至是京察尽斥东林"。在这种情况下，自然是"善类为之一空"（《明通鉴》）。

东林党的翻身，是在"梃击案""红丸案""移宫案"相继发生后。东林一派坚持维护正统，不惧淫威，制止了郑贵妃、李选侍"垂帘听政"的企图，使泰昌、天启两代皇帝顺利即位。两位皇帝自然对东林党心生好感，同时"三党"也发生内讧，导致形势陡转。

泰昌元年（1620）和天启元年（1621），周嘉谟任吏部尚书，万历时期被罢斥的大批正直官员被召回，东林重新得势。这个势头，甚至一直延续到天启三年（1623）。

这就是史书上说的"熹宗初政，群贤满朝，天下欣欣望治"（《明史·赵南星传》）。

在这个时候，任何人都想不到：一个中下级的宦官、东宫伙食科科长正在悄然崛起，日后会拉起一个在人才和声势上一点儿都不亚于东林党的"阉党"来。

这个突然冒出来的魏忠贤，以权术取得皇帝的信任、压制后宫势力，都还不难做到。但是，要想摧毁天启皇帝的政治根基东林党，恐怕要难！

这一盘棘手的棋局，他能够走得通么？

——可惜，当时所有正直的人，都低估了他的智慧。

13
"有奶便是娘"

　　想在大明的最高政治层面上称霸，魏忠贤与客氏起初所具备的优势，仅仅是天启帝的恩宠，这其实是不够的。明朝的政治，和我们想象的并不完全一样——不是在任何时候和任何事情上，都是皇帝说了算的。

　　明朝这部国家机器运转了 200 多年，限制着皇帝为所欲为的，有三大法宝。一是礼法，也就是孔孟的那一套。不过纸面上的大道理很难约束大活人，所以就有第二宝——祖制，有自朱元璋以来的历朝祖宗定下的制度。但制度是由人来执行的，它本身不具备紧箍咒那样的无限法力，因而就有第三宝——建言机制。这是皇帝与廷臣在长期共同执政中磨合出来的一套体制。

　　皇帝你可以胡闹，但臣子我也可以批评。你可以不听批评，但你却无法消灭批评。因为批评的机制在，为批评而设立的官制在，谁也不敢把它取消了。就连对廷臣的批评最感到厌恶的万历皇帝，也只能以不视朝来躲开批评。也就是说，一个明朝的皇帝，只要正常地出来工作，他就要听廷臣对他的批评。

　　虽然也有残暴的"廷杖"，但以古代的文明程度来衡量和评价，这不过是皇帝对胡乱批评的一种惩罚和制约，而绝非现代意义上的暴政。没有哪个大明皇帝公开讲过，要取消舆论、取消奏疏、取消邸报、取消内阁辅政制度，一切都由我来暗箱操作。

正因为如此，魏忠贤与客氏的政治图谋，在内廷坐大不难，如果想逐渐控制朝政的话，就面临着种种风险。他们俩就是爬得再高，也高不过皇帝呀！

再者，这二人的身份，都有点名不正言不顺。本来是伺候人的人，凭什么一跃而成政治主宰者。明朝体制就是再"民主"，也要讲个资格与程序。

然而，所谓公正的历史，往往是由无数荒谬的细部组成的。客、魏开始时只有固宠的小小野心，而大大的幸运，却接二连三地找到了他们头上。

首先是很快就有人投奔。

这不奇怪。王安一死，皇帝身边最亲信的太监再无他人，只有魏二爷。现在，魏忠贤就成了全明朝拥有政治资源最多的人。按理说，客氏比他还强，与天启的渊源比他还深，而且又识字，记忆力还在他之上，但客氏不幸是个女人，又不想像武则天那样"牝鸡司晨"，所以客氏的资源全都用来给魏忠贤加了分。

内廷里的几个"大珰"，很快就成了魏忠贤的心腹。我们这里择其要者，先来说说他在内廷的"五虎上将"。

头一个，就是王体乾。他是北直隶顺天府昌平州人，入宫的时间很早，万历六年（1578）张居正还在的时候就进来了。先在杭州织造太监孙隆的名下。他的为人，史书上称"柔貌深险，其贪无比"，同时又好读书。这样的人，在现实中往往极难对付。

"移宫案"发生后，李选侍倒台。魏忠贤"跳帮"跳到客氏的船上，咸鱼翻生。王体乾也身手敏捷，"跳帮"跳到客、魏的船上。实际上，那时王体乾在资历和位置上要比魏忠贤高得多，所以魏也乐得拉拢。王体乾了解魏忠贤参与盗宝的内幕，知道他已经将罪责推给了另外那个李进忠，于是建议魏，干脆将李进忠杀了灭口算了（杀没杀无考，但主意够毒的，翻脸就不认恩公）。

到了天启元年（1621）夏季，客、魏和王体乾三人密谋杀王安，客、魏送给了王体乾一顶内廷最高的官帽（因魏忠贤不识字，所以不便于出任司礼监掌印太监）。

在新船上终于站稳了，王体乾从此"一意附忠贤，为之尽力"（《明史》）。

魏忠贤找到的这个帮手，相当称职。古代操纵政权，需要有很高的文化，不然奏疏都读不下来。在"阉党"中，给魏忠贤拿主意的，就是王体乾和李永贞。碰上需要皇帝亲笔改动内阁票拟的时候，就由王体乾一个人面奏，告诉皇上怎么改为好。

王体乾对魏忠贤始终忠心不二，在司礼监的文件上，年月之下，是他和魏忠贤的名字并列第一排，第二排才是其他人。

他实际上是"阉党"重要谋主，在皇帝前面口述文件内容时，指名道姓，滴水不漏。魏忠贤完全是通过他来左右皇帝的意愿。人有多阴险，主意就有多阴险。在震动朝野的杨涟事件、万燝事件中，这家伙起了极为恶劣的作用，而且还建议天启恢复廷杖，说他万恶不赦也一点儿不冤枉。

第二员大将，是李永贞。他是通州（今北京通县）富河庄人，也不是什么好饼，史载他"性贪好胜""贪愎猜险"。5岁时自行阉割，估计是老爹早就想让他当宦官。可是到15岁才混进京，在万历王皇后之母赵氏家里当下人。混到了19岁，才有机会在万历二十九年（1601）"专业对口"进了宫，在坤宁宫当近侍，伺候皇后。

哪曾想才干了两年多，就犯了大错误，被拘押劳改了18年，其间多次险些被赐死。多亏大太监陈矩力救，才保下小命一条。

他是在被拘期间学的文化，先读了四书与《诗经》，又研习《易经》《书经》《左传》《史记》《汉书》等等。这期间，他还学会了一手好书法，会下棋，善做诗，也能品评八股文。

万历四十八年（1620）时，万历在临死前不知怎么想起了他，在遗诏中嘱咐将其释放。出来后还是在坤宁宫，不过这次是在王皇后的灵位前伺候了。直到这时，李永贞才初次认识魏忠贤。

天启元年（1621）秋，李永贞被派到秉笔太监兼兵杖局掌印太监诸栋手下。在兵仗局里有个宦官叫刘荣，是魏忠贤的心腹。李永贞与刘荣臭味相投，遂结为生死之交。第二年，诸栋病死，通过刘荣的引见，李永贞转投魏忠贤的名下，正式上了船，升任文书房。到天启三年（1623），他鸿运当头，一个月内连升五次，升为"玉带随堂秉笔"兼内官监掌印，成了魏忠贤身边的五上将之一。

他所做的工作，是审阅奏章。先把每个折子的要点记住，然后对魏忠贤解说清楚，以便阉党高层集体做决定。

这个人，也是个奇才，非常喜欢《韩非子》（法家为何这么招坏人喜欢），还喜欢谈论天象和解梦。平时盛气凌人，无论是谁，只要所作所为不合他心意，立刻就能翻脸，与人争论，从不肯认输，连魏忠贤也不得不对他包容三分。

刘若愚曾经在他名下起草文书。据刘讲，李永贞做事诡秘，又常在他面前长吁短叹，好像上了贼船原是万般无奈似的。

李永贞好贪是出了名的，在监督修三大殿和信王府邸时，贪污无算。拿到了钱，也不怕烫手，就在老家大肆盖房子置地。

李永贞后来被崇祯皇帝清算时，是被判斩决的。

第三位，涂文辅，北直隶保定府安肃县人。这家伙"姿容修雅"（《酌中志》），是个大帅哥。其人通晓文理，富于心计，又喜欢弹琴射箭，与魏忠贤有同样业余爱好。他的渊源是来自客氏。客氏入宫当了奶妈后，儿子侯兴国尚且年幼，便请了涂文辅在外授课，因此涂属于客氏的私人。

天启元年（1621），他冒姓姜被选入宫，百般巴结魏忠贤，得以任管库内侍。两年后，又升乾清宫管事，直接伺候皇上，整天诱导天启玩木匠花活儿。由于他一身集中了三大政治资源：天启、客氏、老魏，因此晋升极快，很快升了随堂太监兼御马监掌印，总提督四卫营，同时还提督太仓银库和节慎库。

按照明制，太仓银库与户部是一个条条系统，节慎库与工部是一个系统，应该分别派人管理，现在由他一人总管，实为违制，可见其受宠信之深。

他去两部办事，部里的司长要对他行下属礼。他乘坐的八抬大轿，气度不凡，扬扬于长安道上，跟随的仆从动不动就上百人。

从入宫起，涂文辅仅用了四年工夫，就爬到了秉笔太监的位置，气焰远超出魏身边的其他太监。

这家伙的结局还不错，崇祯即位后，他见势不妙，和李永贞一道叛离了客、魏，投到崇祯亲信太监徐应元名下。定逆案时被判充军，旋即跟徐一起被贬至凤阳，但总算逃掉一死。

第四名，石元雅，北直隶保定府雄县人。万历二十九年（1601）被选入宫，在兵杖局任写字。他善骑射，喜打猎，但不喜欢读书。泰昌元年（1620）年底，由魏忠贤奏请，升入司礼监文书房。后来升为秉笔太监，兼掌针工局和提督南海子，成了魏的心腹。

天启七年（1627）九月，皇帝咽气，他察觉形势不对，忙请求退休，但未获允许。到了十月，实在坐不住了，便私自逃走。定逆案时被判充军，最终客死他乡。

第五名，梁栋，顺天府宛平县（今北京丰台）人，万历十一年（1583）被选入宫，在司礼监干事，提督太和山。天启元年（1583）夏，魏忠贤将他提拔为秉笔太监，兼掌酒醋面局，让他在皇上跟前伺候。他也是负责批阅大臣奏章的五人之一，为魏忠贤的死党。

这家伙的结局不算好。他有个哥哥梁植因他的关系得荫锦衣卫，后来升了五军都督府的都督同知（从一品），此人贪得无厌，招权纳贿，引起魏忠贤的厌恶，波及到梁栋本人，结果梁栋被排挤出宫，任苏杭织造，时间不长又调回京师。定逆案时被判革职放回原籍，可能是在拘押期间死掉了。

这五员大将，各有其长，魏忠贤得了他们，如虎添翼。本来明初太祖定下制度，不许宦官学文化，就是怕太监势力坐大。结果宣宗反其道而行之，设立了什么宦官学堂，使得大批宦官具备了能够操纵政局的能力。

魏忠贤有了这"五人帮"做领导核心，应付政务绰绰有余，且能让天启完全放心。

除此而外，还有许秉彝、王国泰、王朝辅、金良辅、孟忠、刘应坤、孙进、李朝钦、纪用等 30 余人为骨干队伍，各司其职。许秉彝负责勾结外廷，王国泰先是在信王府伺候，后为秉笔兼掌尚膳监，王朝辅先是乾清宫管事，后亦为秉笔。诸阉或在御前近侍，或在内廷各衙主事，或在外方镇守，形成了严密的管理网络。

有了这套人马，魏忠贤耳目灵通，令出能行，完全建立了一个只听命于他自己的"国中之国"。天启虽然名义上是帝国最高主宰，但这个傻瓜皇帝已经不能对实际情况有所了解，也不能真正处理政务，完全成了被摆布的傀儡。他的存在，不过是为魏忠贤的专权赋予了一种合法性而已。

魏忠贤后期与天启被人称为"并帝"，其爪牙也呼他为"九千岁"，这都是客气的说法。实际上在天启后期，魏忠贤是正经做了几年无冕皇帝。在排场和威严方面，更是凌驾于皇帝之上。

——这样的阵势，在严密程度上、在可操控性上、在与最高权力的亲密度上，都远远超过松散的东林党。

14

连脸都不要了他们还怕啥

魏忠贤现在又碰上了好运气。若在嘉靖以前，一个宦官再怎么牛，也不要指望会有廷臣大批来投靠，有人愿意跟你暗通款曲就很不错了。但是到了万历末年，情况已很不同。知识分子（士大夫）里有一批人，基本上连脸都不要了。

不要脸的原因，在于道德已经崩溃。

明朝是最先将科举试题"八股"化的朝代，做文章一讲八股，就等于把道德文章变成了技术性文章。学孔孟，成了大家公认的敲门砖，用完了就可以扔，傻冒才会在实践中照着办。

道德一松弛，人与禽兽也就相差无几，社会上就该信奉"狼图腾"了。我们民族是世界上少有的世俗民族，宗教的力量一般不能约束人的行为。唯一能让人在做恶方面有所收敛的，是死后的名声。但是，恶人一般又都比较"唯物"，谁还管死后如何？

明朝到了晚期，一切末世的景象都出来了。不光是做官的，连普通老百姓都竞相追求奢糜。金银打造的溺器，在富贵人家很流行。小民则宁肯背债也要穿绫罗绸缎装阔。笑贫不笑娼，笑廉不笑贪，成功的唯一标准是腰包里的银子重量。知识分子在这种背景下，不要脸，也就是大势所趋了。

当道德的裤腰带一松，就什么都敢干了！

过去，廷臣要是想勾结宦官，想通过宦官在皇帝那里美言几句，得要偷偷摸摸的。一旦泄露，那就跟在闹市里做扒手被当场擒获一样丢人。

万历初年的首辅张居正，就是因为跟大太监冯保结成了政治同盟，很为士林所不齿。死后名声一直不大好。

现在不同了，有奶便是娘啊。一批人忽然想明白了：宦官的奶又毒不死人，怕的什么？

无非就是敢"人而无仪"，不要脸就是了。

从天启二年起，在与东林党的前哨战中，魏忠贤欣喜地看到：一批重要官员要来吃他的"奶"了。

他的策略是：来者不拒。

这也和东林党的人事策略形成鲜明对照。东林党是一伙正人君子不假，但是在干部问题上有极左倾向，即——非我党人，务要斩尽杀绝。

天启二年（1622），正是东林党在朝中气势正盛的时候，一批中间人士甚至少数邪党中人，都有依附之意。如果东林党此时宽以待人，不难形成天下晏然的稳定局面。可是他们恰在这个时候，又重新追论"三案"，基调之高，远超过"你为什么不忏悔"的程度。将浙党党魁方从哲指为"红丸案"中谋害泰昌帝的主谋，有"十罪""三可杀"；指责有关涉案官员"大逆不道"，"罪不可胜诛"。

"水至清无鱼"，他们偏就要求至清！

这样，大批在"三案"前后表现不佳的官员，生存空间就受到了威胁。虽然天启帝听取了东林党人中个别头脑清醒的人的意见，并未对"三案"有关人员实行严打，处理得非常谨慎（很难得）。但在巨大的政治压力下，一部分邪党人士不得不另外寻求保护伞。

他们在惊惶中忽然看到，魏忠贤那里，正高高地撑着一把大红伞。

真是天助我也！

人们提倡从善如流，但实际上从恶也是如流的。哥们儿，哪个地方好奔，就往哪里奔吧！

从天启元年（1621）开始，陆续有百余名文臣武官效忠于魏忠贤，成为魏控制外廷的爪牙。据有人统计过，这批外廷诸臣中，进士出身的比例相当大，这无疑是老天给魏忠贤送来的一支劲旅。

正因有这些无耻官僚的加入，阉党才能成其为一个"党"。阉党的成员在知识结构上已经不输于东林党一星半点了，所不同的无非就是少廉寡耻。

这些阉党官员，按照官职高低和各自特长，分为几个层次。

头一等阁臣级的，有两位大佬，就是顾秉谦和魏广微。

顾秉谦是昆山人，万历二十三年（1595）进士。原任礼部尚书，在天启元年就开始依附魏忠贤，两年后得以入阁。《明史》对他的评价是"庸劣无耻"。杨涟则公开说他是"门生阁老"，谁的门生？魏大宦竖！他曾与魏广微共同编了一册《缙绅便览》，也就是官员名录，在其中东林党人的姓名旁点上墨点，"极重者三点，次者二点，又次者一点"（《明史》）。共点了叶向高等70余人，交给魏二爷，让魏在天启帝面前品评官员时参考。

魏广微，北直隶南乐（在今河南）人，是原侍郎魏允贞之子。魏允贞是个很正直的人，但这个儿子却不肖，"其人阴狡"。他是万历三十二年（1604）的进士，任南京礼部侍郎。魏忠贤坐大后，他密以同乡同姓相结交，随后升礼部尚书并入阁。他怕魏忠贤搞不清内廷谁是自己人，就向魏进呈了一份60人名单，在姓名旁各加三圈、两圈不等，让老魏陆续启用和提拔。他当了阁臣后，交付魏忠贤的书信，封皮上都要题上"内阁家报"，时人称他为"外魏公"。

这个魏广微与魏忠贤的关系，有些曲折。一开始，他还不是死心踏地的投靠，想跟东林党人也拉上一点儿关系。由于他的父亲魏允贞与东林党重要人物赵南星是至交，他在入阁后，曾经三次登门拜访赵南星。赵就是不见，且叹息曰："见泉（魏允贞的别号）无子！"自此，魏广微才铁了心跟随魏忠贤。但是在杨涟上疏的事件中，他又不自安，上疏为杨涟讲情，因而触犯了魏忠贤，在天启五年（1625）不得不请辞。当然最终还是被定为逆案中人，被判充军。

这两位阁老，位极人臣，却不顾脸皮"曲奉忠贤，若奴役然"，开了阁臣为宦竖充当走狗的恶例。

在他们两人之后，还有黄立极、施凤来、张瑞图等人入阁，同样也充当了魏忠贤的走狗。

往下，是文臣中的"五虎"，专为魏忠贤出谋划策。

"五虎"之首崔呈秀，蓟州（今天津蓟县）人。这是阉党中一个非常重要的人物。他是万历四十一年（1613）的进士，天启初年为御史，后又巡抚淮扬，为人"卑污狡狯，不修士行"。最初东林党势力极盛时，他有心依附，力荐李三才入阁，并要求加入光荣的东林队伍，但遭到当然拒绝，闹得灰头土脸。天启四年（1624），都御史高攀龙揭发其贪污受贿行为，吏部尚书赵南星等建议将他发配充军。天启帝也下诏同意将他革职，听候审查。

崔呈秀见大势不好，连夜奔走魏忠贤的大宅门，叩头流涕，请求援助。他声称：高、赵二人这是挟私报复，请魏公公做主，并表示愿给魏忠贤做儿子，呼之以父。魏忠贤当时正受到廷臣空前规模的围攻，极需在外廷有人帮把手，见崔呈秀有如此诚意，大喜。第二天就出"中旨"（不经内阁票拟，直接由皇帝发出诏令），免了崔呈秀的审查。

魏忠贤从此将崔呈秀"用为心腹，日与计画"（《明史》），崔呈秀和最早投靠魏忠贤的刑科给事中霍维华，同为阉党的高级智囊，"宫禁事皆预知"，直接参与各项机密。

到天启五年（1625）正月，给事中李恒茂上疏为崔呈秀翻案，天启也变了主意，认为崔是被东林党诬陷的，准他官复原职。不久后升工部右侍郎，监督修三大殿。魏忠贤当时借口巡视工程，每天要到外朝来一趟，每次都要屏去左右，与崔呈秀密语一番。

这个家伙还编撰了《天鉴录》和《同志录》两本东林党人黑名单，按"等级"加圈加点，提供给魏忠贤，以便逐一贬斥。魏忠贤按图索骥，清流善类由此一扫而空。

他后来居上，深受魏忠贤信任。以至于一些趋炎附势之徒想巴结魏老大，都要通过他。很快在他名下，居然也聚集起大批朝士，俨然成了一大盟主。

天启七年（1627）八月，阉党最鼎盛时，他任兵部尚书兼左都御史，一手抓兵权，一手抓监察，权倾朝野，不可一世。可惜，戏到高潮时也就快要散了。

"五虎"的其他四位，是吴淳夫、倪文焕、田吉、李夔龙。这几个，大都是万历末年因故被劾被纠，又在天启五年（1625）以后逐渐靠上阉党的。此外还有一个共同特点，就是投靠了阉党之后，都晋升得极快。尤其吴淳夫，"岁中六迁，至极品"，由兵部郎中累进工部尚书，加太子太傅。这是除入阁以外，把官做到了顶了。

与文臣的"五虎"相对应，武臣里也有"五彪"，是专门给魏忠贤充当打手和杀手的。

"五彪"之首，是田尔耕，任丘人。因老爹当过兵部尚书，他本人得以军功荫锦衣卫职，官至左都督。天启四年（1624）后掌锦衣卫，成了特务机关总头子。其人狡猾阴险，有"狼贪之行"，与魏忠贤的侄儿魏良卿是好友。魏忠贤兴起大狱整治东林党，他为之出力甚多。史称，彼时侦卒四出，罗织无辜，"锻炼严酷，入狱者卒不得出"（《明史》）。在他的把持下，锦衣卫如同地狱，"人望之者不啻屠肆矣"，简直就是屠宰场！就古代中国的通讯水平和组织能力来说，这家伙在整治东林党时搞的"白色恐怖"，网罗之严密，反应之迅速，无不至极。那时的一位亲历者，对此有过非常生动的描述，这个我们留在后面再谈。

他与魏忠贤关系密切，情同父子，当时有歌谣称之为"大儿田尔耕"，且又与魏广微是儿女亲家，盘根错节。他出的馊主意，魏忠贤"言无不纳"。那些想入阉党的无耻之徒，多是通过走他的门路来投靠的，以至家门都要被人挤爆了。

"五彪"里的另一位，许显纯，也极其有名。许显纯是定兴人，老爹是驸马都尉，本人武举出身，任锦衣卫都指挥佥事。后投靠魏忠贤，当了魏的"义子"。天启四年（1624），魏忠贤嫌原镇抚司（锦衣卫下属机构，主管诏狱）的头头刘侨办案不力，换上了杀人魔头许显纯。

此人性情极端残刻，史书说他"深文巧诋，捶楚之下，魂飞魄摇，无可名状"，就是说他搞逼供信非常有一套。东林党人里有数十人就惨死于他手，史书上的有关记载可谓字字泣血。所有东林党人犯的"口供"，实际上都是他一人编造出来的。每逢"鞫问"，魏干爹都要派人来，坐在许显纯身后旁听，名曰"听记"。他对干爹毕恭毕敬，如果哪天"听记"偶然未到，他就袖手不敢审讯。

"五彪"的其他三位是崔应元、孙云鹤、杨寰；三人都是厂、卫中级官员。凡是许显纯要谋害东林党人，他们三人都有所参与。

如此，魏忠贤手下文有"小诸葛"，武有"来俊臣"，又愁何事不成？

再往下一等，是"十孩儿"。这一层属于散布在朝中的骨干力量了。代表人物为御史石三畏、太仆寺少卿鲁生等。

又下一等，是"十狗"，顾名思义就是狗腿子了。代表者有吏部尚书周应秋、太仆寺少卿曹钦程等。

最后，还有"四十孙儿"，估计都是死活都要往上巴结的虾兵蟹将了，攀不上"义子"，当个三孙子也成——脸都不要了，认个没卵的爷爷又有什么丢人？

除了这些乌龟王八儿孙之外，还有大批文臣也在阉党之列，"自内阁、六部至四方总督巡抚，遍置死党"（《明史》）。

这个外廷爪牙团队，也是个严密的金字塔结构。魏忠贤在整个天启年间，不断在充填这个框架。从一开始一个小小的给事中来投奔他，他都欣喜若狂，到后来对阁老也敢颐指气使，如斥家奴。正是无良朝士的软骨，使他胆子越来越大，对"众正盈朝"的东林阵营，也敢步步紧逼，直至迫使对方退无可退，惟有背水一战。

据今人苗棣先生统计，在后来被定为"逆案"人员的 200 多人中，除去魏、客本人，他们的亲属，还有太监、勋臣、武职和监生以外，共有 194 名各级文官。这中间，竟然有 159 人为进士出身，占总数的 82%（见《魏忠贤专权研究》）。这个统计，相当有意义，可以说令人震惊。

一个高素质、高学历的邪恶集团，一个以孔孟之道为招牌的无耻队伍，他们所玩的花样，远比文盲加流氓更来得更精致，同时他们的堕落也就更不可饶恕。

明朝，是宋元以来太监为祸最烈的一个朝代。本朝的王振、刘瑾几乎已经玩得登峰造极了，同时他们的下场也是极其悲惨的。王振被人用铁锤砸烂了脑袋，刘瑾被剐 3357 刀。尤其是刘瑾，死前被杖刑、扇耳光，备受侮辱。行刑的头一日，剐了 357 刀，晚间寄押在宛平看守所，尚能食粥两碗。第二天继续剐，因他在行刑过程中不断在说宫内的秘事，刽子手便往他嘴里塞了两个核桃堵嘴，又割了几十刀后气绝。剐够了刀数后，有圣旨下，予以剉尸免枭首（剉尸一般是把尸体砍烂，然后砍头）。刽子手对准死刘瑾，当胸一大斧，骨肉飞出数丈远，"受害之家争取其肉"（《端岩公年谱》）。

这样的史实，进士出身的知识分子官员，不可能不清楚。阉竖专权，罕有好的结局。可是，他们为什么要前赴后继地去投靠坏人？

说白了，还是为了贪，为了威风。苗棣先生总结，入阉党的文官分三类。位置本来就很高的公卿，要保官；原是邪党成员的，要翻身；下层的小官僚，一心想往上爬。只有当了高官，才能敞开了胸怀受贿，安插私人，挟嫌报复，把几十年寒窗苦读的投资加倍捞回来。

他们根本不想留一世清名，更不想留万世英名，捞一天算一天，等船翻了再说船翻的事。

他们也有"主义"，那就是投机主义——老天是瞎眼的，百姓是无权的，皇帝被彻底蒙住了，天地间还有什么人能阻挡他们为恶？

——惟有清流！惟有万古忠义！

因此他们视东林党为寇仇，有我，就没你。

15
前哨战从一开始就已打响

外廷东林党人与魏忠贤的大战，在天启四年（1624）为白热化的阶段。而其前哨战，则自泰昌元年（1620）年底就已打响，只是很多史家多不论及罢了。

魏忠贤首先选中的发难目标，是在"移宫案"中立有大功的杨涟。当然，他那时的实力，远不能与杨涟相提并论，因此他用的是阴招儿。

杨涟，字文孺，号大洪，湖广应山县（在今湖北）人，长了一把大胡子，想必是"美髯公"。他是万历三十五年（1607）的进士，曾任常熟知县。在任几年，野无饿殍，狱无冤囚，是受百姓拥戴的好官员。在几次考核中，他的政绩、廉洁都名列全国第一，引起了吏部高度重视，不久就提为户科给事中（财政系统监察官），后又任兵科右给事中，这官职大约是个司长级，管监察。这是吏部看中了他的耿直与疾恶如仇。

万历四十八年（1620）七月，大明开始多事。万历帝病危，郑贵妃恋权，图谋封皇后，又不让太子朱常洛探望父亲。杨涟挺身而出，力促让太子守候在万历帝床前，保证了皇权平稳过渡。万历死后，郑贵妃心不死，仍要泰昌帝给她封皇太后。杨涟再次出头，坚决反对。

杨涟敢于坚持原则（贵妃不是泰昌的生母，也不是嫡母，因此不够资格封皇太后），泰昌帝则报以青眼。在一个月后，泰昌帝病危临终前，破例将杨涟这个"小臣"列入顾命大臣之内，亲自接见，瞩目良久，其荣耀非同一般。

泰昌帝死后，其小老婆李选侍又恋权，挟持嗣君由校，占住乾清宫闹事。又是杨涟冲锋陷阵，最终把李选侍从乾清宫撵走。"杨大胡子"因而名动天下。

杨涟并不是个仇视妇女的人，他只是不希望出现政局动荡。移宫案后，他曾经说：李选侍不走，无以尊天子；眼下她既然走了，就应厚待。——这说法还是相当通人情的。

魏忠贤恰在"移宫案"中站错了队，被杨涟喝斥甚至挖苦过。泰昌元年九月，曾有一批廷臣上疏，请追究魏忠贤的罪责，杨涟是第一个起来揭发魏的。魏那时与外廷接触不多，于是杨涟就成了他在外廷的第一号仇敌。

泰昌元年十月二十四日，李选侍刚搬过去养老的哕鸾宫突发大火，引起内外不安。魏忠贤和其他一些站错队的宦官便趁机造谣，说给李选侍的待遇太不好，她已自缢身亡；其唯一的女儿"皇八妹"也投井自尽了！

御史贾继春等人听信谣言，给内阁写了信，为李选侍鸣不平。

对此，杨涟特地写了《移宫两朝始末记》，予以辟谣。天启帝那时脑子还清醒，也下诏说明了情况，指李选侍为"李氏恶毒"，曾长期欺凌他的生母和他自己，现在如此对她已经算开恩了。

天启也知道杨涟忠心，对杨涟写的《始末记》大加赞扬，说杨涟是"志安社稷"，于国有功。

贾继春等人不服，又上疏说杨涟"结王安，图封拜"，也就是诬蔑杨涟勾结王安，企图挤走当时的内阁首辅方从哲，自己当首辅。

这实际上是东林党与邪党之争。而杨涟在此时，就表现出了东林党人的一贯迂执——你说我有问题，那好，我就辞职以明志。当然，这也是明朝文臣的习惯做法，只是东林党人做得比较绝决而已。

这实质是让出了战场上最好的地盘，不战自退——他们后来吃这战法的亏吃大了！

杨涟上疏自辩，引咎辞职，请皇上定夺。他说：希望皇帝上能明白臣的心迹，放臣为"激流勇退之人"——我退了，还能说我有拜相的野心吗？

交了奏疏后，杨涟就打好行李，跑到京城之外去听通知了。

按惯例，像这种没影儿的事，皇帝是根本不会信的。臣下做个姿态，中外都明白了，皇帝再下个诏挽留，不许辞职，事情也就过去了。

事情一开始，也正像这个程序一样。天启觉得杨大胡子不能走，走了是明朝的损失。但是，杨涟此刻已经在城外待命了，这个姿态很坚决，是否真的需要放他回去一段、以洗刷名誉呢？天启有点儿犹豫了！

魏忠贤这时候听到了消息，大喜：老天爷，我的亲爹，真是想什么你来什么啊！

他这时原本正处在郁闷中。九月，杨涟头一个上本参他"盗宝"，众阁臣紧跟，连方从哲都联了名（可见浙党人物起初并非与魏忠贤穿一条裤）。十一月，又被王安那老家伙"鞫问"了一回，险些翻车。现在，可算是云开日出了，有个机会把倔驴杨涟撵走，省得将来再生事。

可是，以他现在的狼狈处境，如何能干掉杨涟这当代第一大红人呢？

他跑去找客氏。

客氏冷静分析了形势，微微一笑：有办法了！她要为天启亲自办一桌"老太家宴"，做天启最喜欢吃的炒鲜虾和人参笋，请天启撮一顿。在饭桌上进言，有比较大的把握。

革命固然不是请客吃饭，但政治有时就是请客吃饭。

天启果然上套，兴冲冲地来了。

大嚼之际，客氏站在桌边伺候，一面就瞎聊。聊到杨涟，客氏说：杨大胡子劳苦功高，里外奔跑，不易。今日他要激流勇退，陛下您应该如其所请，以遂其心。如此，亦可为人楷模。

天启的智力应该没有问题，但就是遇到复杂的正事不愿多想，他哪能听得出这里边的奥妙。未等吃完，就答应道：好好，放老爷子回去！

十二月，诏下，准杨涟回家闲住。杨涟可能感到非常意外，只好返回应山老家，真的"激流勇退"去了。

杨涟是顾命诸臣之一，当时为天下最负盛名的忠臣，对两代皇帝都有拥立之功。此次突然被放归，东林党人当然感到惶惑，不知打击从何而来。马上就有人上疏，要求把他召回。

天启元年正月十一日，御史马逢皋上疏，大声疾呼：力促移宫究竟是功还是过？如果移宫有过，那不应是杨涟一个人负责，参与的人多了。如今真正的罪人未除，而揭发者却向隅而泣！陛下始安，而护卫之人却沦为江上之客！杨涟此时求去，不过是表明为臣的气节而已。陛下亦知杨涟去后，事态物情将如何，何不立刻将他召回呢？

马逢皋说的句句在理，逻辑严密。天启不知如何回答，他大概也有点儿意识到不对。正在犹豫间，魏忠贤跑来请皇上去西苑溜冰。这个溜冰，并不是现代的溜冰，而是天启自己发明的冰上拖床，前面用人力拉，可在冰上往来如飞。

天启马上抓住魏忠贤问：马逢皋要我召回杨涟，你看如何答复才好？

魏忠贤说：我明白，老马这是要保护杨大胡子。杨涟是个忠臣不假，可陛下您让他回家也是顺从他本意，没有什么惩罚的意思。

天启对这回答很满意，想了一会儿说："朕知杨涟忠直，暂准病告。"——就算他请了病假吧，这下大家不会再说什么了吧？

此后，又有御史高弘图上疏，再提此事。天启竟大怒，还有完没完！他批示：这是"摇惑视听""背公植私"，要革去高弘图的官职。后经阁臣说情，才改为罚俸二年。

杨涟离职还乡，魏忠贤怎能不欣喜若狂？

就在杨涟离京的那天，魏忠贤来到席市街客氏宅内，与客氏两人大唱"醉酒歌"，热烈拥抱，共庆寒冬腊月响春雷！

胜利的酒千杯不醉啊！对东林党模范人物的偷袭，竟然就这么轻易得手了。魏忠贤从这个案例中，总结出了一些重要的战略战术。

东林党方面对此事的态度，我翻遍资料，甚感疑惑。那时叶向高不在朝中，就不提了。但刘一璟、韩爌、周嘉谟这样的头牌人物为何没起而阻拦？这甚为奇怪。是为了尊重杨涟的意愿？还是为了避"党同"之嫌？若是这样，那就太迂腐了！

固然，杨涟回原籍闲住，无损于他本人什么，对整个东林战线来说损失似乎也不大。因为杨大胡子之"忠"，在天启心里是扎了根的，谁也动摇不了。果然，一年多以后，移宫案的余波完全平息，天启想起的第一件事，就是召回杨涟。天启二年（1622）用为礼科都给事中，这几乎已是副部级了，不久又升为太常寺少卿（礼乐署副署长、副部级）。天启三年（1623）又升左佥都御史，天启四年（1624）春，升左副都御史。这是监察部的副部长，权力大得很。

杨大胡子毕竟是有功之臣啊。

可是，就在他闲置的这一年多里，情况已大为不同。魏忠贤已"非复吴下阿蒙"，成了气候了！

最重要的是，东林方面这一次小小的失利导致的结果是，让魏忠贤有了一个空隙来扳倒他们在内廷的铁杆盟友王安！

可惜可惜！东林党当时眼里的最大政敌，还是"三党"的散兵游勇，没有人警惕魏忠贤。

等杨涟在家听到消息时，王安已不能复生了。惺惺相怜，惟有泪千行！

这是杨大胡子死也不能瞑目的一件事！

杨涟虽然走了，但天启改元，朝中气象仍是一新，没有人意识到有什么不妥。

现在的局面是：东林主政，客、魏侧目，天启只顾玩游戏。说起来，客、魏甚至还够不上一派势力。东林党人纷纷还朝后，志得意满，有人就想杀"邪党"的威风，出一出万历末年被迫咽下的那口恶气。

他们首先点的一把火，是追论"三案"。礼部尚书孙慎行最先发难，追究已经下野的前首辅方从哲。天启元年（1621）四月，孙慎行上疏，说方从哲祸国之罪"不能悉数"，主张"宜急讨此贼，雪不共之仇"。明指泰昌帝之死，是方从哲幕后指使人谋害。这帽子大得足以吓死人！

孙慎行是正人君子，但思维未免太过偏激。他认为，方从哲在叶向高离职后，独相六年，而"三案"和辽事大坏、丧师失地，都是在这期间发生的。方从哲作为首辅，不图振作，首鼠两端，所以说肯定是历史罪人。

其实这个思路有很大的盲点。万历年间的一切事情，要负总责的，无疑是万历皇帝。方从哲的过错，不过是他不敢抗争而已。至于他是否真的打算误国亡国，没有证据。说他这期间没有政绩、或者说浑浑噩噩都是不错的，但是换个角度考虑，如果他真的有主见，恐怕万历也不会让他当六年的独相，早把他撵下台了。

孙慎行的奏疏递上后，天启只是例行公事地发下，让大家讨论个处理办法。结果，引起了一场空前的大争论。东林中坚分子魏大中等人，坚决支持孙慎行。而方从哲的势力则群起反驳。两边一开仗，给魏忠贤的崛起造成了大好时机。

清人赵翼说，三案"纷如聚讼，与东林忤者，众共指为邪党"（《廿二史札记》），说的就是东林门户之见太深，容不得人。

其实方从哲在泰昌元年年底，就因舆论压力太大已经自动引退，这说明他还是有一定廉耻心的。如此来打落水狗，痛快则痛快，却造成了新的动荡与分化。很多事情从此有了不可预见性。

孙慎行的"你为什么不忏悔"之举，是后来局面恶化的最初起因。后世史家一般都认为这是多此一举，甚至还有人认为，他的这过错不可饶恕。

我们再来看与顾宪成、邹元标同为东林"三君"的赵南星，在天启三年（1623）也有过极端的做法，好心不见得办好了事。

赵南星在明末曾两次主持京察，因而名声大振。万历二十一年（1593）出任吏部考功郎中，为吏部级别最高的司官，与吏部尚书孙鑨一起主持当年的京察。

这人的敬业精神很不得了。据《东林列传》载，京察最忙时他伏案良久，全神贯注，有蜘蛛在他耳边吐丝结网仍浑然不觉。他是个疾恶如仇的人，使起铁腕来六亲不认，一律秉公澄汰。就连孙鑨的外甥吕胤昌、阁老赵志皋的弟弟、赵南星本人的姻亲王三余，也一样被免职。一时之间，朝野称快，谓此次京察为大明立国二百年来所仅见。

赵南星如此干法，触怒了当时的内阁首辅王锡爵等，发动言官围攻他。最后，赵南星被削籍为民。闲居26年后，于泰昌即位后方才还朝。天启二年（1622）任左都御史，一年后任吏部尚书，再次主持京察，

"慨然以整齐天下为任"。气概固然是好，但不免"持之过甚"。

这次他旧事重提，指责给事中亓诗教（齐党）、赵兴邦（浙党）、官应震、吴亮嗣（楚党）过去曾"结党乱政"。——这几个人，确实曾为郑贵妃张过目，但那已是陈芝麻烂谷子了。郑贵妃在万历死后淡出舞台，三党也全部瓦解，大可放过不提，以利于稳定。但赵南星不放过，他写了一篇《四凶论》，要扒这四人在"先朝结党乱政"的画皮。其意气用事，"一如为考功时"。

这也是一件为渊驱鱼的事。

16
东林堡垒开始一个接一个沦陷

我们从天启元年（1621）看起，明朝的高层的人事变化，总有让人想不通的地方。一方面，东林党人的扩张意识很强，一路似乎都在高歌猛进，其势头一直到天启四年（1624）都没有止。到这一年的年初，还是可以称为"众正盈朝"。可是另一方面，东林党人中的重要人物，却在一个接一个地倒下——被魏忠贤分而击之，逐出舞台。

当最终的决战爆发时，阉党居然能轻松得手！

所有的"正人"，于一夜之间飘落！

史书上，用了一句极其悲凉的话来形容："正人去国纷纷若振槁。"（《明史·列传第一九三》）

——就像有人在摇晃枯木一样。

怎么会这样，为什么会这样？大明朝为什么永远是"魔高一丈"？

难道，这就是千年的宿命、百年的轮回？

我们从天启元年（1621）看起。这一年的六月，东林大佬叶向高起复，入京做了内阁首辅。这一年的内阁名单，看上去还是很令人欣慰的。你看：叶向高、刘一燝、韩爌、何宗彦、朱国祚。

个个都是"正人"，也几乎个个都很能干。除了朱国祚没有显著政绩外，其他人各有各的作为。但是，即便朱老夫子也绝对是个好人。

可是到了七月，内阁里挤进来了一个人——沈淮。

这个家伙，是方从哲的人，浙党骨干。早他年在翰林院为词臣时，曾在"内书堂"任教，给宫中的宦官们授过课。因此《明史》上说，魏忠贤、刘朝等人都是他的弟子。对这一点，有人不信。因为魏忠贤一直就不识字，而且内书堂是培养小宦者的，魏大叔似乎没有资格入学。

姑且听之吧，反正是两人在宫内有相当深厚的渊源。

这个沈潅，除了是最早一批投靠魏忠贤的文官之外，他在历史上还做了另一件事非常闻名。

万历四十四年（1616）那时候，他任南京礼部侍郎，在方从哲支持下，驱逐了当地所有的天主教士。此为天主教在华传教的一大"教难"。而我们现在熟知的科学家徐光启（曾任礼部侍郎）与叶向高等人，对传教士们则是很友善的。

沈潅入阁，并非出于魏忠贤之力——那时魏大叔还没这么大能量。早在万历末年"会推"（评选阁臣候选人）时，沈潅就被三党人士提名，还没来得及任用，万历就死了，然后泰昌才将他列入阁臣人选。等到实际入阁，已经是天启元年的七月了。

阴差阳错，东林党人把持的内阁，忽然就打进了这么一个楔子来！

他一来，从此事多！

东林党人的各路大员，从这一刻起，宿命般地开始了多米诺骨排式的倒下。

沈潅为了交好魏忠贤，公开支持魏开"内操"。其实，开内操并不是魏的发明，前代几个皇帝时都有过。但是像天启这样百事不问，只顾玩，情况就比较危险。一万人的武装人员进出皇城，很容易出现参与政变的事（后来在天启死的那天，情势就相当危急）。

东林党人看不过眼去，群起攻击沈潅为"肘腋之贼"。其中刑部尚书王纪攻击尤力，干脆撕破了脸，直指沈潅为当代蔡京。

彼时刑部有一个主事徐大化，笔头功夫甚好，主动投效于魏忠贤门下，给魏出谋划策、代写文书，还常常出头乱咬正人君子。王纪恼恨他的劣行，就上疏弹劾他玩忽职守。王纪在奏疏里质问："大臣中有交结权珰、诛锄正士如宋蔡京者，何不弹劾，而与正人君子势同水火？"王纪那时在天启面前说话很有分量，不久，徐大化就被罢。徐大化的同党、御史杨维垣颇为不平，上疏向王纪叫板：你说的大臣没说出姓名，请指实！究竟是说谁？

他原本想将王纪一军，猜想王纪大概不敢指名道姓，这样便可压一压王纪的威风。

哪知道王纪不听这个邪，立刻上疏道：此大臣不是别人，正是内阁大学士沈潅。他与宋奸相蔡京，代际不同，所为相似。

这一激可倒好，王纪这下不仅点了沈潅的名，也等于公开点了客、魏二人的名。"妇寺"之意，就是娘们儿和宦官，明朝人都知道这说的是谁。

客、魏听说这事后，慌了，双双跑到天启那里痛哭流涕，替沈潅洗清，也为自己辩白。天启也知道沈潅跟客、魏确实扯不清，但还是给了客、魏面子，说王纪的话说得太多，应该给予申斥。就这么表示了一下，也就不了了之。

沈潅这个家伙，白做了一回斯文书生，自甘下流到了不堪的程度。在阉党之中，他是第一个投效的高官，也是第一个投效的阁臣，所起的示范作用极其恶劣。甚至，由此引发了魏忠贤想控制内阁的念头。

这家伙肚子里坏，却长了一副好皮囊，大概也是一表人材。据说，他跟客氏还有一腿。那一段时间，客氏经常跑出宫去，就是与他幽会。

魏忠贤耳目灵通，早摸清了这情况，但又不敢得罪客氏。于是到后来，只要客氏一跑出去，魏忠贤就矫诏——下圣旨，说有急事让客氏马上回宫。

圣旨谁敢违抗？明知是假的也得遵守。魏忠贤就是以这个办法，来阻止客氏给他戴绿帽。这个事，在一定范围内被传为笑谈。

在沈潅挤进来之前，内阁中就已经先走了一位东林骨干——孙如游。孙如游，字景文，浙江余姚人，万历二十三年（1595）的进士，原为礼部右侍郎。泰昌在位时，他因抵制郑贵妃谋封皇后有功，被提拔为礼部尚书。在"移宫案"中，也是个主张撵走李选侍的坚定分子，因此上了魏忠贤的黑名单。在杨涟被挤走后，魏忠贤就瞄准了他。

但是，孙如游在个人品质和为官上是个无可挑剔的人。于是，受魏忠贤的指使，几个言官就在他的入阁程序上做文章。孙如游是由天启"特简"（直接任命）入阁的，没有经过"会推"（开会评议）。言官们就说他的任用不合法度，要他走人。

其实，皇帝"特简"阁臣，在前代就有过很多先例，并不能说完全不合法。只要任命得当，也不失为一个好办法。但是，这次言官的攻击，只抓住"不合惯例"这一点不放。

而且，东林党人的行动也不够协调。比方，同是在"移宫案"中立了大功的左光斗，竟然也加入了反对孙如游的行列。为了标榜公正无私，他强调："如游去，而天下晓然：不得以私意用一人，不得不以公议去一人。"（《明熹宗实录》）

这样，孙如游就非常被动了。同时他也不愿跟魏忠贤之流较劲，于是先后十多次上疏求归。

倒是天启还明白，下诏说："累朝简用阁臣，都是皇帝说了算，前论已明，如何又无事生非？"

他说得没错。嘉靖、万历两代的内阁中，就有张璁、夏言、徐阶、李春方、陈以勤、张居正、赵贞吉、许国、赵志皋这样一批名相，都是"特简"的，干得很不错。不知为什么到了孙如游这儿，就成了问题。

到天启元年的二月，由于讨厌耳根子不清静，皇帝最终还是把孙如游免了，但是给的退休礼遇很隆重。

孙如游一走，下一个轮到的就是刘一燝。

刘一燝人品也是好，怎么会成了靶子？事起沈㴶这个花花阁老。

沈㴶支持开"内操"等诸多劣迹，引起了言官的普遍不满，对他交章弹劾。弄得老沈焦头烂额。在方从哲退休和叶向高回京之间，有几个月内阁实际上是没有首辅的，只有刘一燝的资望最高，目标也最显眼。沈㴶不思己过，反而怀疑是刘一燝在幕后发动，于是就授意给事中孙杰上疏攻击刘一燝。

这下可把刘大人给冤枉了，因为刘一燝自恃清白，从来就不跟言官勾搭，甚至连好脸色都没有。言官们对他怨望颇大，不可能给他当枪使。

　　刘一璟之所以被锁定目标，还有一个潜在的原因，就是在泰昌元年（1620）九月份，刘一璟曾经向天启当面申奏，要求驱逐客氏。因此，搞掉刘一璟，肯定在客、魏的计划之内。

　　此外，刘一璟在那时还坚决要求处死"盗宝案"中的刘朝、田诏等，对天启以修陵（万历之墓）有功的名义荫封魏忠贤持有异议。泰昌元年的这些老帐，是要一块儿来算的。

　　不过天启对刘一璟在移宫案中的护卫之举，印象极深，他还不至于立刻就忘恩。首攻刘一璟的候补御史刘重庆，就被天启怒而贬官。但是接下来，攻势并未减弱，反而越来越猛。

　　最让刘一璟感到沮丧的是，不仅郭巩、霍维华这类渣滓蹦得欢，就连素有直声的给事中侯震旸、陈九畴也加入了攻击的战团，讥讽他"结纳王安"。前面那些乌龟王八蛋跳出来，刘一璟心里很明白，这是魏忠贤在搞报复，可是侯震旸等人为了博取直声而口无遮拦，就未免让人太寒心了！

　　以明朝士大夫的一贯观念，最恨、也最怕人家说自己进身不由正途。勾结了宦官。这是一个很大的污名。刘一璟不得不连上四道疏为自己辩解，并按惯例要求解职。

　　魏忠贤等的就是这个效果，连忙矫诏：准予刘一璟致仕回乡。

　　这是一个很微妙的时刻。在外廷，大家都把形势看得很清楚：须有一个关键的人物出面说服天启，坚决挽留刘一璟。

　　这个任务，惟有刚刚回到内阁的叶向高能胜任。可是叶向高并不很积极。

　　他对刘一璟有误会。

　　本来刘一璟是个心胸坦荡之人。在方从哲去职后，按例是应由刘一璟递进为首辅。但刘一璟坚决不干，要把首辅位置留给将要回来的叶向高。

　　这一片冰心在玉壶，叶大人却完全不能理解。

　　早就投靠了魏忠贤的霍维华、孙杰，偏巧正是叶向高的门生（叶是他们考进士的主考老师）。两人不断在老师面前搬弄是非，为魏忠贤粉饰，对刘一璟大加诋毁。他们说，刘一璟对叶向高的复出非常嫉妒，很不情愿让出首辅的位置。

三人成虎，此乃万古定律。如果有一百个人对你说，秦桧这人其实是相当不错的，你也会慢慢生出好感来。

叶大佬本来就不是激烈之人，受了门生的鼓惑，对魏忠贤抱有幻想。他不是看不到客、魏坐大之势，但总想以"调停"来解决问题，不想与之发生正面冲突；而对刘一璟则冷眼旁观，尤其这个时候更不想出手相救。

他还有一个门生叫缪昌期，比他清醒，跑去劝老师说：刘一璟乃国之栋梁，如何能坐视其被逐？宫中诏令，可不必听。

叶大佬问道：天子有诏，怎能不听？

缪昌期疾言道：师翁如能出面一争，则局面可为之一变，且可挫魏阉气焰。如听之，则矫诏一次，去国家重臣一次，他日又如何收场？

一番话说得叶大佬默然。

他后来终于去说了情，天启也表示了一定程度的慰留。但是刘一璟的心凉透了，"坚卧不起"，连上十二道疏求去。魏忠贤的意思，是只要他走了就好，于是在批红时也做了一点让步。事情拖到天启二年的三月，刘一璟算是体面地致仕（即退休）了。

刘一璟的离职，后世有评价说，这是东林党与魏忠贤斗争的第一次惨重失败，对天启后期的政局影响甚大。

刘一璟是顾命大臣，威望极高，此次不过是魏阉方面几个小丑出手，就把他给撵走了，这无疑大长了魏忠贤的志气。过去，魏忠贤还不大敢挑战内阁，现在，他已开始酝酿：下一步要全面控制内阁了。

当然，阉党也并非一帆风顺。沈漼作为阁臣，被刑部尚书王纪点名责骂，老脸丢尽，他马上就进行报复，把王纪牵进辽东经略熊廷弼冤案中，导致王纪被削籍为民。

这样为非作歹，朝议对他就愈加不利。

叶向高此时也认识到刘一璟是个君子，霍维华说的那些都毫无根据，于是想为刘一璟出一口气，他很巧妙地对天启说：沈漼与王纪互相攻击，均失大臣体，如今只斥逐王纪，如何向公论交代？

首辅有了这样的说法，就意味着：沈㴶的板凳也坐不稳了。另有阁老朱国祚也以此理由求去，认为自己不能与沈㴶这样的家伙做同僚。人际关系搞得这样僵，沈㴶只好求去。在刘一璟走后，他也离开了。

沈㴶回到家乡湖州后，过了一年就死了。他这是走得好，也死得好，毕竟活着的时候还保住了体面，没有等到被崇祯皇帝上台后追究。

就在刘一璟离去的同时，东林党的另一员大将、吏部尚书周嘉谟也被阉党逼走。

在其中起重要作用的，还是那个小角色——兵科给事中霍维华。

这个霍维华，是北直隶东光人，万历四十一年（1613）的进士，曾任金坛、吴江县令。应该说，他在当吴江县令的时候，还是个挺有良心的好官。他发觉地方上的徭役有轻有重，富户与穷人苦乐不均，便率手下对各乡地亩逐一清查，编造图册，防止隐瞒或遗漏徭役，并除掉了酷吏，以减轻百姓赋税负担。

变化是从泰昌元年开始的。霍维华有个内弟叫陆荩臣，在宫里当宦官。通过陆的引荐，他认识了魏忠贤。此后，这个原模范县长就以一个恶徒的面目出现在历史上了。

当年魏忠贤与王体乾达成交易，要干掉王安。这中间需要走一个程序，即外廷要有一个人出面弹劾王安，魏忠贤他们再通过矫诏或进谗言的办法，把王安贬黜。

王安是一位老资格太监，在外廷要找一个人来参他，很难。几乎没有人愿意出头。

恰在此时，陆荩臣听到消息，就来鼓动霍维华下水。

霍维华权衡了利弊，两眼一闭，跳了下去。因此王安的死，与他也有关。东林党人对他既恨又蔑视。霍维华在外廷无路可走，只能更加死命的靠住魏忠贤。

吏部的人对他不屑，把他给外放，调任陕西佥事。这一调动很技巧，也可以说是整他，也可以说是正常调动。

霍维华当然只有一种看法，他毫不含糊地认为，这是东林的阁臣刘一璟和吏部尚书周嘉谟在搞他。

事实也是如此。这个周嘉谟确实是个容不得小人的组织干部。他和杨涟一样，也是泰昌、天启两代皇帝的保护神，在两次危机中立过大功。泰昌以来，他大量起复在万历年间因"争国本"而被罢官的正直人士，一面对三党分子施加压力，把他们大部分逼走。

至于拿开霍维华，不过是小菜一碟，他不认为霍维华算个什么东西。

但是，这一动，却激怒了魏忠贤。那时外廷里肯不要脸依附魏忠贤的人，很少，霍是"首义之士"。如果调到了陕西，等于断了魏忠贤在外廷的一条线。

这不是打狗欺主么？魏忠贤决定反弹。

于是他"阴嘱给事中孙杰，纠弹嘉谟朋比辅臣，受刘一璟指使，谋为王安复仇"。同时还弹劾周嘉谟举荐辽东巡抚袁应泰、监军金事佟卜年失察，导致辽阳失陷。那一时期对后金作战失利，跟袁应泰指挥无方有关，袁本人也战死沙场。但是任用袁应泰的，是前首辅方从哲，跟周嘉谟没有什么关系。

这两条都是诬陷。但是天启并未申斥孙杰的胡言乱语。这就意味着，皇上认为事出有因。周嘉谟感到名誉受到损害，只能提出辞呈。

魏忠贤还是那一招，矫诏。同意你的请求，走人吧您！

就这样，一个堂堂部院大吏，竟不能自保。天启元年十二月，一手创建了"众正盈朝"局面的周嘉谟，很窝囊地走了。

三党的"失地"，由魏忠贤来收复。小人们的额头开始放光了——他们看到了一颗大救星。

17
大决战之前的短兵相接

到天启二年（1622）中，魏忠贤的阉党已渐渐有了一点儿模样，网罗到了一些重量级人物。与书生气十足的东林党阵营比起来，阉党倒更像是一个"党"。

这两派势力，都渗透在有关的国家机构中，其主要人物都同样受到天启的信任，而且从整体来看，东林党把持的国家机构还要更多一些。但是由于两派的"组织结构"和斗争路数很不一样，所以阉党得势、东林失利应说是必然的。

首先阉党有一个核心班子，其决策与行动步骤都控制在以客、魏为首的核心手里，大小爪牙都要经过授意才发动攻击。他们对所有的事情，都是先经分析判断，再定下决策，所以无论是在扩张上，还是"定点清除"上，都显得很有计划。

并且阉党的进攻没有什么道德约束，可以无中生有、信口雌黄，一切以干倒对方为最高原则。这等于是"泼粪战术"，对于正人君子来说，最难应付。

反观东林党，则是一盘散沙。人数虽众，步调却很不一致。往往是在受到攻击后仓促上阵，各自为战。

此外，还有一大不幸是，作为东林首脑人物的叶向高，是一个圆滑官僚。既缺少战略眼光，也没有霹雳手段，一厢情愿地以"调停"作为主策略，错失了决胜的最佳机会。更重要的是，他由于在野而未参与"移宫案"的护驾行动，在天启皇帝那里分量不够，这也使得他做事不免缩手缩脚。

在魏忠贤咄咄逼人的攻势面前，东林党人没有想出任何有效的反制策略，只是希望天启帝能秉公裁断。可是，批红权是掌握在魏的手里，"上裁"基本上等于是魏在"矫诏"。因此，东林人士一遇攻击，就只能求去，以"无私"而示天下。看起来是捍卫了自己的名誉，实质是无抵抗地败退下去。

这样的仗，打起来是很窝囊的。

偏巧东林党遇到的又是一个永不言和的狠角色。

天启二年中，沈漼走以后，魏忠贤由于已经尝到过内阁"有人"的甜头，觉得很不适应。内阁没了耳目，干什么都不方便。于是就考虑，如何才能再打进几个楔子进去。

老天也真是帮助他，想什么就来什么。这一年的十二月，内阁大佬叶向高上疏，请求增补阁臣。

这时的内阁，除叶向高之外，尚有韩爌、何宗彦、朱国祚、史继偕等人。按照明朝惯例，只有"独相"——内阁仅剩一个人才是不正常的，两人以上就算正常。因此现在的人数并不算少，完全可以不补。

不知叶大佬脑袋里转了哪一根筋，就在这恰当的时候，给魏忠贤提供了一个恰当的机会。

魏忠贤当然不会放过，他立刻对天启帝来了一通"可行性论证"。

天启办事是不过脑子的，魏爱卿说行，就行呗。他下诏，让有关大臣"廷推"，就是大臣们讨论一个候选名单，皇帝从中挑选。

魏忠贤马上展开活动，以便让自己的爪牙也能列入名单。

大臣们议好的名单上来了，依次是孙慎行、盛以弘、朱国祯、顾秉谦、朱延禧、魏广微。

这里边，打头的孙慎行、盛以弘是东林党的，后面的顾、魏二人是阉党人物。孙慎行为官清正，备受阉党的敌视，在七月里刚刚告病还乡，属于"在籍"（保留公职）人士。这次仍高票当选，可见公道自在人心。

这样一来，阉党的提名就有可能白提了，因为皇帝的任命要充分尊重民主，按次序从排名在前的人中选几个。魏忠贤一听这结果，急了，马上就去找天启忽悠。

天启天天跟魏忠贤玩，已经习惯了言听计从，而且相当配合。果然，天启三年（1623）正月十八日，任命书下来了：是前三个落榜，后三个入阁！

这嬉皮士皇帝的作风就是不一样啊！倒是魏忠贤怕舆论太大，建议把他认为"不做恶"的东林党人朱国祯也补进来，以防人之口。

叶向高顿时傻眼了：怎么会这样？

他连上两疏，要求天启按照大明祖制，按次序先任用孙慎行、盛以弘。

天启没理他。他传谕外廷，不许再就此事上奏，否则重治！

顾秉谦、魏广微这两个家伙，是公认的庸劣无耻之徒。他们俩和沈潅还不大一样，沈潅与魏忠贤是互相勾结，有点呼朋引类的意思（连客氏都可以资源共享）。而顾、魏两人则是地道的奴仆。这两人当了阁臣，魏忠贤插手外廷才算真正成功了。所谓的"阉党"，到此也才算是初步成型。

这时候的魏忠贤，对于将来如何全面控制朝政，已有了较为清晰的蓝图。——把傻子摆在那种高位上，也会聪明三分。

把楔子打进内阁后，天启三年（1623）的二月，魏忠贤又把天启忽悠好了，开始把触角伸向军队。他借口为皇上了解第一手边情，派死党刘朝（跟他一起盗宝的那个）率领45人，持甲杖、弓矢、白银、布匹来到山海关，犒赏将士，了解军情。

大学士、督师孙承宗是天启的老师，为人正直而有计谋。他上疏劝阻说：太监观兵，自古有戒。将领士卒只顾着逢迎这些太监，必然放松边防。如果这一批来的人无法阻止了，那么也应下不为例。但天启对此也是不理。

魏忠贤此举，是在向天下示威。他的气焰已高到了一定程度。

就在这个月，经过魏忠贤的活动，被贬在外的陕西按察司使郭巩奉召回朝，恢复了原来的给事中职务。

郭巩投桃报李，回来后立即上疏弹劾熊廷弼，并连带攻击曾经荐举熊廷弼的人。御史周宗建愤而反击，说郭巩这是在"阿附权珰"。两人互相辩驳，话越说越激烈，把魏忠贤等人完全牵了进来。

天启的反应比较迟钝，没有就此事发话。

魏忠贤这时地位已稳，本不怕一个小小的御史说三道四。但是，他为了激怒天启，给周宗建以惩罚，就带着几个太监到天启面前哭诉。魏忠贤年轻时喜欢文艺，到现在也还很善于演戏。他泪流满面，捶胸不止，请皇上允许他剃发出家。

天启终于被这眼泪所打动，怒而下诏，切责周宗建胡说八道，准备动用杖刑处罚。叶向高等人闻讯，都吃了一惊，连忙上疏说情，才得以免。

紧跟着，又有御史方大任上疏，揭发魏忠贤在西山碧云寺预建坟墓，其制度超越皇陵。这样的事，在古代是一定要杀头的，但是天启也不理。

这次对魏忠贤的攻势，是东林党人近年来比较激烈的一次，但是完全不起作用。相反，从这件事后，凡是廷臣有攻击魏忠贤的，天启都要发怒。他的态度，已经明显倒向阉党，对东林党人越来越无情了。

天启三年的十二月，魏忠贤更上一层楼，受命提督东厂。此时他的权势之大，在国中已无与伦比。

魏忠贤受天启宠信迄今已有三年时间，天启到今天才把这个权力给他，一是说明天启并不是完全没脑子，他一直在考验和观察魏的"忠诚度"，非常慎重地对待此事。二是说明到如今天启对魏忠贤已完全放心，准备把整个大明朝都交给魏去管理了。

而天启自己，则可以尽情地玩游戏。

"当此之时，内外大权，一归忠贤。"（《明史》）天启还特地为他赐名"忠贤"，魏本人同时也有了一个字，叫"完吾"，不知道是哪个拍马屁的文官替他取的。完吾，就是要当"克己复礼"的完人了，可见他胸中的格局不小。

有明一代，像正德皇帝朱厚照那样胡闹的混蛋皇帝，尚且不能容忍大权旁落，天启则完全不把皇权的安危当回事。在魏忠贤开"内操"之后，御史刘之凤曾上疏发问："假令刘瑾拥甲士三千，能束手就擒乎？"这就差一点儿没把话说白了，但天启根本不听。这个傻皇帝假如能活得长久，还真难预料能发生什么事情。

现在的局势，对东林党来说已是黑云压城。连叶向高也察觉到了危机正在增长。魏忠贤下一个定点清除的目标，就该是叶自己了。刘一璟走后，内阁补进来的是两个混蛋，叶阁老孤掌难鸣，不禁深悔，不该不听缪昌期的话。

刘一璟刚走的时候，叶阁老还有幻想，盼望天启皇帝的气一消，就会召回刘一璟。现在他明白了，只要魏大珰在，刘一璟就绝无回京的可能。唇亡齿寒啊，一向温吞的叶阁老也有些愤怒了，他上疏皇帝，质问道：客氏出宫，尚可以去而复来；顾命大臣难道还不如一个保姆？

魏忠贤知道这是在挖苦他，心里一阵冷笑，当即就把叶向高定为下一个打击目标。

但是当时内阁还有韩爌、吏部还有赵南星。魏忠贤"惮众正盈朝，伺隙动"（《罪惟录》）。

——等着吧，剩下的这几个，我早晚也要收拾掉！

18
天启四年的京城风雨乍起

天启四年（1624），这是个注定载入史册的年份，大风起兮，四海不宁。对于大明高层的三大政治势力——皇帝、阉党和东林党来说，这一年的开始，不是什么好兆头。

年初一，长兴县的民众起事，烧县署、杀县官，四海为之震动。

二月，日赤无光，天气异常，华北一带地震，连皇帝住的乾清宫也摇摇晃晃。天启受了惊吓，竟害起病来。

三月，杭州兵变。五月，福州又兵变。

魏忠贤方面，上一年渗透外廷大获成功，一气连扫东林多员大将。依附于他的一帮干儿干孙们见老爷子实力可观，都想借这尊神荡平东林。于是纷纷吓唬老爷子："东林将害翁！"（《明史》）

魏忠贤做贼胆虚，知道东林已视自己为死敌，深恐遭到反弹。细数朝中，仍有叶向高、韩爌主持内阁，邹元标、赵南星、高攀龙把持部院，左光斗、魏大中、黄尊素当道言路，哪个不是对他虎视眈眈？

东林党这面，眼睁睁看着魏忠贤羽翼已成，权势远胜过正德时的刘瑾，内又有客氏相助，依侍上宠，力可拔山，怎能不忧心忡忡？眼看再退的话，就是全线崩溃，但想要反击，强弱早已易势位，胜负也很难料。

成败兴衰，必有一战。

双方蓄势已久，到天启年中，终于一触即发！

事起吏科的一次人事调动。

二月，吏科都给事中程注年任期已满，要升至另一职位。吏科的这个官职很重要，是组织部门的监察组总头头，明朝时俗称"科长"。品级不高，权力极大，在干部任免上有举足轻重的发言权。

程科长一走，空缺应按照职务次序，由给事中刘宏化接替。如果刘能够正常接替，则一天阴霾化为乌有，两派恶斗不至于这么早就爆发。不巧的是，刘宏化此时正遇到父丧，在外地出差路上直接就丁忧去了（回家守孝），须离职三年。他做不成这科长了。

左佥都御史左光斗，马上把这消息通知了他的同乡好友阮大铖。阮此时也不在京，正在老家探亲，按次序是应由他来顶上。

阮大铖，字圆海，怀宁人，万历年间的进士。他属于东林党一系，和左光斗、魏大中的关系都甚好，但为人浮躁，官瘾比较大，名声不是太好。在家乡一接到消息，未等假满，他就风尘仆仆赶回了京城。

但是事情阴差阳错有了变化。吏部尚书赵南星、刑部右侍郎高攀龙、都察院左副都御史杨涟，三个人都对这个人选持有另外的意见。因为本年稍后一段时间，将有一次例行的"京察"，在京察中，吏科都给事中的作用举足轻重，而阮大铖显然不是合适人选。

干部调动，还是赵南星说了算。于是他另选了性格刚直的工科给事中周士朴出任这个职务；而准备让阮大铖平调至工科，顶替周士朴调走后的空缺。

但是天启没有批准这个推荐人选。有些史家认为，这是因为阮大铖没有升成官，愤而投靠魏忠贤，从中作了梗（见《明史·左光斗传》和《三朝野记》）。

事实上，阮大铖此时与魏忠贤还没有什么瓜葛（想投靠也不会这么快就见效）。

周士朴的受阻另有原因。在天启三年（1623），周曾多次上疏攻击苏杭织造（太监）李实侵权，影响了地方行政。还有，在天启三年六月，曾发生过千余名宦官喧闹工部大堂、为索取冬衣的事侮辱工部尚书钟羽正的事件。又是周士朴上疏斥责宦官跋扈，为钟羽正鸣不平。

这两件事，足以惹恼魏忠贤。在魏的鼓动之下，天启把吏部意见留中，不予答复。

吏部见皇上迟迟没有发话，知道周士朴不合上意。没办法，只好又推荐阮大铖。

这次批复得很快。但是阮大铖得不偿失，因为这么一折腾，全天下都知道他阮大铖实际上是不够格的。几乎所有的人都一致认定：从这次蹊跷的任命过程上看，这家伙一定是投靠了阉党。

阮大铖因得官而名誉扫地，不能自安——以东林分子而投靠阉党，这无疑比小人还卑鄙！在古代，官员就是再坏，也多少要点儿脸，假如名声太臭，一般是干不下去的。像前面提到的沈潅贵为阁老，但最初与魏忠贤交结时，也不敢公开化，只能偷偷摸摸。至于阉党的公开化，那还是在后来一党独大之后。

众口铄金的压力太大了！任职还不到一个月，阮大铖终于顶不住，请假回乡了。这个位置又空起来了。

赵南星考虑到下次"京察"将是与阉党的一场恶战，吏科的领军人物应该是一个硬骨头，于是又推出礼科左给事中魏大中，来顶这个空缺。

魏大中，字孔时，号廓园，是浙江嘉善县人。年轻时，他曾受业于高攀龙，万历四十四年中的进士。他出身贫寒，生活简朴，一贯注重名节。中了进士之后，也还经常徒步去拜访客人。在行人司任"行人"时，奉旨出使藩国或到各地慰问，都不惊扰地方。他在京中任职却不带家眷，家中只有两个老仆伺候。人一上班，家门就紧锁。想对他行贿的人，都畏惧他的清正，谁也不敢上门。

他在天启二年曾经两次与周朝瑞上疏弹劾沈潅，内容涉及客、魏。阉党对之相当忌恨。

吏部尚书赵南星很欣赏他的为人，常与之议事。魏大中也经常趁机向赵推荐正直的人士，因而他在东林党内威望很高。由于他写的奏疏逻辑严密，说理清晰，就连"三党"人物也不得不表示佩服。

阮大铖在家乡听说是魏大中来接了他的职位，更加窝火，疑心是高攀龙、左光斗、魏大中几个人在联手搞鬼。他痛定思痛，决定与东林诸人反目，从此投降阉党，出这一口恶气！

但是"投降"也得有门路才行，阮大铖找到了好友、刑科给事中傅櫆。傅櫆前不久因意见不合与东林交恶，投靠了阉党，还和魏忠贤的外甥傅应星认了"同宗"，相互间称兄道弟。

这条路，果然一走就通。

当然，后来也有人认为，阮大铖与东林反目不假，但并未实质性地投靠阉党。他日后被崇祯列入逆案，是东林烈士子弟恨其无行，强行将他扯入的。这可以聊备一说，但是，阮大铖在这个微妙时刻的所作所为，确实是极不利于东林党的。

也许是受阮大铖的情绪感染，傅櫆决定向魏大中这个东林老顽固下狠手了。

恰在此时，东林党的内讧又加快引燃了导火索。前面说过，东林党并不是一个严密的组织，只是一批观点接近的官员声气相通，他们不是铁板一块。在他们内部，因地缘关系形成了不少小派别，彼此有亲疏上的不同。

魏大中曾经有一次上疏驳斥过浙江巡抚刘一煜，刘是江西人，结果这一来，得罪了所有江西籍的东林党人。他们不顾大局，群起而维护老乡的利益，对魏大中颇有烦言。

江西籍官员章允儒与傅櫆是同事，听说傅櫆要上本参魏大中，就极力怂恿傅櫆赶快干。

有人给壮胆，傅櫆信心大增，于四月二十一日上疏弹劾魏大中。为了让魏忠贤高兴，他还把左光斗也扯了进去。

这个疏本，指责左、魏二人貌丑心险，表里不一，道德有亏。最大的证据就是勾结中书舍人汪文言，干乱朝政。

这个汪文言，是个很活跃的人物，官职不高，能量却很大。

傅櫆说他本名为汪守泰，原为南直隶徽州府歙县（今属安徽）一名库吏，因监守自盗被判遣戍，后来脱逃来到京师，改了名字，投奔王安门下。傅櫆还揭发说，左光斗明知汪文言的丑史，却为之隐瞒，引为心腹。魏大中更是拿钱供着他，让他招摇过市，招权纳贿。现在，左、魏二人口口声声要搞倒"权珰"，不过是以攻"权珰"为名而营私。他们俩把持选拔干部的大权，能升官的人全是出自旁门左道。正人君子倍受压迫。长此以往的话，必将祸国乱政。

奏疏上提到的这个汪文言。立刻被推到了前台。

汪文言的履历，是否真如傅櫆所说，不可考。可以弄清楚的是，汪文言本是一布衣，当过"门子"。因为门子是个贱役，没有前途，所以汪文言隐瞒了自己的历史，来到东林党官员于玉立的门下当了书吏，于玉立被贬官后隐居家乡，不知京中情况，就派汪文言进京广结朋友，了解动向。还为他捐了个"监生"的身份，以利于活动。

汪文言慷慨仗义、机灵能干，活动能力极强，加上又有于玉立的举荐，所以很快就与东林要人的关系十分密切。

他还结识了时任东宫伴读的王安，王安对他的才学很钦佩。他在王安面前，经常大言炎炎，品评人物，引得王安更是刮目相看。

那时正是万历史末期，东林党倒运的时候，正人君子被邪党驱逐一空。

汪文言偏就看好东林党，使出了一套纵横术，在齐、楚、浙三党之间"用间"，也就是散布谣言，大施离间计。弄得三党人士疑神疑鬼，彼此猜忌，竟在内讧中丧失了战斗力。

移宫案前后，汪文言奔走于王安与廷臣之间，起到了联络员的作用，为护驾也是间接立过功的。东林党对他大为赞赏，不少人把他引为知己。

而"三党"回过味儿来之后，当然对汪文言恨之入骨。堂堂朝士，竟被一个小角色玩了个团团转！大家就都憋着劲头要整死他。

天启元年（1621）九月，王安被害。汪文言骤然失去政治屏障，立刻就有顺天府丞邵辅忠出面弹劾他，导致他丢了"监生"的身份。汪文言见势不好，赶紧开溜，哪知道一出北京城，又被御史梁梦环弹劾，被逮下狱。好在那时东林党势大，他在监狱中没吃多大的苦。

折腾了一回，最终还是无罪释放。汪文言锐气不减，玩得更欢了，跟公卿大老们频频交游，一时门庭若市。

这颗政治新星，甚至还引起了首辅叶向高的瞩目，在请示了天启后，让他当了内阁的中书舍人（内阁秘书，从七品）。韩爌、赵南星、杨涟、左光斗、魏大中等人更是与他交情甚厚。

傅櫆这次决定向东林党发难，所选的两个目标都是硬派人物，因此能不能奏效，他心里不是太有底。在他的弹劾疏中，把这个小小的汪文言拿来做突破口，是想打击对方的软肋——柿子要捡软的捏，老官僚一般都深谙此道。

汪文言也确实该着在这一轮冲突中最先落马，因为成为"突破口"的一切因素，他都具备：官职低（帮他的人就少）、经历复杂（容易挑出毛病）、知名度高（打击他能起到震撼效果）、与东林关系密切（能起到株连作用）。

拎出这个人来，是傅櫆经过精心考虑做的选择。

据说，这背后是阮大铖出的主意，因为他与汪文言同是南直隶（今安徽、江苏）人，最知道汪的底细。另外也有史家认为，是魏忠贤及他的"领导班子"盯上了汪文言，早就想用他来牵出东林一大批人，这次打他就是由魏忠贤亲自授意。

这两个说法，在事实上都有可能。

但是这个精心策划的奏疏，起初在天启那里一点儿作用也没有。他根本看不出里面有什么名堂，也懒得动脑筋去想为何有这样一个东西上来。平日里，廷臣们互相攻击的折子他看得多了，不愿再做裁判了，就把傅櫆的奏疏交给司礼监去处理——爱怎么弄就怎么弄吧。

魏忠贤见到这份奏疏，大喜。他和外廷的爪牙冯铨、霍维华、杨维垣等讨论了很久，才定了处理意见。几个人看这个折子，并没有抓住左光斗、魏大中的要害，连"貌丑"也成了罪名，显是强词夺理。如果立刻就下诏处置左、魏，人心不服，容易生变。但是汪文言不同，汪的问题就太多了。拿下汪文言，让汪自己咬出左、魏，然后再来治左、魏的罪，东林就不大好说话了。

首战务求必胜。魏忠诚贤对这次出击非常谨慎。

于是，"领导班子"拟了一道中旨，由天启名义发下，将汪文言逮入锦衣卫诏狱"鞫问"，左、魏则不问。

但是左光斗、魏大中无缘无故吃了这一闷棍，当然不服。第二天，两人就分别上疏自辩，并大揭傅櫆之短。他们要让天启明白，傅櫆这么干究竟是何居心。

左光斗说，傅櫆的目的，就是要掀翻刚推举上来的吏部和吏科的几个"正人"。魏大中则怒斥傅櫆为"小人之尤"。

东林方面，已经意识到汪文言问题的严重性——这个口子，决不能开。一向稳重、温和的叶向高采取了相当决然的态度，向天启提出了辞呈，说授予汪文言中书舍人的官职是他一人的主张，倘若有罪，"尽罪臣一人，而稍宽其他，以释宫府之嫌而消缙绅之祸"。

他提出辞职，当然不是真心，而是以退为进，提醒"宫府之间"也就是皇权和内阁行政权之间已出现了裂隙，请皇帝注意。

首辅的这个姿态异乎寻常，天启这回是看懂了。汪文言案涉及到的几个人，不仅是朝中一派的重要人物，也是国家栋梁，犯不着为一个小吏和大臣们掰脸。于是他马上下诏挽留，走了个君臣之间必要的过场，让叶向高不要三心二意。而对左光斗、魏大中的自辩疏的批复，也温言相劝，说他们"心迹自明"，还是安心工作为好。

皇帝的态度很明确：没你们什么事。

可是这一来，就苦了汪文言。他一个人在狱中，东林方面的人现在谁也不好出面来营救。

叶向高做了一点儿努力，上疏请求把汪移交给刑部审讯，把他弄到自己能控制的范围里来，省得出麻烦。但报告上去后，没有下文。

左、魏二人一向珍惜名誉，当此之时，自然要矢口否认与汪文言有什么利益纠葛。左光斗的自辩说得很清楚："臣官阶已崇，不藉延誉，何事引为腹心？"——我官已经做得很大了，不需要再扩大美誉度，凭什么要把那小子当成心腹？

但是，把汪文言扔在那儿不管，对东林党来说，也实在是太危险。东林人士里有一位御史黄尊素，深谋远虑，感觉情况不好，便跑去找到锦衣卫北镇抚司指挥使刘侨，关照他说："汪文言不足惜，不可借此案而移祸缙绅。"这是关键的底线：那小子的死活都无所谓，但不可以在供词上牵连到廷臣。——小人物玩政治，一般都难逃可悲的下场。

刘侨素与东林人士关系不错，当然愿意遵命。在他的操控下，汪文言的供词果然没有牵涉一个人。明朝的司法这个东西，在某种意义上，就是捏橡皮泥的专业，怎么捏，怎么是。

当魏忠贤拿到供状一看，愣住了：居然连汪本人也没有什么大不了的问题。天启本来就对这案子就不大感兴趣，至于汪文言供词说了些什么，他就更无所谓了。这可把魏忠贤气得要吐血，精心策划的一场攻势，到关键一环，被人给轻松地化解了！

魏忠贤一时无计可施，只能鼓动天启下诏，把汪文言狠揍一百棍，出一口恶气。

没过几天，他又鼓动天启免了刘侨的职，让自己的走狗许显纯来接替。今后可再不能有这样的疏漏了。

19
杨涟豁出性命孤注一掷

这次的汪案，旋起旋落，前后还不到十天时间，天启可能根本就没记住这个小芝麻官的名字。魏忠贤没能得手，好像也就算了，仅仅调整了锦衣卫的人事。

事情就这么过去了。

但是东林党人却感到了不祥的气息。"事虽获解，然正人势日危。"（《明史·杨涟传》）

——他们担心得有道理。后来的事证明，这是老天爷最后一次照顾汪文言了。再起大狱时，岂止是他，更大的人物也难逃厄运。

魏忠贤现已成刘瑾第二，对东林党的彻底围剿旦夕即至。名列东林的官员们，现下有三条路可走：一是倒戈，但这一班人绝不肯为。倒戈比中间人士的投靠还要可耻，没有人能背得起这样沉重的恶名。二是退隐，若不在朝中，受打击的可能性要大大减低。人在官场受到攻击，往往是因为你挡了人家的道。你若退休，让开这道，则人家的仇恨程度会大大降低。大不了削籍，撤消你的老干部身份，但是性命可保。三是不作为，示敌以弱，换得安宁。但是两派成见已深，树虽欲静，风不可止，最终可能还是个死。

东林人既然自诩为君子，上面的三条路，就绝不能走。所以，他们从总体上看根本没有退让的意思。在他们的观念中，斧钺加颈，大不了一个碗大的疤。

这是一批信仰真孔孟的人:"杀生以成仁(《论语》)","舍生而取义者也"(《孟子》)。宁愿好死,也不赖活着。

天启四年(1624)初的形势,实在让东林党人睡不着觉——魏忠贤操纵皇权的技巧越来越高;三党残余分子几乎全部投奔阉党,阉党之盛,很难看到它覆亡的可能。于是水往低处流,人也不见得愿往高处奔,大家就都一齐不要脸吧。众人不要脸,总比一个人不要脸更理直气壮些。

东林党的势力,只剩下几个孤零零的山头——吏部、都察院。可是这几个权力部门,怎能抗得过泰山压顶的皇权?

压力之大,令人窒息。因为皇权制度是刚性的,没有减压阀,所以天启四年的朝局就成了个压力超负荷的大锅炉。

五月,一个偶然的契机,明朝的政治锅炉轰然引爆了!

五月下旬,因为一件小事,天启对魏忠贤发了怒,令他出宫,在私宅中闭门思过。是因为什么事,不可考。总之,魏大珰也遇到了"伴君如伴虎"的问题。

机不可失啊!

时任都察院左副都御史的杨涟,决定出手了。

杨涟是个一触即发的刚烈汉子,天启二年(1622)起复回京以后,他已经几次险些忍不住了。忍到现在,实不能再忍。环视朝中,东林干将,走的走,未走的也因曾被弹劾而不好开口。内阁里说话还算有些分量的叶阁老,则对魏忠贤持怀柔政策,根本指望不上。

那么,我不下地狱,谁还能下?

他要给魏忠贤来一家伙!博浪一椎,易水一别,志士千古立德,就在此一举。

他和左光斗、魏大中等一干人商量了一下。左、魏都没有什么异议。杨涟确实是一位重量级的狙击手。他的优势有二:名望高,阉党反击起来比较难;皇帝对他非常信任,有可能一击而中。

但是东林党中,也有人决不赞同杨大人去冒这个险。

御史李应升头一个不同意，他的看法是杨涟身为东林重镇，是旗帜式的人物，不易轻动。因为倘若一击不中，那就连个回旋的余地都没有了，东林势必土崩瓦解。还不如由他李应升来打头炮，万一失败，不过是牺牲一个人，不至于牵动全局。

老谋深算的黄尊素也不赞同，并且已经预见到杨涟此举的严重后果。他对魏大中说："若清君侧，必有内援，请问杨公可有？若此疏已发，则我辈死无葬身之地矣！"

以前嫌叶向高太过温情的缪昌期，也不赞成这个极端行为。他对左光斗说："攻击内珰，成败只差呼吸之间。若一击不中，则国家随之败坏。今宫内无援手之内侍，外廷无主持之大臣，万难成功！"

没有内援，就无法离间天启与魏忠贤的关系，这确实是此次行动的致命劣势。李应升、黄尊素两人，显然是深谙宫廷斗争规律的老手，分析得不错。以前刘瑾倒台并死得很难看，是因为内廷发生了内讧，外廷借势而上。真正能干倒权阉的力量，须是他的同类。外廷的舆论，只不过是一个催化剂。

因此，杨涟此举的效果，不能不令人担忧。

听了他们的话，左、魏二人的心情不由也由晴转阴。

但是杨涟已欲罢不能。在东林的内部，也有温和派与激进派之分。像叶向高、黄尊素、邹元标等人，都是温和一路。但是，正因为他们温和，在激烈的党争中，话语权就就不够硬气。甚至有人据此论证：叶向高根本就不能算东林一系。

杨涟则是个典型的激进派，他的好友曾把他比喻为"虎"。对魏忠贤这样的政治杂种，他早就恨不得食其肉、寝其皮。堂堂的国家精英，与这样无卵的小人周旋，就已是奇耻大辱，更何况还要日日在他的威势下生存！

天启二年（1622）回京后，杨涟就想面奏天启，请赐尚方剑诛杀魏忠贤。这在古代，叫做"请剑"，也就是豁出命来直谏，有他无我，与奸人拼一回命。但那次"请剑"，被亲友们苦苦劝住。

此次他也知道并不是最佳机会。但是，恶人可以日日作威作福，好人却要日日忍耐下去，天理又何在？自古的道理，都是说邪不压正，为何临到我辈，就要看恶人的脸色苟且存活？

他不是不知道这是孤注一掷，他不可能不知道后果难测，但是——

"此时不言，迨至逆谋已成，请剑何及？无使天下后世笑举朝无一人有男子气！"

这就是杨涟，这就是万古的忠义！

当今之世有人议论，说正是由于杨涟的冒进，才触动了魏忠贤的杀机，进而酿成惨祸。这观点当然可以商榷。但另外有人说东林党天真，轻率，近乎白痴；则不知用了这些恶毒的词汇，能解何人心头之恨？能泄何种无名之忿？

明知其不可为而为之，难道就是迂执？

奸恶当道，有人甘愿将头颅一掷，说一声：我不服！这难道不是汉子？

我以为，策略不策略的可以讨论，但杨公之正气不容怀疑！

正因为没胆抗争的人太多，正因为附逆谄媚的人太多，才有豺狼狂奔于人间、歹徒奸贼挡于道、土豪劣绅扼住小民！

如果众生全无血性、苟活就是真理，则历史将永远是暗无天日史。

这样的一群无骨之人，居然还想乞求永世的幸福，可能么？

指责杨涟，也是要讲一点资格的！

天启四年（1624）六月初一，杨涟开始发动，把写好的奏疏由会极门递进了宫内。文书房的宦官展卷一看，目瞪口呆。这道奏疏，罗列了魏忠贤二十四大罪，其措辞之严厉，其上疏人官职之高，都乃前所未有。

高压之下，百鸟静音。此疏一出，震天憾地！

奏疏的最后一段，杨涟画龙点睛，直指要害——

　　　　凡此逆迹，昭然在人耳目。乃内廷畏祸而不敢言，外廷结舌而莫敢奏。偶或奸状败露，又有奉圣夫人为之弥缝（掩饰），更有无耻之徒攀枝附叶，依托门墙，表里为奸，互为呼应。掖廷之内，知有魏忠贤而不知有陛下。即使大小臣工，积重之所移（受习惯势力影响），积势之所趋，亦似不知有陛下，只知有魏忠贤者。如此下去，羽翼将成，骑虎难下，太阿倒持（大权旁落），主势益孤（皇权日益削弱），不知陛下之宗庙社稷何所托？

杨涟最后说：恳请陛下大奋雷霆，集大小文武勋戚，令刑部逐款严讯，以正国法，以快神人。奉圣夫人亦并令居外（把她撵出宫去），以消隐忧。臣死且不朽！

——好个"死且不朽"！

有壮士豪气如此，奸人才略有胆怯，不至使世界黑到彻底！

这是东林党对魏忠贤发起的一次总攻。以我们今人的眼光来看，所列罪状，无非是"乱朝纲"。其实东林党的最高理想，就是忠君。这个"忠君"，并不是愚忠，不是皇帝说啥就是啥，而是要维护皇权制度的正常化。

魏忠贤所干的，确有伤天害理的事，但这不是主要的，主要的是他破坏了秩序。中国古代的皇权制度，从总体上说是专制的；但其细部运作规则，到明代已有相当的民主化与合理程序。内阁首辅如果专权，尚且会引起激烈反弹，魏忠贤以太监身份专权，当然为正直的廷臣所不容。

张居正专权，是为了"事功"，为了提高效率。翻译成现代语言来说，就是为了"做好事实事"。因此他能用"正面理由"压制住反弹。而魏忠贤的专权，则看不出这个趋向来，所以没有可以堵住人嘴的理由。

东林的反击，抓住的是他"违反制度"。这问题说得对不对，要由皇帝来裁判。

杨涟写好奏折后，本想趁早朝时直接递给天启，以快打慢，让阉党措手不及、无从应对。这些罪状，一条两条打动不了皇上；二十四条，总能让他有所触动吧？只要天启下令对其中一两个问题进行调查，事情就有胜算。

但是不巧，第二天皇上传旨免朝。

杨涟立刻陷入两难状态。他写这疏，在东林内部已有一些人知道，他怕耽搁下来，会被东厂侦知，或有不测。于是杨涟决定，将奏疏按常

规投入会极门。这里是京官上疏和接批复的地方

可是这就有一个致命的后果。魏忠贤专权以来，已经形成了一套文件收发程序，递进会极门的文件，很快就会到达魏忠贤和他的"领导班子"手里，皇帝是不会先看到的。

这奏疏一进，魏忠贤马上就可以布置反扑，主动权立刻易位。

杨涟应该完全知道这个后果，但只能豁出去了。他估计魏忠贤还不敢把这折子压住不让天启知道，只要奏疏在走程序，事情就还有可为。

为使事情更有把握，杨涟明知叶向高不同意他写这份奏疏，也还是不得不去见叶向高，争取他的支持。

杨涟对叶说："当今魏忠贤专权，国势衰落，叶公您为首辅大臣，应向皇上奏请，将魏忠贤杀皇子、嫔妃之事按大逆处分，以清君侧。若现在不图，贻祸将大，国家置相又有何用？"

但是这个激将法没有生效。叶向高不愿意听这种话，只是说："我老迈，不惜一身报国。但倘若皇上不听，公等将置于何地呢？"

那个门生缪昌期也跑来劝他，趁热打铁也上它一本，一举干倒魏忠贤。叶向高不愿意，只说是留着自己，万一形势逆转，还有人出面周旋，不至于全军尽没。

阁老看不出魏忠贤有那么坏。

与叶阁老的态度相反，杨涟的奏疏一上，内容传出，满朝士人欢欣雀跃。

国子监（中央大学）的官员与千余学生，闻之拍手称快。因为众人争相传抄杨涟奏疏，京师竟一时洛阳纸贵！

有人高兴就有人哭，让我们来看另一方的情况。

杨涟的奏疏句句指实，任何一条追究起来，都能要他魏大珰的脑袋。奏疏当然很快摆到了他面前，他让"领导班子"成员念给他听。待身边太监战战兢兢念完，魏忠贤吓得面如土色，两手发抖，把奏疏抢过来狠狠摔在地上，竟号啕大哭起来。

老贼终于知道了：匹夫发怒，也是不好惹的！

"领导班子"的几个人赶紧安慰道："公公休怕，今谋逐走杨涟，便

可无忧！"

唉，魏公公怎能无忧？杨涟奏疏，打的正是他的软肋。今春以来，天灾人祸，同时也是他魏忠贤大不顺的时候。他有一次策马在宫中飞驰，路过一座便殿，惊了圣驾。天启很恼火，张弓搭箭，一下就把他的坐骑射死。前不久，又因小事恼他，将他放归回私宅思过。皇上的脸，说变就变，连个逻辑都没有。这都不是好兆头。

杨涟偏就选在君威难测之时，放出这一箭，是在要他的命。

事情捂不住了，该如何周旋？内廷有他们几个"领导班子"在，可以设法忽悠；而外廷完全没人帮着说话，也不行啊！

魏忠贤首先想到的，是去求首辅叶向高，叶阁老终归与那些不要命的家伙有所不同。但是转念一想，不妥。叶向高固然不是东林激进派，但是以其三朝元老、当朝首辅的身份，清誉最为重要。此次没跟着杨涟发难，已属难得，若想让他出头为自己说几句好话，怕是没门儿！

于是，他想到去求次辅韩爌。

之所以去求韩爌帮忙，老魏自有他的考虑。首先，韩爌虽也是个直性子，但毕竟不是东林党人。在"红丸案"中，人人都怀疑当时的首辅方从哲指使人害死了泰昌帝，惟有韩爌与杨涟坚持有一说一，为方从哲做了解脱。他和东林之间，有一定的距离，这就好做工作。

其二就是，叶向高迟早要去位，腾出来的位置必属韩爌无疑。一个新任首辅，一般都希望在内廷有个合适的搭档，此次去求韩爌，晓之以利害，也许韩大人能出手相助。

小人度君子，除了拿利益标准来衡量，就不知世间还有所谓正义在。魏忠贤万想不到：在韩爌那儿碰了个灰头土脸！

当日，魏忠贤放低了身段来到韩府，带笑求道："韩公，非你不能止住众口，请公多留意。"

韩爌一口回绝："非也，吾不能！祸由公公自身起，还请自便！"

阉竖居然能求到自己府上来，韩爌觉得是受了奇耻大辱，没给他什么好脸色。

魏忠贤几乎当场气晕。罢罢！现在不是跟你老韩斗气的时候，他扭身就走。

可是，事急矣！火已燎到了眉毛上，又如何是好？

该死的杨涟振臂一呼，数日内已有六部、都察院、科道大小官员群起响应。大到尚书（部长），小到给事中（科员），联名写本，交章弹劾。文书房的桌子上，满桌都是，先后竟有一百余疏！

其时，群情激愤，切齿怒骂，各疏无不危言激切！

南京兵部尚书陈道亨卧病在床多年，闻杨涟有疏，扼腕慨言："国家安危，诚在此举！吾大臣不言，谁为言之！"第二日就奋然到署，联络南京各部院九卿（各部院一把手）联名上奏，痛陈其罪。

朝野上下，同仇敌忾！

神州之正气，已成烈火燎原之势。

在阉党一派中，也有挺不住的了，哀叹大势已去。其间竟有立即倒戈者，参奏起主子来了。其中首推锦衣卫佥事陈居恭，他本是在杨涟奏疏中提到的阉党一员。杨涟说他是为魏忠贤"鼓舌摇唇者也"。结果，陈居恭在惊恐之中，"亦惧于众议，具疏参珰"（《三朝野记》）。

天欲堕啊，奈何，奈何！

这边杨涟听说奏疏已落入魏忠贤之手，愈加激愤，于是预备起草第二封奏疏。等天启上朝，直接面奏，要求当廷对质，看你更有何计？

当时东厂耳目无孔不入。杨涟有了这个想法，并未很好地保密，"外廷遂喧传其说"，被东厂迅速侦知。

千钧一发，不容喘息！

魏忠贤及其"领导班子"立即进入了紧急状态。他们在整个专权时期，险些翻船的时候，就这一次。几个人费尽心机，终于想好了一套办法。

首先就是设法将天启与大臣们暂时隔绝开来。

在杨涟上疏后，一连三天，魏忠贤想尽了法子忽悠天启，不让他视朝。

到第四天，皇帝不能不出来了。

一大早，众大臣列班站好，引颈等待皇帝出来。鸿胪卿展自重请示杨涟："面奏当于何时？以便唱引。"这个司仪官想要安排一下程序。

他话音刚落，忽喇喇从里边涌出来一群人来。众臣一看，不禁倒吸一口凉气：一百多名"武阉"（武装太监）衣内裹甲，手执金瓜钢斧，拥帝而立，虎视眈眈注视着杨涟！

接着有值班太监传谕，令杨涟所站的左班御史诸臣，不得擅自出班奏事。

甲光耀眼，刀斧林立。看样子谁要是敢乱说乱动，立时就得毙命刀下。

见到这个阵势，就连铁汉子杨涟也不禁目慑气夺，对众人说："姑徐之。"——还是改天再说吧。

明代文秉所撰《先拨志始》曰："于是忠贤之党知外廷不足畏，遂肆毒焉。"

可惜，铮铮铁骨的杨公，也中了魏忠贤的招，痛失良机。草民我倒不相信杨大人会被刀斧所吓倒，估计他是考虑：如此严峻的阵势，其他人必不敢放言附和，他面奏的声势就会大打折扣，因此才决定徐图之。

但，机会只有这一次。

民气可用之时不拼死一搏，日久心散，正人君子就将为俎上鱼肉了！

阉党核心研究出的第二个办法就是，一定要蒙住天启，让他发话压住对方。

就在魏忠贤争取到的这三天时间里，为了忽悠天启，他特地带着"领导班子"去求见。客氏知道事态严重，也跟着来了，立在一旁压阵。

一见到天启，魏忠贤马上跪下号啕大哭，好似做儿女的在外边受了人家的欺负。他鼻涕一把泪一把地说："外边有人百方要害奴才，且毁谤万岁爷！"接着就叩头不止，请天启允许他辞去东厂提督之职。

天启不知缘由，莫名其妙，对他说："前几天有个姓沈的科道官参你滥用立枷的事，你是怎么说的？"

天启还以为是魏大叔管东厂没经验，管出了麻烦。

魏忠贤支吾其词，憋了半天，才把杨涟参奏他的事情说了出来。

"哦？"杨大胡子怎么会来这一手？天启很感兴趣，叫掌印太监王体乾把杨涟奏疏念给他听。

注意，这是非常吊诡的一个历史细节——

天启帝在这个时候，为什么不自己看奏疏？

有史家认为，这是因为天启基本是个文盲，或者识字不多。但实际上，他在年幼时是上过学的，登极之后，更是接受过豪华阵容的教育。有这三年半的高端熏陶，说他不大识字是不客观的。

不亲自看文件，只不过是个习惯。让人家念，他听，听完了做指示。

几年来，天启一直就是这么问政的。阉党核心钻的就是这个空子。

王体乾煞有介事，捧起杨涟的奏疏就大声朗读。这是考验心理素质的关键时刻，阉党全体的身家性命都系于他一身——这家伙面不改色，把要害问题全部略过，只念了其中的枝节部分。

天启的思维有一点儿不同于常人，但决不是弱智，他听了一遍，觉得不对呀！这杨大胡子的奏疏，怎么净扣大帽子？

实质问题，基本没有。上纲上线，言过其实。

天启听了个懵头懵脑，直眨眼睛。

客氏见事情有门儿，赶紧在一旁替魏公公"辩冤"。王体乾、李永贞、石元雅、涂文辅等也轮番帮腔。

这一通"挺魏大合唱"把天启给唱晕了。

凭心而论，在这个问题上，天启在他所能得到的信息前提下，还是动了一番脑筋的，处理得并不莽撞。首先，他看魏忠贤这个委屈的样子，觉得可怜。

于是，很快就有上谕传出，"温旨留忠贤"，也就是好言好语对魏予以挽留。上谕里还说："闻言增惕，不一置辩，更见小心。"（《国榷》）

听这口气，好像是家长劝诫子弟如何更好地做人似的。

但是这里有个问题：杨涟的上疏在前，至今却还在"留中"；魏忠贤的辞职在后，批复却先下来了。这个程序是颠倒的，不合规矩。首辅叶向高在此时采取了一点儿主动，他以这为理由上了一份"揭帖"，也就是不公开的小报告，请天启赶紧把杨涟奏疏发至内阁，由阁员讨论后，票拟处理意见。

他做的这个姿态非常策略。对魏将如何处置，他并没有态度，只是催促皇上按程序办事。只要把杨涟的奏疏发下内阁，他就可以视形势发展而定一个处理的基调了。或左或右，可以到时候再看。这样一来，两方面的势力都将对他寄予某种希望。

可惜，首辅大人的这点儿小权术，瞒不过客、魏。在天启那里一"过关"，下一步应该怎么干，他们已经了然。

魏忠贤定下了一个方针，那就是"稳住局面、各个击破、全面清洗"。对东林党他也看明白了，这是一伙怎么也"消洗"不了的家伙，不赶尽杀绝，便永无宁日。

他知道首辅大人是要争取主动权，于是就一天三遍去忽悠天启，说这事情就不必阁老插手了吧，省得节外生枝。

天启也不愿意再费脑筋了，就问：你说怎么办？

魏忠贤提议：杨涟杨大人就喜欢图个好名儿，听见风就是雨的，可不能让他们再闹了。这次让阁臣魏广微起草一道谕旨，把事情压下，就算了。

天启说，好！他们要是再闹怎么办？

魏忠贤当然有对策。

我估计，六月初五日天启"武装护卫上朝"的点子，就是魏忠贤在这个前提下想出来的。

否则，天启并不是没脑子的人，怎么能随便让百名武阉跟他上朝。他如果不明白这举动的意义，是不会充当其中一个角色的。

魏广微受命拟旨，正中下怀。此前有东林赵南星三次拒见，现又有杨涟上疏讥讽"门生宰相"，看来自己与东林的梁子算是结下了。东林既然不容人，他只有跟着魏公公干到底了！

因为心里有气，所以草稿一挥而就。他不敢大意，又推敲再三，然后念给魏公公听。再根据魏公公的指点，略做修改，最后把稿子交给天启批准。

次日，杨涟的奏疏发下，并附有"严旨切责"。圣旨曰：

　　朕自嗣位以来，日夕兢兢，谨守祖宗成法，惟恐失坠。凡事申明旧典，未敢过行。各衙门玩愒成风，纪纲法度，十未得一二。从前奉旨一切政事，朕所亲裁，未从旁落。至于官中皇贵妃并裕妃事情，宫壸严密，况无实实，外廷何以透知。这本内言毒害中宫、忌贵妃皇子等语，凭臆结祸，是欲屏逐左右，使朕孤立于上，岂是忠爱！杨涟被论回籍，超擢今官，自当尽职酬恩，何乃寻端沽直？本欲逐款穷究，念时方多事，朝端不宜纷扰，姑置不问。以后大小各官，务要修职，不得随声附和。有不遵的，国法具在，决不姑息。

　　——这一篇文章，做得简明扼要。里面透出一些很有意思的信息。

　　里面大约说了三层意思。一是，皇上我从来就没有大权旁落；二是，宫中的事都是道听途说；三是，杨涟纯属无事生非，大家都不许再提了。

　　魏忠贤这一伙，确实是揣摩透了天启的态度，这里既没有给杨涟上太高的纲，只说他"沽直"，想买个直谏的好名声；同时也未予以处罚，不过是吓唬了大家一下。

　　再看里面对杨涟奏疏的驳斥，就看出名堂来了。圣旨只提到了迫害后妃、皇子之事，别无其他。敢情王体乾最多只念了"二十四大罪"里的一至十条，其中涉及罢黜正直官员的部分，可能还给略掉了。否则以天启的身份，对杨涟议论人事问题不可能不驳。

　　这道圣旨没有多说（说多了自己也没理），只起到个表态的作用，这就够了。大臣们知道了皇帝的态度，自然稍息。以后的事，再慢慢来打理。

　　看来，就行政手段的熟练、进退有据的策略、文章修辞的严谨来说，阉党也不是白给的。

　　圣旨下来后，舆论大哗。一方面群臣不服，弹劾魏忠贤的奏疏还在不断飞来；另一方面，正直之士悲愤莫名。南京的尚书陈道亨叹道："此何时？尚可在公卿间耶？"

　　他立刻写了辞职疏，力辞而去。

东林党中的温和一派，则深为杨涟的失误而惋惜。据说，黄尊素看到杨涟的疏文抄件后，跌足叹道："疏内多搜罗那些宫内风闻之事，正好授人口实！"

杨涟之所以提到后妃被迫害的事，估计是想用跟天启有切身利益的话题，来引起天启的警觉。但是，做皇帝的，几乎都很忌讳外臣谈起"朕的家事"。就算是有这回事，也家丑决不可外扬。

有这一层心理存在，杨涟的奏疏，就很难取得天启的认同。

而且魏忠贤果然也就是利用宫闱之事，对杨涟进行了反击。

这一仗，东林的攻势是失败了。虽然看起来，群臣说了那么多狠话，也不过是被批评了一下，没有什么实质性的损失，但是这件事标志着，靠舆论已经是扳不倒那位大珰了！

因此，大获全胜的应该是阉党。

就在"武装上朝"成功的那天下午，魏忠贤心情舒畅，特邀天启到南海子去玩。

一干人等登上龙舟。伞盖之下，美酒加好茶，看水光潋滟，听萧鼓悠扬，端的是人间好世界。

歌舞看够了，魏忠贤又请皇上看练操。他亲执帅旗，调兵遣将。

那岸上列队而出数千武阉，衣甲鲜明，意气昂扬。听得魏爷爷一声号令，立刻炮声震天，鼙鼓动地。各路军马回环移动，变换阵形。

看着这支精壮的队伍，没心没肺的天启只是乐：当皇帝的感觉，咋这么好？

操毕，天启一高兴，下令大赏三军。魏忠贤便趁机给自己来了一番表功，天启深许之，眷宠之意愈厚。

主子看奴才，越看越觉得乖。哪里不是如此？

20
送上门来找死的工部万郎中

却说东林一击未成，大家并没有马上消沉。不断有人到叶向高那里去劝说，希望能由他出面，再来一波攻击。

首辅若发话，皇上总要给点儿面子，只要打在了点子上，未尝不能取胜。

群臣来到叶府，向叶向高施加了不小的压力，但这位阁老自有他的一定之规。他说："大洪（杨涟的字）的奏疏未免草率。魏公公那人在皇帝面前也常有匡正之举。比如有一次，鸟飞进了宫里，皇上架了梯子准备去抓。魏公公当即死死挽住皇上衣服，不让皇上爬上去，说此举甚不合礼。又有一次，他看见皇上赐给小内侍一件绯衣（大红袍），就叱骂那小内侍：'绯衣是大臣穿的，即使为皇上所赐，也不准穿！'可见魏公公也相当较真，很难再有这样小心谨慎的人伺候在皇帝的左右了。"座中的缪昌期惊愕不已，倏然起身，正色道："是谁说了这话来蒙骗师翁？这种人一定要杀！"叶向高闻言语塞，脸色大变。

那缪昌期据说是蒙古血统，人都 60 多岁了，血性仍未泯，做事偶有大异于汉人之处。他当时担任的，是掌太子奏请、讲读事宜的"左春坊谕德"，一个从五品的闲职。朝中斗争，多大的雨点也砸不到他头上，但是他偏不袖手，非要与阉党不共戴天。

有人将此事告诉了杨涟。杨涟对叶向高的模棱两端大为恼怒。

叶向高听说杨涟发了火，甚为不安，连忙给御史李应升写了一封信，辩白自己并非对杨涟有恶意。

杨涟看到此信后，益发激愤，想把信的内容公之于众。后经缪昌期的极力劝解，方才作罢。

在这次风波中，阉党一方几遭灭顶之灾，所以人人同仇，行动张弛有据。而在东林方面，两大巨头意见不一。在朝中位置最高的叶向高，心存侥幸，不肯借势一击，以致人心很快涣散。两下里的较量，结局已不难预料。

叶向高与激进派不肯统一步调，是有历史原因的。从万历后期起，历任内阁首辅大都吸取了张居正死后遭清算的教训，不大愿意揽权。而六部从嘉靖年间起被内阁压制已久，早就想伸张独立行政权。两个因素交合，导致了相权有很大削弱。

到了叶向高这里，由于他本人软弱，内阁就更是指挥不动吏部等有实力的大部了。

就在这一年的春天，吏部尚书赵南星整顿吏治，高攀龙附合之，一时间大刀阔斧，任免干部根本就不和内阁打招呼。叶向高相当不满，就托病不出，任由赵南星去碰壁撞墙，决不施以援手。

此次攻魏也是同样，杨涟事先跟东林的左光斗、魏大中、李应升等都进行过商议，惟独不跟首辅过话。叶向高也自觉很没面子。

两拨人在策略上有了裂隙，叶向高就故意在对魏立场上向后退了一步，根本不主张将魏一棒子打死。他算准了杨涟此次出击确实够魏珰喝一壶的，但必不能达到预期效果。于是就作壁上观，只等着形势一变，由他自己来出马收拾局面。

因此，他当时把"主调停"的调子唱得老高，就是在为下一步做铺垫。

杨涟上疏 10 天后，朝中风波略有平息，从表面看，东林与阉党双方是僵住了。叶向高认为自己出面的时候到了。

六月十一日，由他领衔，全体阁臣联名奏了一本。奏疏的前半部分把魏忠贤的政绩夸了一通，然后提出一个居心叵测的建议："陛下诚念

忠贤，当求所以保全之，莫若听其所请，且归私第，远势避嫌，以安中外之心。中外之心安，则忠贤亦安。"（《明熹宗实录》）

——皇上您牵挂着魏忠贤，就应设法保全他的名节。最好的法子就是批准他的请求，暂时放归私宅，远离权力中心，自然也就避开了嫌疑。中外再没人折腾了，他本人也就安定了。

这个折子的要害，是要让魏忠贤去位。前面的一番恭维，都是下套。

我很奇怪：这样一个别有用心的奏疏，是怎么取得内阁两派人物一致同意的？

韩爌、朱国祚等人好说，他们明白这是先给个甜枣、再狠打一巴掌，是变相的"驱魏"。然而顾秉谦、魏广微怎么能够同意？

只有一个可能：按照明朝内阁的惯例，所谓联名，那是无须事先征求意见的，首辅想要大家联名，也就是打个招呼而已。大家都是同僚，一般都给个面子。

私下里，这两员阉党大将，恐怕早就把上疏的意图给魏公公分析明白了。

叶向高这是使用了很标准的"调停"手段。在他的观念里，如果事情最后是这个结局，那么一切无事。魏公公去养尊处优，朝政大权还给内阁。

不要小看这个放回私宅，这是对有权有势的太监的莫大恩典。明朝的皇帝怕宦官退休后回到乡里什么都讲，泄露了宫廷机密，所以年老的宦官都统一养在皇城周围的寺庙里，集体养老，不得回乡与家人团聚。

可是，天启和魏忠贤都是不按照牌理出牌的人，一个是明朝的"80后"，一个是"无知者无畏"。他们和叶向高"尿不到一壶里去"。

天启觉得这是出了个馊主意——老魏怎么能走？

魏忠贤则把叶向高的意图品味了又品味，发觉老奸俱猾的家伙原来在这里！

让我回私宅养尊处优？那不是等于剥夺了权力？人一失权，还不是任人宰割？那时候一个小小的衙役就能把我给收拾了，哪里还能有一万名武阉为我保驾护航？

叶——向——高！

——你很阴啊。

如果说，此前魏忠贤出于顾忌或从大局考虑，还没把叶向高视为敌人，而是把他列入了统战对象，多少保持了表面的尊重；而从这一刻起，首辅的名字就上了老魏的黑名单。

魏忠贤的反击来得很迅速。叶之图谋，必须瓦解。他授意爪牙徐大化矫诏，以皇帝名义为魏忠贤做了一个评功摆好的总结，然后，作为批复与叶的联名奏疏一并发下。

批复说："举朝哄然，殊非国体。卿等与廷臣不同，宜急调剂，释诸臣之疑。"（《明熹宗实录》）

因为奏疏是联名的，署名人还包括了两名阉党，所以批复的语气还算比较温和。但是里面透露给叶向高的，却是一个重重的警告！

叶向高千算万算，没想到是这么个结果。皇上也好，魏忠贤也好，一点面子没给他留，批头盖脸就是一顿驳斥。

这样一来，叶向高一下子就没有什么转身的余地了。明朝的高层政治机制，就是"皇帝——大太监——首辅"这三驾马车联动，首辅若失去皇帝和大太监的支持，就别想干出什么名堂来。

叶向高之所以对局势持温和态度、关键的时候上疏调停，说明他还抱有将来操纵全局的野心。而现在，一切落空，只余下退隐一途。可是如果就现在这个样子退隐，等于放弃了防护层。魏忠贤既然对他叶向高有了怨恨，就随时都会再次提起。说起来，在台上的人，要想整治一个下了野的首辅，跟抓一只兔子也差不多。

不寒而栗啊！

本来是逼人家下野，现在倒是自己要考虑下野后的问题了，造化真是弄人！叶阁老，"调停"不成，反而惹了一身骚。

他有什么办法可以化解或者减弱魏公公对他的怨恨呢？

时过不久，京城士林里忽然传出一个说法。说是这个劝魏忠贤下野的奏疏，其实是叶阁老被自己的门生缪昌期逼迫不过，勉强写出来应付舆论的。

这个说法，在流传过程中又逐渐衍化为：不仅如此，就连杨涟的奏疏也是由缪昌期代笔的。

据说，第一个说法，就是叶阁老自己散布出来的，为的就是金蝉脱壳——让那个桀傲不驯的门生去搪灾吧！

人若做到如此，不要说士大夫骨气，就连"人"字的两划也当不起了。

所以，我个人不大相信叶向高会如此不堪，更何况他后来对自己的软弱还是有所悔悟的。

京城的事情，也就如此了。由于古代信息传播的速度不快，南京方面众官员的反应，在一个月后才渐渐强烈起来。可是所有的奏疏，被天启以"所奏事情屡经论明，已有旨了"一句话。通通给压住。

东林今后能否再次跃起一击？不得而知。

而魏公公经此一劫，却是陡然起了杀心！

血，能使所有的人住嘴。这是太祖皇帝的经验，也是人性不堪一击的软肋。

老祖宗对这个已经屡试不爽，今天，我也要来试试！

就在这个时候，有两个小人物触发了历史的机括，使得大明朝的高层政治一下就充满了血腥气味。

历史发展中也有许多"蝴蝶效应"，此处一阵清风，彼处即掀天大浪。

就在魏忠贤正考虑如何一劳永逸收拾东林党的时候，他的一个爪牙给他出了个主意。这是一个很见杀气的建议，就是可以动用廷杖，压服诸臣——谁再敢罗皂（即吵闹、寻事），就大棍伺候！

天启固然昏庸，但上台四年来，对文臣还是抱有起码尊重的，一次杖刑也没用过，比起嘉靖、万历等他的太祖、乃祖们要文明得多。

而今，廷杖一开，必会死人。阉党要开杀戒了！

提出这个恶毒建议的，谁也想不到，竟是个面目姣好的"小男儿"。他就是翰林院的编修冯铨。

这个冯铨，字振鹭，是北直隶涿州人，后来成了阉党著名人物，而且政治履历横跨明末清初。而在一开始，不过就是个普通的词臣。他是万历四十一（1613）的进士，入仕后在翰林院供职。那时少年得志，正是可以准备大显身手当"好男儿"的时候。

但老天爷既照顾他又不照顾他，让他生了一副水做的胎子，唇红齿白，宛若处女。

这一来，这个"宝哥哥"可就倒了霉了。

明代官场上有恶习，那就是男风极盛。小冯铨长得少年貌美，那不是等于一脚踩到了狼窝里？他的同僚们，经常把他们当"鸭"来戏弄。

那时候，缪昌期恰好在翰林院系统任"左谕德"，管太子读书的事情。老爷子也有好男色的毛病，对冯铨"狎之尤甚"。什么叫"狎之尤甚"？要说古人真是能拽文，其实就是——光天化日之下，在翰林院的办公室里，把冯铨给"强暴"了。

当然，这事也有另外的说法。有人说冯铨为人浮躁，人品不大被人瞧得起。缪昌期对他鄙视尤甚。老缪是蒙古血统，野性犹存，就以这种方式表示了蔑视。老缪本人并不觉得这有什么不道德。

不管怎么说，这事是有，且士林皆知，毕竟是奇耻大辱。

冯铨含泪吞声，当然要图谋报复。

据说，在政治立场上，冯铨当时还属于东林一派，但是受不了老被东林的老爷们这么欺负，于是有了离心倾向。

直到后来发生了一件事，促使冯铨断然脱离了东林。

冯铨的父亲冯盛明，曾经以布政使一职兵备辽阳。也就是以省长身份在辽阳统兵防守。其时，后金大军气势汹汹，冯盛明不愿身处危地，便告病乞休。他走了没多久，恰好后金军队就卷地而来，大败明军，攻陷辽阳。

辽阳失守在当时是一件大事，朝中舆论大哗，有人弹劾冯盛明"闻敌而逃"。这倒也没有冤枉他，丧师失地，总要有人来负责任。冯盛明就这样被舆论套牢，最终给逮进了监狱。

那时候，对后金的关系，连皇帝都不敢玩忽。"误国"是个天大的罪，弄不好就要掉脑袋。冯铨救父心切，赶紧去求相识的东林党朋友帮忙。

按理说，冯铨救父，这是"尽孝"，大家应该援手。但是他老爸的罪名不好，是为"不忠"。自古忠孝难以两全，东林党人都是重名节的人，哪个肯给他帮忙？缪昌期还在大庭广众之下狠狠羞辱了他一顿。

冯铨颜面扫地。新仇旧恨，郁结在心，一心想找个机会报复这帮东林老爷们儿。

天启四年（1624）初，魏忠贤奉旨前往涿州进香，冯铨的家乡就在涿州。正巧冯铨因事被劾，在家里歇着。他考虑再三，决定投靠，就置办了酒菜果品，"伏谒道旁"，也就是跪在道边上迎接魏公公。

因为死心塌地的想投靠了，所以他下的本钱也就很大，"迎送供张之盛，倾动一时"。这就决不是一桌酒菜的规模，估计是请了不少人，拉着横幅，打着旗，奏着乐。

魏忠贤一到，冯铨恭恭敬敬将一柄价值两千银的珍珠幡幢（佛教用品）赠送上去。

魏公公是大老粗，见了冯铨眼睛一亮：哇！天底下还有这样的玉人？

再看这迎接的阵势，也真是舍得了本钱的。魏公公不禁大为感动，下得轿来，与冯铨聊起了家常。越聊，越觉得这"宝哥哥"机灵，心下就十分喜爱。

忽而，又见冯铨一下就涕泪交流。魏公公诧异，忙问其故。

冯铨见火候到了，就把父亲的"冤案"向魏公公做了申诉，说全是东林党陷害所致。

魏公公哈哈一笑：小子，别愁，这事情包在我身上了！

魏忠贤此次对冯铨印象极深，回到北京，一想起这姑娘似的小伙子来，还忍不住对身边人啧啧称奇。当然，冯盛明的案子，他顺手也就给解决了：无罪释放。

这个魏大珰，不知大家是否还记得，他在还没"珰"时，在老家曾经娶过一房妻子冯氏。冯氏也是涿州人，跟了他，算是倒了八辈子霉，后来改嫁走了。老魏念旧，可能也有些歉疚，心里没忘了这女人。他在这个时候忽然琢磨：冯铨和我那老婆是不是同宗啊？自此，他对冯铨相当留意。

经过一番活动，不久就让冯铨官复原职了。

冯铨感激涕零，从此成为铁杆阉党。他在此后发挥的一系列作用，给东林党带来了极大的威胁。

冯铨自此开始，显露出了相当老辣的斗争谋略。杨涟上疏后，他分析了朝中形势，心中有数了。东林的攻势，前所未有，却没动得了魏忠贤一跟毫毛。这证明，天启对魏的信任，已无以复加。对东林，完全可以破除迷信了，如果采取主动，这帮老爷们儿实际上是不堪一击的。

荡平外廷，正当其时。

他想到做到，提笔就给魏忠贤的侄子魏良卿写了封信，明确表达了两个意见。一是"极言外廷不足畏"，二是请启用廷杖，制服诸臣。

这是具有战略意义的建言。信，很快摆到了魏忠贤及其核心成员的面前。

很巧，王体乾也早就有此意，前一段几次向魏忠贤提起过。廷杖，是本朝旧制，一抓就灵。嘉靖初年的"大礼议"风波（嘉靖是继承堂兄的皇位，在嘉靖父母的封赐问题上，官辅杨廷和嘉靖有分歧。第三年，嘉靖调支持自己的桂萼、张璁西人进京集议，杨廷和之子杨慎带领200多名官员进宫哭谏，嘉靖大怒，将所有官员抓捕廷杖，杨慎遭流放，嘉靖获得最后的胜利），一百多位廷臣，就是生生给打服了的。

客氏也赞同这个意见。她心肠之狠毒，在王安事件中就已表露无遗，可以说又胜过了魏忠贤十分。此次，她力劝魏忠贤早做决断。

魏忠贤也不是不想下狠手，但他是统帅人物，遇事总要稳一点，他担心猛然使用这个极端手段，会激起不测之变，因此还在犹豫。

冯铨的密信，引起了魏氏集团核心的共鸣。在大伙的鼓噪下，魏忠贤终于跺了跺脚，狠下心来"欲尽杀异己者"。

东林党，我看你们有多少屁股可以抗得住！

——我只叹史上的有些"正人"，自认代表了历史前进的方向，偶尔就放胆做点儿坏事。殊不知历史的刁钻就在这里：好人做坏事，必有报应，而且就在现世！十年都用不到，就要你加倍偿还。

阉党悄悄地把网张开了，就等有人来撞。想不到，第一个撞进来的并不是什么东林党，而是一个局外人物。

这个送上门来的人，是工部郎中万燝。郎中这个官衔，相当于司长。

万燝，字闇夫，江西南昌人，是前兵部侍郎万恭之孙。他少年时就很好学，尤其注重名节。万历四十四年（1616）中进士，授刑部主事。天启元年（1621），因辽东兵事紧急，工部缺人而被调为工部营缮主事，督治京城九门的城墙。

由于这个工程他督办得好，不久就升为工部的虞衡员外郎，负责铸造钱币。

当时泰昌帝的庆陵正建得如火如荼，钱花得像流水。朝廷经费奇缺，铸钱所需的铜不够用，把万燝急得够呛。他找工部直属宝源局（中央造币厂）的人商量，怎么才能淘弄一批铜料来，宝源局的人说："宫里的内官监有许多破烂铜器，不下数百万件，只须移文索要，旦夕可至。"万燝一听这主意不错，立即行文给内廷的内官监，请求拨给。魏忠贤得知后，大怒。那些废铜烂铁他倒不心疼，他恼的是：万燝怎么敢把手伸到他的地盘里来了！依例，外臣不能刺探和干预宫中之事。这万燝不光是知道了宫内有铜，而且还公开移文索要，眼里哪还有魏公公？

魏公公当下玩起了扯皮：我管你铸钱不铸钱的，公文压下，不办。

万燝急得火上眉毛，却一连几个月没等到答复。托内廷的熟人一打听，才知道是魏公公不高兴了。

按官场的习惯，这时候就要托人去疏通。可万燝是个高干子弟，不吃这套。他脑袋一热，就直接上疏天启，请发内官监废铜以铸钱。庆陵那边一大摊子工程正等米下锅呢！

哦嗬，兔崽子！魏忠贤看到这道奏疏，暴跳如雷。他马上派人到天启那儿，告了万燝一个黑状。天启当然不知道里面的猫腻，就下诏斥责了万燝。

诏下之日，万燝已经升任工部屯田司郎中，直接负责督建庆陵了。

就在杨涟上疏风潮之后，凡是跟着弹劾魏忠贤的廷臣，皆陆续遭到天启的申斥。万燝又憋不住火。在风潮近尾声的时候，也就是六月十六日，奏上了一本，再言废铜、陵工诸事，点名痛斥魏忠贤。

这个奏疏，有感而发，也是滔滔不绝——

> 人主有政权，有利权，不可委臣下，况刑余寺人（太监）哉！忠贤性狡而贪，胆粗而大；口衔天宪，手握王爵，所好生羽毛，所恶成疮痏。荫子弟则一世再世，赍斯养（受贿）则千金万金。毒痛士庶，威加缙绅。一切生杀予夺之权，尽为忠贤所窃。且忠贤固供事先帝者也，陛下宠忠贤，亦以此也，乃于先帝陵工，略不屑念。间过香山碧云寺，见忠贤自营坟墓，规制宏敞，拟于陵寝，前列生祠，又建佛宇，璇题跃日，珠网悬星，费金钱几百万。为己坟墓如此，为先帝陵寝则如彼，可胜诛哉！忠贤窃陛下权，内外只知有忠贤，不知有陛下，岂可一日尚留左右！

奏疏里，把魏忠贤对庆陵工程的冷漠和对营建自己坟茔的热衷，放到一起来说，也是相当刁钻的一状。尤其是把民间流传已久的口头禅"内外只知有忠贤，不知有陛下"给捅了出来，就更加触目惊心。

魏忠贤已经让东林党住了嘴。看见万燝跳出来，他一点儿也不怕：说曹操、曹操就到，那就拿你这不想活的郎中开刀祭旗吧。

但是，对第一个开打的案例，魏忠贤还不想做得太莽撞。他决定不矫旨，而是想法让天启自己发话，打这个瞎了眼的郎中。

凡事都要讲机会，魏忠贤现在大概正是好流年，一伸手就是一个机会。就在万燝上疏的前两天，天启的皇二子病死了。古怪皇帝，儿子死得也很古怪。他的皇长子刚生下来就死掉了，死后十天，皇二子生。天启痛惜长子，就特别爱怜这个皇二子。不料皇二子才七个月大时，在天启四年的五月二十九夜里，因为宫里的群猫齐叫而受了惊吓（也有人推测是因内操放炮而受到惊吓），得了惊风病。勉强活到六月十四日，也夭折了。

天启不知道这是猫叫惹的祸，只叹命不好，一连几天都是极度的悲伤。

魏忠贤看天启这时候心烦，说不定就要拿谁撒气，于是就安排好，让近侍装啥也不知道，给皇上念万燝的这份奏疏。

天启一听，怎么又是弹劾魏忠贤？头痛啊，这万郎中难道是从火星上来的？

近侍刚念完，王体乾和客氏就故作大讲小怪，说这都什么时候了，怎么还拿这些烂事儿来打扰皇上？皇上有旨，他不知道？知道了还在皇上忧伤时来说这些，不是明摆着捣乱吗？这样的人，不狠治不行？

几个人，神态都很天真，义愤也都很真诚——领导啊，我们实在是担心您的身体！

天启心里的火果然被撩拨起来，大发雷霆。王体乾当即建议：廷杖万燝，以儆效尤。

天启昏头昏脑，估计也没大听清，就说：行行，你们赶快拟旨。

圣旨一下，廷臣大惊：怎么会责罚得如此厉害？叶向高等人估计：这一打，要出人命，便慌忙上疏营救。工部尚书陈长祚不忍心看着自己的属下受酷刑，也写了奏本论救。天启均不理睬。

第二天一早，数十位年轻武阉蜂拥而来，冲入万燝的寓所，给万燝戴上刑具，押往午门。

从公寓到午门大约有三、四里路。一路上，这些明朝的红卫兵们，有的揪头发，有的扯衣服，对万燝横拖竖拽，拳脚相加。万燝本来身体就弱，及至午门，早被打得奄奄一息。

王体乾亲临午门监刑，他摩拳擦掌，喝令一声："重打！"这杖刑，是明代的刑罚艺术，由锦衣卫执行。朱元璋老皇帝创立这个制度的时候，杖刑时，受刑官员要以重毡包头，同时允许在官袍里面衬上棉里子，以防重伤。除个别情况外，责打一顿，也不过是示辱之意，并非真用重刑。

直至大太监刘瑾专权，因恨外廷大臣不合作，才矫旨令廷杖时需扒下官服，杜绝厚棉衬里，自此便有当廷杖死大臣之事。

打棍子的时候，主事者有"打"和"重打"不同的口令，轻重程度很不一样。每五棍就要换一人执棍，就怕行刑者打得不够用力。

一百棍打完，万燝早已血肉模糊，昏死过去。小宦官们毫不怜悯，为了表示对反魏分子的仇恨，他们拖着万燝的脚，在午门外方砖地上倒转了三圈。而后，拖出长安门外（交给家属用门板抬走）。

刚拖了没几步路，又跑出来一帮小太监，人人手拿利锥，往万燝身上一顿乱扎。

我叫你攻击我们魏爷爷！

万燝身上霎时千孔血流如注。好个万燝，虽是养尊处优惯了的高干子弟，但骨气硬，就是咬牙不叫一声！

抬回寓所后，万燝一息残存。苦撑了四日，终于含愤而死，留有一诗传于后世：

　　　自古忠臣冷铁肠，寒生六月可飞霜。漫言沥胆多台谏，自许批
　　鳞一部郎。欲为朝堂扶日月，先从君侧逐豺狼。愿将一缕苌弘血，
　　直上天门诉玉皇。

这首诗里说的"批鳞"，是说龙的喉咙下有倒生的鳞片，也就是"逆鳞"。"批逆鳞"，古代是比喻忠言直谏，触犯真龙天子。

"苌弘血"也是一个典故。苌弘，是东周景王和敬王时大臣刘文公的所属大夫，因遭受谮言，被放归蜀地。后来想不通，自己剖肠而死。蜀人感念他，用盒子盛了他的血，三年而化为碧玉。"碧血"一词，就来源于此。这是说：为正义蒙冤，死亦有精诚不灭！

万燝之死，激起了士林义愤。

想靠杀人来维持邪恶政治，也就是魏忠贤这样的低能政治家才有的水平。他们不知道，既然有所谓"豺狼当道"，也就有所谓"义薄云天"！愿死心塌地做奴才的人，在人数上从来不会过万！

不服的人，你总不可能都杀完。

面对邪恶，东林党人没有坐视，立刻有一批人一跃而起。李应升、

黄遵素、刘廷佐、周洪谟、杨栋朝等南北两京科道官员纷纷上疏，交章抨击魏忠贤，为万燝之死鸣不平。

其中李应升的奏疏尤为催人泪下。他说，万燝死的太冤，"未报国恩，先填沟壑，六尺之孤绕膝，八旬之母倚闾，旅梓无归，游魂恋阙"！义士之忠魂，点燃的是人心，这就是将来历史复仇的星星之火。

21
无意中砍倒东林党一杆大旗

对于廷臣的异议，天启已经习以为常，自有他的一套对付办法。所有替万燝喊冤的折子，他一律不看。开始还批个"已有旨了，不必渎扰"下去，后来干脆留中不发——让你们的抗议没声没息。

魏忠贤轻松除掉万燝，气焰顿时大张，觉得暴力镇压这一手还真是解气。他睁大了眼睛，扫视外廷，觉得一个小小的万燝还是太不过瘾了，想找个影响更大一点儿的来狠狠收拾。

他现在是顺风顺水的时候，可巧，又一个机会撞上了门来：有两个宦官向王体乾告了巡城御史林汝翥一状。

魏忠贤得到了报告，查了查林汝翥的背景，不由大喜。

这个京城治安官到底有什么来头？

他和首辅叶向高有极为密切的关系！

林汝翥，字大葳，福建福清县人，是叶向高的同乡，在祖籍两家离得很近。京中都盛传他是叶向高的外甥，可见两人关系是够铁的。

他是在天启四年（1624）的六月才出任这个职务的，刚上任不久，就亲手处理了一件民事纠纷。

京师小民曹大的妻子与小民牛臣的仆人因故吵架，曹妻一时想不开，服毒药寻了短见。这曹大虽不起眼，但与宦官曹进、傅国兴有点儿关系，估计与曹进是同宗。

这下牛臣等于捅了马蜂窝——关系学没学透,一脚踩炸了营!

曹进、傅国兴带领二十多名流氓地痞,不由分说闯进牛家,把财产抢掠一空,还用锥子把牛臣扎了几百下,让他终身别忘了要学好关系学。

事情当然是报了官,但因为事涉宦官,京城各级刑官谁也不敢插手。案子转来转去,就转到了林汝翥的手上。

这林汝翥相当于首都公安局局长,他没有地方推了,同时也不想推。当即就提审曹大,一顿杀威棒,曹大就把曹进和傅国兴都供出来了。林汝翥大怒:宦官又如何?谁都不是法外臣民!他立刻办了驾帖(逮捕证)拿人,结果只拿到了曹进。

宦官在民间触犯了刑法,最终处理是要移交给内廷。巡城御史问清楚后也不能办罪,只能通过奏疏弹劾,由皇上下诏给予处罚。

曹进怕就怕把事情捅到皇上那儿去。他见林汝翥不是个用钱能买通的主儿,就哀求道:"大人只要不参我,我情愿受笞刑。"

林汝翥想想,也行,就命手下打了他50下竹条子。这东西也很厉害,但比打板子强,一般死不了人。

本来这事情也就算了了。没想到,一日林汝翥在巡城时,忽然跑来一个不男不女之人,拦住他的马头就破口大骂。

京城里还有敢这么撒野的?林汝翥立刻叫人把这家伙逮了,一问,原来他就是傅国兴。

正找你找不着呢,倒送上门来了。林汝翥把惊堂木一拍,指指卷宗说:曹进都招了,你想怎么办?

这俩阉竖,可能是属于低等宦官,既怕治罪,又拿不出钱来贿赂。傅国兴也只好自请处分——你打我一顿得了。打完了,林大人就把他也给放了(见《明史·林汝翥传》)。

这场官司,应说处理得不错,错就错在时机不大对。官司办完几天后,就碰上了杖死万燝的突发事件。

小宦官们虽然没什么政治头脑,但宦官势力这次是把朝官势力干败了,他们还是看得出来的。

屁股被打肿的曹、傅两人,一下子就起了复仇心,跑到王体乾那里，挤出几滴眼泪、揉几下屁股，求王公公给他们做主。

王体乾和魏忠贤是全体宦官的头儿，自己的手下被巡城御史揍了屁股，主人脸上也无光。两人碰了碰情况，都很恼火，便商议着要报复。可巧又听说林汝翥是叶阁老的外甥，两人就更不能罢手了。

至于林汝翥是不是叶阁老的外甥，史料上记载不一。《三朝野记》和《启祯野乘·一集》上都言之凿凿说是，《明史》和《明熹宗实录》则说是传闻。因此现代史家各自采用的说法也就不同。

不管是不是，总之有瓜葛。

好，这次我老魏也要来一下打狗欺主。

于是，他们由王体乾出面去忽悠天启，客、魏在一旁溜缝。轻车熟路，把天启又给激怒了：宦官是皇帝的服务员，打宦官就是冒犯天威！六月二十一日，皇帝下诏，杖责林汝翥一百下，削籍为民。

林汝翥猛然接到圣旨，魂飞天外！

这巡城御史原本是个很牛的官儿，责任就是管理京城街道的治安，老百姓又称之为"巡街御史"。出巡时的派头，可谓地动山摇。队伍前列有两个兵卒手抡长鞭，辟空"啪啪"作响。小偷、流氓、车匪一听到这鞭声，都撒丫子就跑，躲得远远的。

有时候六部九卿的车夫狗仗人势，在大街上争道，谁也不让谁。要是碰上巡城御史路过，立马就和解。有那眼神不济的，还在争执，林大人一声令下，当场按倒就打屁股，不管你的主子是谁。

巡城御史揍两个小宦官，不也是小菜一碟吗？这是国家法度。

可是，法能大过人吗？开玩笑！

林御史这回知宦官的厉害了。廷杖？万燝刚被一顿棍子打死，我还能活吗？他越想越怕，反正官帽子也没了，就跑吧！

他怕被东厂的人盯上，就翻过自家墙头，躲到邻居家一座空房子里，藏了一天一夜。然后瞅空子溜出城去了。

前首都公安局长潜逃！

魏忠贤也没想到林汝翥还有这一招。派去抓他的宦官扑了个空，气得哇哇乱叫。

这林大人能跑到哪里去呢？如今遍天下谁还敢窝藏他？

魏忠贤一推理，觉得这人没准儿藏到叶阁老家去了。

于是他派了一批宦官去叶阁老家里要人。宦官们得了令，如狼似虎，先把叶府团团围住，然后进去"喧哗搜捉"（《三朝野记》）。

叶阁老家中当然交不出逃匿的犯官，小宦官们就咋呼着"打倒""炮轰"的，不肯撤围。

叶向高哪里受得了这个？不管怎么说，他也是当朝第一大臣，受魏忠贤的气也就罢了，如今居然连小宦官也敢来家里闹，还有没有《大明律》了！

他立刻奋笔上疏求去，说："中官围阁臣第（宦官包围阁臣家宅），二百年来所无，臣若不去，何颜见士大夫？"

说二百年来未有，是夸张，但确实是太不像样子。

事情报到了天启那里，天启也觉得宦官这么闹，有失国家体统。于是下令：赶快撤了。

撤是撤了，但围也就围了。围困宰相府，没受到任何追究。抓坏分子嘛，过激也就过激一点儿了。

这个林汝翥一跑，最没面子的是监察系统的头头——都察院左都御史孙玮。他手下的属官，一贯是监察别人违纪犯法的，怎么能就这么跑了？即便皇上要重罚，粉身碎骨也得挺着——娘打孩子嘛，错了也可以理解。就是不能跑！

孙大人正卧病在床，手拿不动笔，就叫李应升替自己起草奏疏，要参这个贪生怕死的林御史。他说："林汝翥不肯做强项之人（指坚持真理不低头的人），竟成了逃跑之臣，致使皇帝座下少了一个取义成仁的忠臣。御史台有这样贪生怕死的官员，实在有损国威！不听皇上的话，就是破坏法纪！"

这奏疏固然是对林御史临阵脱逃有气，但骨子里还是在讽刺皇上糊涂到顶。

其实，林汝翥并不是真的想一走了之。他一个朝廷命官，即使削了籍，还有起复的可能。如果真的跑了，那就永为罪人，前面的几十年都白干了。

他这次是跑到了遵化，进了顺天巡抚邓汉邓大人的衙门，算是投案自首。逃离京师，不过是好汉不吃眼前亏，想要躲开宦官的毒手。

七月初一日，邓汉如实上报。但天启并未有所松动，让继续执行前旨，还是要打。

都察院这下炸了锅！这叫什么话，堂堂监察大员，被宦官逼得逃命，完了还要打。一帮御史们就商量着要上疏论救。

李应升也跑去找孙玮监察长，说："林御史投案，法纪幸未破坏。他不过是想找一个能代皇上公正执法的部门，而不想死于宦官之手。而且，以我们御史大人的一百棍，对宦官的五十竹条子，于法也不公啊！"

孙玮一想也是，就叫李应升赶快写疏论救。

长官带了头，十三道御史（分管十三省的监察官）就纷纷上疏救人，但天启一概不理。

林汝翥没有躲得了一顿打。但他这一跑，引起了舆论轰动，还是对保命起了作用。一是锦衣卫虽然照打，可终究没敢把他打死了；二是小宦官们也不敢再跑出来拿锥子扎了。

前后一个月的风波总算过去了。

这其中，首辅叶向高内心的震动最为巨大。他看明白了：在皇上的眼里，在魏忠贤的眼里，原来他这个三朝元老、当朝首辅什么也不是。无论万燝事件，还是林汝翥事件，他们对自己一点面子都不给留，将来还能谈什么有所作为？

大明的朝政，眼看着是没有什么希望了！就随他去吧。

只可叹数年来小心翼翼的"调停"，一腔心血，全泡了汤。

学富五车，位极人臣，还赶不上个"卵切除"的混混儿！真是天理何在？孔孟何用？人间何世！

阁老万念俱灰，在家躺倒了。把大门紧闭，不再上班了。

他这回是铁了心要辞职了。复出以来，他的辞职报告一共写了18份，大多是"以退为进"的官场虚套。不过是提醒皇上：我对你有所不满，希望你能改一改。自从出了万燝杖毙事件，他就一连上了多道辞呈，去意渐浓。至林汝翥被杖，他就更坚定辞官归田的打算了，不再有任何虚情假意。

正好天启对他这一段以来的别扭态度也不满，于是君臣俩心照不宣。天启也虚情假意地挽留了几回，就于九月初七下诏，允叶向高致仕，一切待遇从优。

叶向高在临走前的这一段时间里，对自己主持"东林内阁"这一段的做法相当懊悔，曾经在给朱国桢的信中说：我就像个赌徒一样，老本已经统统输光，这都是因我谋划不周所致，怨不得别人。

叶阁老具体懊悔些什么，不得而知。不过，"与虎谋皮"是谋不来东西的，他大概已彻底明白。当初还不如脖子挺一挺，协调大家跟阉党方面死拼一下，或许还有个活路。如今战也不成，和也不成，确实是满盘皆输。

但是，叶向高在天启党争中的作用，也不好一概而论。他的"调停"策略，有正负两方面的作用。负作用是没能以阁臣之重，统率、协调众臣与魏忠贤决战，反而起到了涣散斗志的作用。正面的作用是，毕竟魏忠贤对首辅略有顾忌，叶的周旋对整个东林阵营起到了一定的庇护作用。

他毕竟是一面墙，尽管老而朽。当他一旦倒塌，东林党就失去了最后一道屏障。未来的形势，已可嗅得到血腥味。

在另一阵营，魏忠贤的目标倒是非常明确。杨涟上疏的时候，他就精确分析过形势，提出了"必去叶向高而后可"的总路线。

他注视着叶向高蹒跚而去的身影，额手称庆。也许心里在说：余皆不足虑矣！

车辚辚，马萧萧。秋来又辞长安道。

阁老的心里，弥漫的也是秋之悲凉。他这一去，"东林内阁"等于轰然倒地，虽然还有韩爌，还有朱国桢，但他们真的是"不足虑矣"！

他行前上的一份"陛辞疏"、也就是御前告别信，还试图最后对皇上、太监、廷臣三方面分别进行劝告。但强势的一方怎肯收手？弱势的一方又怎肯束手就擒？

血战，是注定要来的。

叶阁老纵有高瞻远瞩，谁又能听得进去——"事久必自明。历观前史，自汉唐以至本朝，中官之邪正善恶，昭然若揭，未尝歪曲漏掉一人！"

宦官不相信坚如磐石的权力能消亡，廷臣等不得让历史来做最终结论。

来来来，咱们现在就过招吧！

明朝的这悲剧，来自我们民族的母血。

孔孟万年，汉唐千载，问世间："和"为何物？

——更无一人领会！

折戟沉沙铁未销，却又见连营百里。这，就是我们的母血，滔滔无尽啊！

22
一举拔除东林党两大桥头堡

宦海沉浮 40 年的叶阁老被迫去位，东林党的前沿阵地一下子就暴露于外。现在东林方面的领军人物，都是激切耿直之人，只顾前行，不屑委蛇。而在阉党方面，则视东林党为砧上鱼肉，正虎视眈眈准备一网打尽。

当时稍有头脑的人，都能感受到山雨欲来的不祥气息。

黄尊素曾经在这时暗示过杨涟等人：应早做计议，最好是主动请归，避开朝中这块是非之地，免得首当其冲。而且，主动离开也是向对方示以缓和、圜转之意，也许可以减弱阉党下一步的攻势，致使阉党找不到兴大狱的理由。

这个建议，堪称明智。人家看你碍眼，你让开就是了。一般惯例，人不在朝中，被追究的可能性和酷烈度要小得多，很有可能躲开风险。

强项人物走了，战火爆发的可能性也就会大大降低。如今双方强弱已经易位，东林这一边只有维持不战的局面，才是上策。

再说东林风头人物一走，阉党方面也许真的认为"余皆不足虑"，从而暂停铁血政策也未可知。

叶阁老的失误，就在于他既然是个温和派，就应该始终起到缓冲作用，而不应对未来的名声抱有幻想。但叶阁老太想捞名声了，他采取的是骑墙态度——阉党胜，他是东林的唯一保护人；阉党败，他也有参与倒魏之功。他建议将魏忠贤放归的那道奏疏，就是在这种投机心理下写出来的。结果，阉党一眼看穿了他用意，再不相信所谓"温和派"。

很可惜，黄尊素的上述建议没被杨涟接受。杨涟是个讲原则而不屑自保的人，他认为，既为顾命之臣，就不可为苟全性命而远离魏阙，否则就是辜负了先帝的重托。

他早就铁了心，决意以一人之悲剧，换得全明朝人的幸福。

天启四年（1624）的七月，是一个奇异的历史转折点。如果不是叶向高走，而是魏忠贤走，那么两党成员后来的命运都不至于那么惨。

魏忠贤如果在这时走了，即使将来历史大掉头，遭受清算，他也不至于有死罪。明朝历来的皇帝，对获罪的太监，大多都抱有一点温情——再不济也是自己的或者"家父"的老奴，网开一面是有可能的。

但假设毕竟是假设，我们来看真实的场景。八月初一，总监察长孙玮病故。他是科道之首，忠诚耿直，而且一向是东林党的盟友。

东林也真是到了倒运的时候，越是前方吃紧，阵地越是出现缺口。

缺了人就要补，吏部尚书赵南星此时仍大权在握，按他的思维惯性，这个关键岗位还是要推东林大将。于是在他主持下，廷推左副都御史杨涟顶上。但是天启却没批，大概是还生着杨涟的气。众人无奈，又推了南京都察院左都御史冯从吾，心想这回应该顺理成章了。可是天启考虑到："大计"（外官考核）即将开始，还是从京官里推一个熟悉全面的人为好。

这时京中哄传，魏忠贤有意把户部尚书李宗延推上来。东林众人决不让步，一致推了东林元老高攀龙。

高攀龙的职务是刑部右侍郎。对这个推荐，他甚感不妥，因为他和赵南星是"师生"关系。这样一来，师生两个一个掌吏部，一个掌言路，当道于朝中显要，别人会有看法。

魏大中等却劝他不要退缩："如今钻营的人多，你却要退后。你是廷推上来的，怕什么？若皇上不批，我们还要全体去廷争，当为天下争此一人！"

众人既劝，高攀龙也就不再推辞。八月初九，推荐报告送上去了，按例，有三个工作日才能批复。众人都忐忑不安，揣测皇上那里恐怕很难通过，魏忠贤也会出来挡路。哪知道，第二天就批了下来。

东林众人欣喜若狂，好似冬月里忽然有了小阳春。仅有一二人心生疑惑，觉得这事情大不可解，怕不是什么好兆头。

高攀龙被顺利任命，原因何在？是千古疑团了，似乎魏家班底绝不会有这般疏忽。那就应该是天启自有他的主张："大计"还是要用东林的人放心一些。

九月，高攀龙上任之后，果然就有事。他正遇上巡按淮扬御史崔呈秀任满回京待考察。这个崔御史在地方上贪污受贿，无人不知。高攀龙当然不能容忍，就叫李应升起草奏疏，要弹劾这小子。

崔呈秀闻讯大惊，趁着夜色跑到李应升的寓所，长跪不起，请李大人好歹放他一马。

李应升冷冷看着这小人如何表演，面色如霜，严词拒绝了。

九月十七日，由高攀龙署名的弹劾奏疏递上去了，崔呈秀也只好硬着头皮上了自辩疏。明朝的行政体制，揭发检举是都察院的职权，事情属实与否，则要吏部来核查。于是天启让吏部勘察。

赵南星心中有数：还勘察个屁！官贪不贪，平头老百姓都知道——披一袭官袍，堆一脸的恭顺，不过就唬了皇上您一个人。于是他立刻上疏建议"遣戍"，让那小子劳动教养去吧。

天启看了，知道这崔御史是什么货色了，就下诏予以革职，责成淮扬地方官查清贪污数目。

这下，崔呈秀把胆都吓破了，走投无路之中，决定投奔阉党。他穿戴上表示身份卑贱的青衣小帽，连夜跑到魏忠贤家投靠。一见魏公公，叩头如捣蒜，声泪俱下！他哭诉道：东林党人高攀龙、赵南星挟私排挤，请魏公公千万给予保护，我愿永世做您老的干儿子。

魏忠贤转了转脑筋：这个崔御史。说他不贪，三岁小儿都不信，但是可以为我所用！于是老魏绽开笑脸，安慰了一番，当场收了个"高素质"的儿子。

崔呈秀以前一心想加入东林，人家不要，想不到现在入阉党不费吹灰之力，不由得心生感激，立刻建言道："老爸啊，不除去高攀龙、赵南星、杨涟等人，你我都不知会死在哪里，其余的人也没一个能站住脚！"

这个建言，具有相当的战略眼光，一下子就点醒了魏忠贤。他在此前的剿灭行动还带有很大的偶然性，在此之后，就明显地有板有眼了——专挑关键的人物定点清除！

东林党，又给对方"贡献"了一名军师。

高攀龙与崔呈秀的冲突刚完，紧接着东林诸人又与阁臣魏广微起了冲突。

十月初一，皇上照例在殿上向全国颁布次年的历法，群臣列班朝贺，魏广微却把这事给忘了，在家里睡大觉。颁完了历法，皇帝上又亲率群臣去太庙祭祖，叫做"时享"。时享是朝廷大典，四季之初和年终各举行一次，极之隆重。由皇上带领群臣向祖宗牌位供酒水，行大礼。

等到仪式接近尾声时，魏广微才睡眼惺忪地赶到，慌慌张张地挤进廷臣行列。

大家正在庄严行礼，一位阁臣却是这么个狼狈样儿，众人无不气愤！

典礼一完毕，负有纠察纪律之责的吏科给事中魏大中，就想上疏弹劾。黄尊素却担心此举会有连锁反应，劝阻道："魏广微气量狭小，且极好脸面。如此攻他过急，恐生变，不妨搁置。"

魏大中不听，还是上了一本，痛斥魏广微身为执政近臣，"倨傲不拜正朔（大明历法）"，猖狂有如辽东建州女真和西南的叛贼。

魏广微去太庙祭祖迟到，严格说来不过是个考勤的问题，跟人品关系不大，更谈不上政治立场。魏大中弹劾他一下也就罢了，但不该上纲到奉不奉"正朔"的高度上。

如此一激，魏广微当然要气得跳脚！

他立刻上疏自辩（理由总找得着，譬如为国事操劳过度睡过了头等等），同时四处展开活动。这小子早就暗投了魏忠贤，内廷的宦官对他很买帐。一时之间，不光阉党成员，就是宫中的一般内侍，也纷纷为他说好话。连客氏都亲自出马，向天启进了言，说魏大中这不是小题大做、要排挤人么？

天启平时就很厌烦廷臣之间的纠纷，见魏大中的话说得确实比较过头，就于十月初八下了一道敕谕，也就是告诫书。

他总结道，这种风气的原因是"纪纲不肃，结党徇私"，因此警告廷臣要反思，要改弦易辙。

抽象地来看，天启这道谕旨说得不错，特别东林方面是有这些问题。大臣一受攻击就引退，小臣依照"政治划线"评判人物，结果党争只能越来越激烈，于国事丝毫无补。

东林党人只强调品德、操守和"划线"问题，对国计民生始终没能提出好意见，就更不要说采取什么惠民强国的措施了。天启对他们的弱点，还是看得很准的。

当然，阉党方面，问题就更严重，远不止这些。但是天启不知道，或者说知道了也不以为意——与自己较亲密的下属，那是越看越可爱啊！

本来这个特谕针对的并非一党，是对大家说的。可是在魏广微被劾之后颁布，就明白地带有袒护的意思。天启就是再傻，也不能直接为魏广微迟到的事开脱，而这个特谕，恰是最冠冕堂皇的开脱。

皇上居然坐歪了屁股，连公然违礼都不追究，东林方面当然有人不服！

压不住火的是都察院御史李应升，他于十月十一日上疏，对魏广微的自辩狠狠砸了一家伙。

本来魏广微的自辩也还算讲得有点儿道理，一是说自己"罪止失仪"，根本没到"不拜正朔"的程度；二是说言官有"风闻生事"的恶习，让人不能自安。

然而东林的官员们，逻辑思辨都相当厉害，且又站在道德制高点，所以砸起来，势不可当。魏广微哪里是对手？

李应升的驳斥句句击中要害，他说："如果是行礼中动作出错，那才是'失仪'，而魏广微是误了典礼。按照《大明律》，失误朝贺，应答四十；失误祭享，应答一百。魏大人应该领哪一条呢?"至于说到言官，李应升认为："国家设言官，称为耳目近臣。所言若涉及天子，则天子改容以听；所言涉及大政，则宰相闭门待罪。魏广微之父曾为言官，公正发愤，敢直言，因得罪阉臣而去职，美名传诵至今。魏广微为何不思其父？至此，广微应退读父书，保其家声，勿再与言官为难。如此可上对神明，下对士林，异日九泉之下亦不至愧见其父!"

这一顿砖头，砸得魏广微脸面全无，想与东林撕破脸皮吧，又觉得还没到时候。无奈之下，想起了李应升有个老师孙承宗，现为督师辽东的大学士。这个孙督师与自己既是同年进士又是同乡，也许会帮忙圆场。于是他立刻上疏，向天启提出：孙承宗督师辽东有功，皇上应给予特别恩典。

他拍孙大人这个马屁，是为了换取支持。

他所考虑的这些因素都不错，而且孙大人也确实劳苦功高，但他就是忘记了一点：孙大人也是一个出了名的直臣，满腹文韬武略，又曾是天启幼年的老师，他怎么能吃这套？

有功不有功，论不到你来说!

孙承宗全不顾什么老乡同年的情面，上疏给予驳斥，说魏广微这是居心不良，行钻营之术。

魏广微又吃了一瘪，知道自己与东林再无调和余地，于是才公开投到魏忠贤门下。原来还仅仅是自称"宗弟"，现在降了一辈，自称"宗侄"了。

那边李应升的奏疏当然是触犯了天启——刚发了特谕不要纷争，怎么又来说？皇家尊重大臣，你何必借故轻侮，还要引用《大明律》！那么今后大小各官再有迟到的，是否皆依律惩处？

客、魏在一旁，又是假装气愤地一通忽悠。天启来了火，又想动用廷杖。韩爌听到了消息，赶忙写了个条子递上去劝住了，改为罚俸一年了事。

魏忠贤正准备杖死一个东林党祭旗，结果被韩爌给搅黄了。他这下连眼睛都气白了。

又是你!

韩阁老,有一笔老帐咱们还没结清呢。

杨涟上疏的时候我四面楚歌,求到你,你不肯帮忙。现在我要打击东林党一个小小的御史,你倒这么起劲!

看来,内阁的石头还没有搬干净。你们这些东林同路人,是否也应该统统给我开路了?

怎么才能把韩阁老尽快赶走?

魏忠贤一发话,魏广微、崔呈秀马上跑过来建言献策。

几个人商量了一通,敲定了方案,决定拿东林方面推举谢应祥为山西巡抚一事开刀,向东林党主动出击,以期扫倒一大片。

由此,"推举谢应祥"立刻酿成了一个事件。此事的原委,来自山西巡抚一职空缺,不少人都在四处行贿钻营。吏部尚书赵南星也有所耳闻,执意不肯给那些苟且之徒以机会,而是推选了稳重清廉的太常寺卿谢应祥。吏部负责文官选拔的文选司员外郎夏嘉遇等,对这个人选也极为赞同。

这谢应祥,曾在魏大中的家乡浙江嘉善当过县令,魏还应算是他的学生。他们的这层关系,被阉党抓住,想做一点儿文章了。

魏广微找到自己的亲戚、御史陈九畴,唆使他上疏弹劾,说干了以后魏公公那里能给好处。陈九畴也是个躁进之徒,有这样的进身之阶他岂能不上?

在陈九畴上疏之前,先由魏忠贤本人"预热",在天启面前念小话,说杨涟、左光斗、魏大中等欺负陛下"幼冲",结党擅权。若不把他们驱逐,则无以明皇威、统摄天下。

天启最忌讳的就是人家说他是样子货。

经过魏忠贤一忽悠,天启越发觉得东林诸臣根本就没把自己放在眼里,心里自然有气。陈九畴的弹劾疏也就趁这个机会递了上去。他诬称谢应祥老迈昏庸,难当大任,是魏大中为了照顾老师,嘱托文选郎夏嘉遇出面推举的。

这完全是无中生有的事。魏大中、夏嘉遇当然不服,上疏抗辩。双方打开了口水仗。

天启又感到头疼了，把双方的奏疏发到都察院、吏部，叫廷臣们开会讨论。讨论的结果，当然是断定陈九畴瞎掰，因为这个推举是赵南星所为，与魏大中、夏嘉遇有何干？魏、夏两人都是品德高于山、清如水的君子，陈九畴造谣也不选个贴边儿的对象！

院、部的意见，倒还实事求是，并没有搀杂什么党争情绪，主要是陈九畴的诬告太离谱了，谁来查也是这么回事。

但是天启不信。魏忠贤先前已给他灌了太多先入之见，下面越是实事求是，做皇上的越是疑心你们结党营私。从正常渠道递上来的报告，抵不上小人在耳边的几句悄悄话。一般当领导的，越低能，就越有这个毛病。

领导为什么愿意亲小人而远贤臣？为什么老是视肱股大臣为仇寇？为什么专以打击能臣、直臣为乐趣？这可真是千年谜团。这样的领导，说起来比例不多，但到处都能看见。其实他们和天启一样，是心智发育类似儿童的一类。

他们打击人才、猜忌下属的心理，跟小孩毁坏玩具是一个类型。

好好的东西就要毁坏，你能怎么着？我的东西，我有权！

十月十三日，天启又开始砸玩具了，对院、部的调查报告发了中旨。他痛斥魏大中"欺朕幼冲，把持会推"，把封疆大吏的职务作为向老师报恩的礼物，责备夏嘉遇和陈九畴互相攻击，不成体统。罚这三人各降三级，调外任。又谴责院、部大臣偏袒一方，是"朋谋结党，淆乱国是"，给了一顿重重的警告。

这顿乱砸，把阉党的陈九畴也捎上了。不过陈九畴心里有数，他这次"自杀式"的攻击见了效，立了大功，魏忠贤很快就会让他起复的。

魏大中、夏嘉遇二人，一个是吏科的头头（都给事中），一个是吏部文选司的头头（员外郎），都占据的是组织部门的要津，就这样被阉党永远撵开了。

天启的中旨，还责备了院、部（都察院和吏部）。按照惯例，院、部头头也须自请处分或辞职。如果老着脸皮不表态的话，会被人讥为

"贪权恋栈"。于是，吏部赵南星上疏请辞，在都察院新上任不久的高攀龙也上疏自劾。

天启不留情面，也不经内阁票拟，发出中旨令两人罢官回籍。一个组织部长，俗称"太宰"，一个监察部长，俗称"总宪"，在明代是比一般阁臣位置还要高的顶级高官。一件不相干的事，就一日免去两大臣，在有明一代也是罕见。

内阁的韩爌、朱国祯大惊失色，觉得这玩笑开大了，急忙上疏论救，天启没答应，连平常高官回乡可以坐驿车的优待也不给。

天启在谕旨里，数次提到"植党"字样，显见得已经对垄断朝政四年的东林党产生了深深的疑虑。

潜意识里，也许皇上在这样想：你们可能是没罪，但你们势力太大了，威望太高了。我不能容忍身边有这样一股异己的力量。

其实在他身边更近的地方，一个庞大的、可以控制他意志的阉党已经形成，他却丝毫不感到威胁。这是为什么？

因为他看见的，只是小人物的谦卑，是朝夕相处的"和谐"——在我面前唯唯喏喏的人，怎么可能对我有威胁？

小人之胜，在于谄笑；君子之败，在于孤傲。

领导的这种素质，有文化上的遗传，根治不了。就是诸葛亮也管不住！

赵南星、高攀龙走了，意味着："众正盈朝"的总设计师走了，东林党的精神领袖也走了。

阉党大获全胜，全伙弹冠相庆！

——皇帝真成了俺们的傀儡，跟东林党算总帐的日子也就到了！

23
京城盛传孙阁老已提兵逼近

阉党到目前为止，心想事成，攻无不克，在现实的层面上已俨然成为一大势力，不过名声还不怎么样。阉党的首领终究是个阉人，廷臣中的势利之徒想要攀附，总不免鬼鬼祟祟。如今，算是可以正式告别崇高了，扬眉吐气地喊一声"有奶就是娘"了。

但是，吾土吾民，干什么事儿还是习惯有个好名声，没有好名声，便多少有些扭捏。比如"黑猫"这名字不好听，若叫成了"非白之猫"，也就多少理直气壮一点。

名不正，则言不顺。阉党谋士在欢喜之余，都想到了这一点。于是顾秉谦、魏广微两人一碰头，凑了一篇特谕草稿出来，要以皇帝的名义为阉党正名，给东林党扣一顶黑帽子。

——舆论工作要是不做好，咱们就是胜了也还是鬼鬼祟祟。

两人所想的具有超前性，魏忠贤听了草稿的内容，大为赞赏。连忙叫人誊好，呈报天启。

天启对东林正憋着劲儿，一听，就准了。

这个特谕，等于皇帝给两派做的结论，直斥东林人士"内外连结，呼吸应答，盘踞要地，把持通津，念在营私，事图颠倒，诛锄正人，朋比为奸，欺朕幼冲，无所忌惮。近年以来，恣行愈甚，忠贞皆为解体，明哲咸思保身，将使朕孤立无援而后快！罔上之心，却使人尽缄口，然后满足其无边之欲矣！"

这一通连珠炮，把东林的形象轰了个一塌糊涂。

什么叫"指鹿为马"？

什么叫"欲加之罪，何患无词"？

这就是！黑变为白、清指为浊、忠诬为奸，把阉党头上的帽子摘下来送给你们。

谁是千古罪人？谁是坦荡志士？全给你反着来。

谁能保证皇帝说的都是真理？

这道特谕对东林尚留在位置上的人也下了警告，说是"今元凶已放（放逐），群小未安，或公相党救，或妄肆猜忖"，如果再不老实，不改过自新，那我就要动用祖宗之法了，决不姑息！

圣旨一下，众人瞠目！不讲理到这个程度，还有什么可说的？

东林阵营这次保持了异乎寻常的沉默。只有一个小人物——给事中许誉卿，豁出脑袋了，顶风上了一疏，为赵南星、高攀龙鸣不平。说他们是"老成之人"，是"岁寒松柏"，就这么遽尔去国，今后谁还敢讲话，天下事深可虑矣！

他话说得不是很激烈，本人身份也不高，因此天启只降了他三级外调，没动用祖宗家法，还算是侥幸。

千人诺诺，一士谔谔。

到了人人不敢说话的时候，问题就大了。

今人有评论说，东林此次不再力争，是因为丧失了以往的勇气。其实不然，这次他们倒是好像经过协调一样，不再做无谓牺牲。这个"皇帝宣言"之后紧跟着要来的是什么，他们有预感。

但是，这个沉默来得太晚了。在当初还可以与阉党较量一番时，如果东林保持如此的沉默，对魏忠贤来说，就是"可怕的寂静"，他必会因胆虚而缩手缩脚。两边相持几年，魏忠贤的"好运"也就到头了，东林不会有太大的损失。

而一旦杨涟爆发，东林全体就应一起跟上，万炮齐发，即使像嘉靖年间"左顺门事件"百人集体被杖也在所不辞。无论天启，还是魏忠贤，都没有能顶得住这种阵势的心理素质，他们必然会退让，最后由亲东林党的第三势力出来斡旋，达到新的平衡。捱个几年，魏也就完蛋了。

可惜，东林跟魏忠贤的斗法，多没有章法，单打独斗。人家那边一反击，当枢要的东林大臣就挂冠而去，撤出阵地。

一战如此，再战如此，魏忠贤也就把东林看扁了——"技止此耳"！

东林党的策略虽有误，但气节始终不减，在沉默中仍以行动来抵制天启的高压。

赵、高两位大员去后，两部院分别奏报，拟以副职陈于廷、杨涟为代理主官。天启一看：这哪儿成，又是两个东林党！赶跑还来不及呢，岂能让你们继续占茅坑！于是将奏疏压下不发，令各衙门会推。

会推由吏部副职陈于廷主持，按资历推上了乔允升等数人候选。天启觉得这批人名字不大熟，一问魏忠贤，还是东林党！

皇帝终于发火了，下旨严责，不问青红皂白，再次对东林党施以打击。他认为，此次会推，推上来的还是赵南星拟用的私人，这显然是陈于廷、杨涟、左光斗"钳制众正，抗旨徇私"。

天启的火发得不小，直呼陈于廷等三人为"三凶"，特别咬定了杨涟、左光斗为幕后主使，圣旨里连"怙恶不悛""巨猾老奸""冥顽无耻"这样的咒骂之词都用上了。

天启跟东林彻底掰了脸是肯定的，这样严厉的圣旨，没他的批准是发不下来的。但是其中具体用语如此咬牙切齿，似又是阉党谋士直接执笔。

可怜东林党人自万历以来，承受了巨大压力，苦苦护持天启父子两代坐稳了皇位，最终却落得如此评价。

天启光骂了还不解恨，索性一勺烩了。说这三个人"大不敬，无人臣礼"，着令统统革职为民。

陈于廷、杨涟、左光斗接旨后并无抗辩，都黯然而去。事已至此，说又何宜？

杨涟、左光斗的不抵抗，大概在于寒心。"移宫案"之时，两人曾将生死置之度外，保住了这个小皇帝皇权的独立。如今时势变易，"功臣"没有用了，不仅要一脚踢开，还要恶语加以侮辱。

想不到东林要员这么快就清扫干净了，魏忠贤喜不自禁。余下最碍眼的，就是内阁首辅韩爌了。

顾秉谦、魏广微也早就嘀咕过几回：老韩这块石头，还是早搬开早好。

但是这位阁老与东林并无瓜葛，要拿下他，需要另谋他途。魏忠贤对此心中有数，他对王体乾和客氏等魏家班底授以秘计，大家纷纷到天启那里去吹风。

用不了几下子，天启就上道了，下诏说韩阁老票拟多失当，今后要集思广益；而其他阁员也不能没主意，要积极参预。

让其他阁员与首辅分权，是大明建国以来闻所未闻的"体制改革"。分权固然符合"民主原则"，但这皮儿里边，也有各种各样的馅儿。

韩阁老一眼就看穿这"羊头狗肉"的把戏：不就是想撵我走吗！

他不党不私，没犯错误，根本就不买天启的账。一天也不等，立刻就上疏请辞，不仅不认错，话里话外还对天启一通挖苦。

他说："臣以简陋之才，在内阁尸位素餐。譬如，整军应以营伍为先，而内操却屡演于宫禁之内，显是臣不能解皇上操劳之忧。又譬如，忠直之臣应该召回朝中，但廷杖却屡施于殿堂之下，显是臣不能解皇上雷霆之怒。臣无能，以至众官先后被黜，中旨径出，不由票拟，朝政大变。皇上意在整肃朝纲，内外却以为是兴起党祸，臣不能预先深思，临事又不能阻止，此为臣罪之大且著者。请罢臣官，再治臣罪，以作为辅臣渎职之戒。"

天启原也猜测韩爌可能会撂耙子，但没想到老家伙竟然敢嘻笑怒骂。于是下诏：要走你就走吧。

大明惯例，首辅辞官，皇帝要给予一系列的恩赏，加官荫子的一大串。但天启也要开了牛脾气，除了可以乘坐驿车之外，啥也不给了。

中国的管理问题，没有啥别的问题，就一个问题：魏徵之才常有，唐太宗不常有。摊上天启这样的领导，你就是把古今谋略书翻烂了也没用。

韩爌秉政仅仅四个月，就这么一甩袖子走了。回家后不久，又被削籍，公职待遇全被剥夺。

魏忠贤终于报了当初一箭之仇。

至此，他还不肯罢手，对内阁最后的一个异己、老好人朱国桢也不放过。本来内阁票拟，执笔的只有首辅一人，天启在魏忠贤鼓动下，却下令分权。目的就在逼朱国桢，但就这样朱国桢也不在乎。

不在乎也不行，顾秉谦、魏广微又唆使人弹劾他。

朱国桢这才知道，不能再恋栈了，得赶紧走。他连辞三回，终于允了。因为他确实不是东林的人，又走得及时，所以什么恩赏都捞到了。他走后，魏忠贤对他有个评价："这老头儿也是个邪人，但没做什么恶事，所以给他优待。"（《先拨志始》）

内阁里原来还有一个亲东林的何宗彦，已于年初病逝。这样，顾秉谦就自然替补为首辅。

此时是天启四年（1624）的十一月初，从六月初杨涟上疏起，双方酣战五个月，至此尘埃落定。外廷中，当路要津的东林党大臣一扫而空，一场不动刀兵的政变已告完成，魏忠贤的权势，已经从内廷伸展到外廷，牢牢控制了阁权。

连政府也姓魏啦。

大明朝的政治中枢，阉党的旗帜到处飘扬，"正人去国纷纷若振槁"。

天地惨变，大地萧索。但见有识之士忧心忡忡，宵小奸佞欢欣雀跃。

可是，就在此时，阉党的一场危机突然降临。这天，魏广微失魂落魄地跑到魏忠贤的私宅，密报："督师辽东的孙承宗，提山海关兵数万，正驰往京师，声言要清君侧。孙阁老一到，公公，您可就立成齑粉啦！"（《三朝野记》）

啊？魏忠贤心一沉，脸都变白了。

风从何来？祸起何端？

这就要说到这个大名鼎鼎的孙承宗了。

孙承宗，字稚绳，号恺阳，北直隶保定高阳（今属河北）人。青年时就乐谈兵事，多智谋。在边境一带教书时，曾"杖剑游塞下，从飞狐（河北涞源北飞狐关）、拒马间直走白登（山西大同东）。又从纥干（山西大同东纥真山）、青波（河北清河）故道南下，结纳其豪杰与戍将老卒，周行边垒，访问要害阨塞，相与解裘马，赏酒高歌。用是以晓畅虏情，通知边事本末"（钱谦益《牧斋初学集》）。

凡奇才在年轻时必有异行。他和边塞上的豪杰、将士谈得高兴了，千金裘、五花马都拿来换酒喝了，大有太白之风！

万历三十二年（1604），这位雄才大略的读书郎中了进士，任翰林院的编修。天启元年（1621），以左庶子充日讲官，进少詹事，也就是当了天启皇帝的老师。

孙承宗为人清正，敢于任事，讲课的效果也极佳，天启对他极尊重。皇上每次听完讲，总要感叹："开窍了，开窍了！"（《明史》）

天启即位不久，沈阳、辽阳就相继失陷，辽东形势危若累卵。孙承宗因以文臣而知兵，遂被任命为兵部尚书、东阁大学士，是阁臣之一。他上任后，上疏条陈当时兵备弊端，深为天启嘉许。

天启二年（1622），孙承宗前往山海关视察，力排众议，支持袁崇焕主张的坚守宁远（今辽宁兴城）、积极防御的意见，反对退守山海关。宁远位于辽西走廊中部，守住了宁远，也就是扼住了辽西的咽喉，能确保身后二百里外的山海关无虞。

此后，经过数年的经营，辽东终建成一道坚不可摧的宁（远）锦（州）防线，后金骑兵撞破了脑袋也不得逾越。从努尔哈赤到皇太极，均望宁远而叹息止步；努尔哈赤还命丧于此。这个决策，不仅保住了天启朝的平安，就是崇祯一朝也得益颇多。

天启二年八月，孙承宗出任辽东经略。"是时，关上兵名七万，顾无纪律，冒饷多。承宗大阅，汰逃将数百人，遣还河南、真定疲兵万余。"（《明史》）随后"乃定兵制，立营房，五人一房，三千一营，十五营为三部，而将帅以营部为署。兵不离将，将不离帅"。此外又修筑关城，安置大炮，辽东明军实力由此大盛！

宁远城修筑竣工后，孙承宗调袁崇焕镇守，自己则坐守山海关。就是说，明末威名赫赫的袁崇焕，此时还不过只是孙大帅的一员爱将。当时关外一派晏然，逃亡百姓纷纷回归，宁远一带"商旅辐辏，流移骈集，远近望为乐土"。

随着宁远防卫的日渐巩固，明军防线也在不断扩张。天启五年（1625）夏，孙承宗遣将分据锦州、松山、杏山、石屯及大小凌河各城。这样，自宁远又向前推进二百里，从而形成了以宁远为中心的宁锦防线。

《三朝野记》说，"自承宗出镇，关门息警，中朝宴然，不复以边事为虑矣。"万历末年的辽事大坏，变成了天启年间的辽事大好！

天启有福，终其一朝几乎不闻边警，就因用对了一个人！

魏忠贤当然知道孙阁老既有才、也有背景，所以颇为敬畏，曾数次想把孙大帅收归自己名下，但孙承宗为人既正直，又在天启心目中极有分量，所以根本不睬魏公公的那一套。

孙承宗是个文武两手都很硬的人，于"文斗"方面的谋略，也在很多东林党人之上。天启对他，惟有崇拜的份儿，几乎言听计从。若不是他常年督师在外，魏忠贤怕也翻不起这么大的浪来。

由于他常年在辽东，所以两派都将他视为化外之人。在内阁争权时，谁都没把他算一个。

可是孙阁老却没有忽略朝中的斗争。眼看正直之士一个个被清除，大明的天已经塌了大半，他坐不住了，决心以自己的威望，全力一击，把这个混蛋魏忠贤打下去。

孙承宗的这一想法，有很大的可行性。可惜动这个念头动得太晚了，此时，朝中已无一个正直之臣能在高位上予以应援了。

所以他考虑：根本不能露一丝痕迹，要迅雷不及掩耳直接面见皇上。他相信，以自己的威望和谋略，肯定能说动皇上，起码是疏远这个乱了朝纲的大太监。

但要做到这点，现在也很不容易了。天启已被阉党铁桶般围住，像自己这样一个与阉党不合流的人，如何能够毫无阻碍地靠近皇上？

这个机会，他想，就在十一月中旬皇上的生日。假如以贺寿为名，面陈朝政，那是最好不过的。

并且这个图谋，决不能让阉党察觉一丝一毫！

于是，他在十一月初巡防来到蓟镇，这地方离京师只有几十里。他含含糊糊地写了一份奏疏，派人送进宫，只说是：三年未睹天颜，如今巡防到此，离京仅有数十里，很想在皇上万寿之日，跟大家一起看看您！

他还报请了日程计划，即十二日入都门，十三日早朝面君，十四日随内阁大臣贺寿。然后另择日向皇上面奏军机。之后再和有关衙门会商一下军事。

他怕阉党起疑，还特别在奏疏里说：如今朝中事体纷纭，他本不该冒昧入京，但边防有未决之事需要请示，陛见之后，当速出国门，以免猜疑（见《明熹宗实录》）。

话，说得滴水不漏。

但可能正是这"不漏"，引起了魏忠贤的怀疑。魏忠贤此时的韬略，已不是三四年前那个不要命胡来的水平了。他在想：这孙阁老，是有什么企图吧？

他的爪牙因为没有权力幻觉，也就看得更明白：哪能放孙阁老进京？魏公公别是糊涂了。公公固然霸道，但那脑袋瓜还斗不过孙阁老吧？

可是这话不能明说，于是大家会意，就到处放谣言，说孙阁老此次来，肯定有异动！

魏忠贤一听说"清君侧"，有如遭受电击，一下就明白了：孙承宗来，毫无疑问就是干这事的！

这可怎么办？

在这个世界上，他老魏可以说谁都不怕，惟独就怕这个孙大帅。

魏忠贤知道大祸要临头了，要是过不去这道坎，前面的什么都等于白干了。他思前想后，觉得只有一招可行——

只有激怒皇帝，孙阁老才进不来。

他顾不得夜已深，急忙赶去奏报皇上。天启已经归寝，魏忠贤硬把天启叫醒，汇报时还不忘把谣言修正了一下，使之更具有可信度："孙承宗率甲兵五千，离山海关向京师进发，内外合谋，欲清君侧！"

"唔？"天启一听，吃了一惊：孙阁老能干这事？

清君侧？如何清？难道要拥兵把我废掉？

天启心里升起一股寒意，从龙床上蹦下来，绕着床踱步。越想，越怕，心慌意乱之下，竟倒退着走起来。

魏忠贤见天启不仅没激怒，看样子好像被吓傻了。他顿时崩溃，也跟着皇帝绕着御床走，捶胸大哭："万岁爷若放孙阁老进来，老奴活不成了！"

天启脑筋转了几个弯儿，以他对孙承宗的了解，兵变绝无可能。大帅想回来一趟，也不过就是回来，倒是魏公公给吓成这样，实在太可怜。

天启一念不忍，就发了话：拟旨，让孙阁老不要来了。

那边厢顾秉谦早有准备，一道严旨已经拟好，命孙承宗"马首速转向东，急还山海，待犁庭扫穴、失土尽复之日，再回京。"

天启听了内容，点了头。

魏忠贤此时也有了底气，亲赴齐化门，矫诏命令守门宦官："孙阁老敢入齐化门，便缚来杀了！"

孙承宗这天才走到通州，一彪飞骑迎头拦住，兵部的官员就地宣旨。

孙承宗听完旨站起，仰天长叹：这一回又没斗过这魏大珰！

他本来就无兵谏之意，知道此时一举一动都很关键，不能给魏阉留下任何有异谋的把柄。于是二话不说，拨马便回，直赴山海关而去。

走到半途，北京方面又有消息传来，说魏阉正在设计要杀掉他。

孙承宗心里更是不安，只有加急赶路，先回去再说。

可巧东厂有一个特务混到孙承宗身边做随侍，负有监视之责。他为人较正直，对孙承宗相当佩服，于是就写了密信传回京中，说他亲见孙承宗只带了一个属员，其余未带一兵一卒，

魏忠贤得报，才略略放下心。

这一场虚惊，使魏忠贤得了一个教训，那就是：军权不可不抓。此后，他就加紧抓了太监监军的事。另一方面，他心里也基本有了底：正人君子，技止此耳！

这个孙承宗，对明末历史影响甚深，但不知为什么名气却不显。

万历四十五年"梃击案"之时，张问达曾向孙承宗请教如何处理此案，孙承宗建议"不可不问，不可深问"，张问达按这个思路去办，既打击了郑贵妃的气焰，又给万历留了面子，没有使事态全面恶化，较为妥善地处理了此案，可说是一条万全之策。在万历皇帝死后，孙承宗又负责起草了"神宗遗诏"，彻底否定了万历期间的种种弊政，为泰昌和天启初年的新政造足了舆论，也是功不可没的一件事。

孙承宗这次劝谏虽然只是个意图，但魏忠贤仍没有放过他，后来又诬告他回京是图谋异动，好在天启还是没有理睬。

后来在天启五年（1625）十月，魏忠贤终于找了个机会，借故将孙承宗免职，换了高第担任辽东经略。高第是一个纯粹文臣，既不懂军事，也没打过仗。努尔哈赤听说孙承宗去职，即率八旗大军来攻。高第畏敌如虎，命令撤掉宁锦防线，关外官兵全部撤回山海关，大军在撤退中又演变为大溃逃，一片狼籍。

孙阁老的数年心血毁于一旦。

只有驻守在宁远的袁崇焕抗命不撤，与总兵满桂等坚守宁远，一炮把努尔哈赤轰成了重伤，撤到沈阳后身亡。

这件事，也应有孙大帅的一份功劳。

孙承宗回到家乡高阳后，专心著述，有《督师全书》《古今中官志》《高阳集》等著作传世。

崇祯二年（1629）秋，皇太极绕过关宁防线，进入明朝境内，京师告急。孙承宗临危受命，原官起用，负责护卫京师。受命次日，不顾城外遍地敌军，率二十八骑冲出东便门，入通州御敌。

但皇帝也是俗人，对能臣的使用也免不了"过河拆桥"。到崇祯四年（1631），孙承宗69岁时，再次被排挤回乡。

崇祯十一年（1638）十一月，清兵由大安口入关。多尔衮率兵绕过京城，向京畿以南的河北、山东一带攻掠，兵锋直指高阳。高阳县令雷觉民怕死，溜出城外，跑到北京避难去了。

紧急中，好友劝说孙承宗到保定或者南方避难，孙承宗婉言拒绝。

兵临城下时，76岁高龄的孙承宗奋身而起，毅然带领全家40余人抗敌，并动员全城百姓登城防守。城内民众为其所感，纷纷拆毁房屋，用檩条木柱做滚木、石础阶条作雷石，并以盆罐壶瓶装火药，与围城的数万清兵作殊死搏斗。

攻防战一直打了三天三夜，终因寡不敌众，高阳城破。孙承宗子侄及孙17人、全家共40余口，全部壮烈殉国。孙承宗本人被俘，多尔衮曾亲自劝降，许以军师之尊，被孙承宗断然拒绝。多尔衮又派孔有德说降，被孙承宗骂退。

殉国之日，孙承宗端坐于椅子上，令两个清兵用白绫将自己勒死。其浩然正气，令多尔衮大为敬服。

据传，满清入主中原后，对孙承宗依然钦敬，在高阳为孙承宗建立了"孙家祠堂"，并立牌坊，镌刻"文官下轿武官下马"字样，以示尊崇。

24
惨绝人寰的大清洗开始了

天启四年（1624）冬，周天寒彻。东林党最后的一线希望也破灭了，他们只能在一片寂静中等待命运裁决。

杨涟等人被驱逐之后，魏忠贤顾盼得意，心情放松了不少。但是他的狐群狗党知道事情不那么简单。东林大臣被逐，只是暂时离开了庙堂，焉知什么时候天心回转，还会卷土重来。这样的事情，以前不是没发生过。

恶人的喽啰，往往比恶人还要恶，这是他们的固宠之道。这时便有人提醒魏忠贤："不杀杨涟，公公之祸不日将再起！"

然而魏忠贤品味此话，却觉得甚有道理，当下颇感不安，忙与"领导班子"诸人商议，如何能想个万全的法子来消除隐患。

讨论的结果，是定出了两项决策。一是将东林官员尽可能地逐出，空出的位子由本党人士补上，让朝中没有东林党复燃的余地。其二，就是兴起大狱，斩草除根！

自"三大案"以来，天启对东林已经厌恶之极，一度有逐尽东林的想法，但他深知甄别不易，就做罢了。在宣判东林党的特谕里曾经提到："本当根株尽拔，彻底澄清，念玉石猝未能辨，雷霆万钧讵可骤施？"

他高高在上，当然不知道详情，就连魏忠贤也说不清楚。

但是"小的们"却行。

此后,各大小喽啰们又有黑名单陆续呈上,崔呈秀献《天鉴录》《东林同志录》,王绍徽献《东林点将录》,沈演献《雷平录》,温体仁献《蝇蚋录》,阮大铖献《蝗蝻录》、沈演(或杨维垣)献《杂秤录》,这些黑名单,统称"七录",供魏忠贤备用。

这些黑名单的原件,都由魏忠贤的男宠李朝钦保管。"领导班子"王体乾等人分别命手下人将名录抄在折子上,藏于袖中,每天看奏折时拿出来参照。

初时,阉党使用这些黑名单时还颇为保密。人们惊异于"圣旨"对东林党人的辨认竟然如此之准,冥冥中似有天助。

大家开始还以为是东厂搞的勾当,后来阉党越来越猖獗,也就不保密了,经常说:某人在某录上有名,故予以处分。人们这才明白真相。

一次魏忠贤在得意之中,将《东林点将录》进呈给天启过目。但天启从小接受的是正规教育,没看过《水浒传》,劈头看到"托塔天王"四字,竟大为不解。

魏忠贤赶忙给他讲了"晁盖隔溪移塔"的故事,并说:"古有能移塔之人,本朝李三才善于蛊惑人心,能使人人归附,正与移塔相似。"

天启本是个好武之人,听了移塔故事觉得回味无穷,忍不住鼓掌大叫:"勇哉!"

魏忠贤一听,知道弄拧了!忙把名录收起。后又叮嘱众喽啰,不能再让皇上看到名录,只能偷着用(见《明宫词》)。

关于兴大狱的问题,阉党"领导班子"费了不少脑筋。他们想把杨涟、左光斗、魏大中、高攀龙、缪昌期这几个死硬派东林党人搞死,可是人家早已经被罢官了。

明代按照惯例,官员犯错误,大不了就是革职为民。而且已经处理过了的,就没有理由再处理二遍。要想把这些在野的家伙再抓进来往死里整,须有两个罪名,一是贪污数额巨大,二是有谋反企图。阉党的思路就朝着这两个方向使劲了。

先考虑的是贪污问题,这个罪名比较好捏造,但是用来对付东林党人也不大容易。东林既然是以清高为标榜，个人私德上就很难挑出毛病。阉党首脑把目标选了又选，最后定在了背景复杂的汪文言身上。

他们考虑，汪文言混迹官场多年，不可能没有请托行贿的猫腻，这家伙又和东林诸大佬多有瓜葛，由他这里突破，再大面积地牵连是最合适的。上一次没治得了他，是因为朝中东林势力太大，现在则不同了，没有人再敢为他说话。穷究下去，必有收获。

天启四年（1624）十二月，御史梁梦环遵照魏忠贤意图，上了一疏，表面上是谈考察官员的事，语言却故意牵涉到汪文言。他的用意，就是要把汪文言重新引入天启的视野。

天启果然注意到了这一线索，便问了问身边的几个太监。大家早都串通好了，异口同声地说这个家伙罪不容诛，上回只挨了一百棍子，让他给溜掉了。

天启又被蒙了，大怒，下诏说："汪文言花言巧语，迷惑视听，岂是廷杖能了事的？着锦衣卫差官扭解来京穷究，以清祸本！"（《明熹宗实录》）

油滑如泥鳅的汪文言，这次是再也没有老天爷照顾了，逮捕他的诏令当即发出。等他进了诏狱，十八般刑具就在那儿等着他呢！

转年来到天启五年（1625），阉党对东林党的大清洗开始发动。

一张"追缴赃私"的大网缓缓撒下，网住了谁，就要让谁活不了啦！

正月里，左都御史乔应甲开始发癫，连上十道疏，论李三才、赵南星、高攀龙、孙玮、魏大中等人之罪；并指赋闲已久的"托塔天王"李三才，曾经托汪文言拿钱买路，图谋起复。

不过，乔应甲素以"癫狂"著称，这样的连珠炮效果并不大。他不大明白天启的意思：整人，也得要有像样的借口。

二月初四，阉党方面终于甩出重磅炸弹。刚被魏忠贤启用不久的大理寺丞徐大化，精心撰写了一道奏疏，把左光斗、杨涟与熊廷弼、孙承宗、汪文言设法牵连在一起，要算一笔历史总账了！

这个徐大化，在魏忠贤的血腥镇压中，他出过大力，曾经推举过邵辅忠、姚宗文、陆卿荣、郭巩等13人，给魏忠贤当爪牙。

他擅长文墨。这次他的讨东林檄文又是一篇杰作——

杨涟、左光斗勾结王安，逼李选侍移官，使其仓皇出奔，先帝在天之灵必会不安（皇上你那时候就是个傻），杨涟反而扬言于朝，自居其功。且结成邪党，使天下事皆出其手，以此谋取功名富贵。又国家不幸丧师失地，人臣正该秉公追究，彼辈却聚党营救熊廷弼，将执正议者排挤而去，实只知有贿赂而不知有法纪（把我的帽子借给你戴戴）。

汪文言不过一罪犯而已，何人受贿而保举他为中书舍人（叶阁老你也不要装啦）？他究竟有何通神役鬼之才，能昼夜出入于尚书、都宪、侍郎、科道之家，为人求官、如探囊取物？

孙承宗身为手握重兵之辅臣，何以呼之即来，不奉召而至京畿（吓着俺们了）？党人之力，至此极矣（这不是要搞政变么）！

幸今日群邪已退，众正渐登，但亦应小心，以防邪党暗中滋长。

——这奏疏文字不多，却包藏祸心。几百字把万历以来的旧账统统理清。里面开列的罪名，有逼宫、有卖官、有结党、有专权、有兵变，哪一条都够喝一壶的。

天启看罢徐大化的奇文，有如三伏天饮冰，甚为嘉许。他好像得了白痴健忘症，当日老母被李选侍殴死、自己被李选侍胁迫的苦处全忘了，只觉得这奏疏把东林党批得好！

当然，他的白痴症还没到晚期，对叶向高、孙承宗还是不疑有他，下诏说"欺君植党辈盘踞要津，招权纳贿，杨涟、左光斗其尤。待汪文言逮至，一并审明追赃！"

当了皇帝的最大好处就是，可以免去讲理的逻辑。杨涟、左光斗虽然卷入党争，但绝无贪污受贿劣迹，若走正常的法律程序，这个罪名怕不易扣上，但是皇帝说有，那就是有！

一场血淋淋的大冤狱，看来，就要从汪文言的嘴里撬开突破口了。

天启五年（1625）的三月，阴霾逼近。十二日，天启趁着听课（经筵讲读）的机会，对陪读的内阁成员说："近来百官结党徇私，朕已分别处分了，你们再传与他们，以后改过自新，姑不深究。"（《明熹宗实录》）

这是皇帝在向东林残余势力及中间势力"打招呼"，叫他们不要乱说乱动。圣旨传达下去后，百官知道事态严重，同情东林或者不愿意附阉的，都更加沉默。部分经不起高压的中间派，开始撇清自己，明确投向了阉党。

三月十六日，汪文言被押解至京，天启按魏忠贤的意思，批了"拿送镇抚司，好生打着问。"明朝皇帝的这类指令，是很有讲究的。凡进了诏狱的犯人，分三等：情节一般的，批的是"打着问"；较重的，是"好生打着问"；情节非常严重的，要批"好生着实打着问"；其中用刑力度大不一样。

镇抚司就是专管诏狱的，之所以叫"诏狱"，就是以皇帝作为原告，专门审理皇帝亲自下旨查办的案子。

有了皇帝发话，掌镇抚司的阉党打手许显纯就有了底气，汪文言一进来，就给他上了大刑伺候。

诏狱的酷刑，无异于鬼门关。里边的十八套刑具，据内部人士讲："即一、二可死，何待十八种尽用哉！"（《万历野获编》）

汪文言这人倒还有些骨气，知道他被逮，是阉党要他攀扯出东林党同仁来。他牙关一咬，就是不诬攀。但肉体怎抗得住铁木，受刑不过，他招了甘肃巡抚李若星是花了五千两银，买得此官职的。

供词报到了皇上那儿，这个倒霉的李若星立刻被削职为民，抓了起来追赃。

魏忠贤眼巴巴等着有大家伙出来，指示许显纯加大审讯力度。

许显纯受恩于魏公公，当然要拼死卖力以报恩。他便明明白白地诱供，要汪牵出东林大佬来。但汪文言也不是吃素的，死也不肯说了。

许显纯无奈，就建议魏忠贤以"移宫案"为突破口，直接把杨涟、左光斗抓来算了。

徐大化却不同意，他说：移宫一事，无赃可言（有赃的是你魏公公），你凭什么杀人家？莫不如说他们受了熊廷弼的贿，则封疆事重，杀之就有据了！

魏忠贤觉得这主意好，就下了死命令，务必严刑逼迫汪文言，让他说出杨涟等人受过熊廷弼的贿。

顿时诏狱里又是一片忙乱，审讯行刑，昼夜不停。

施用的刑罚有多可怕？据亲眼所见者说，比较常用的有镣、棍、梣、夹棍、械五种，都是专门夹、抽打、敲打手脚这些神经敏感部位的，把人折磨得生不如死，却又不能马上死掉。

据记载，有一种最厉害的，"名曰琶，每上，百骨尽折，汗下如水，死而复生，如是者二三，荼酷之下，何狱不成？"（《明书·刑法志》）具体怎么行刑，不详，估计是拿铁家伙把浑身骨头一根一根敲断。

汪文言承受的压力超过了极限，躺在地上奄奄一息地说："我之口终不合你意，你想要我招供什么，我认就是。"

许显纯见有门儿，便扳着指头一个个数：东林党人某某，受贿多少、贪污多少。汪文言已濒临崩溃，许说一个，他应一声："是。"

说着说着，许显纯又按下一个手指头："杨涟……"

不等他说完，汪文言也不知道哪来的力气，猛然坐起，凄声大呼："世上岂有贪赃杨大洪（杨涟别号）哉！"（《明史》）

妈的，老子不认了！随后，他坚决否认了许显纯刚才的胡编，抵死不肯诬陷东林诸人。

许显纯束手无策，徒唤奈何：第一个骨头就啃不下来，这怎么交差？

他只好硬起头皮，编造了一套假供词，将赵南星、杨涟、左光斗、魏大中、缪昌期等20余人牵进，分别加上罪名，说他们这批人逼选侍移宫是为升官、整顿吏治是为揽权、为熊廷弼说情是为求贿。

三月二十九日，假供词报到了天启那里。按照惯例，镇抚司审理完毕，案件要交给刑部再审并定罪。

许显纯也按这个程序，报请将汪文言移送至刑部，他就算交差了——这个姓汪的可把人搞得筋疲力尽！

但是魏忠贤比他想得远：要想全面剿灭东林党，从汪文言身上牵出的人越多越好！所以，这块骨头还得继续啃！

四月初，汪文言意识到许显纯已经在编造假供词，知道关系重大，搞不好东林诸人要因此全军覆没，他便对许显纯嗔目呼道："休得妄书，我就是死，亦要与你面质！"

这句话倒是提醒了许显纯。此案搞得这么大，免不了将来要在什么公开场合审理，如果出现对质的情况，他造假的事就会露马脚。到时候责任都是他许显纯的，魏公公不会替他承担。而且连个汪文言都没有制伏，魏公公也会瞧扁了他。

许显纯想，反正假证已经做出来了，总算牵连出一批人，不如趁机就把汪打死，来个死无对证。拷掠致死，这是镇抚司常有的事，魏公公也不会因此而责怪他。于是，没过几天，许显纯就安排人把汪文言秘密害死了。

许显纯这么搞，是歪打正着。这么一来，在杨涟等人到京后，就已无"首告"可以对质。这个假案，也就此"锻炼"成了铁案。

天启同意逮捕六人后，锦衣卫"缇骑"立刻离京四出，分赴杨涟等六人的家乡逮人。

这一批逮的六人，就是天启惨案中赫赫有名的"六君子"。

"六君子"在各自的家乡深得民望，缇骑到时，乡里一片骚动。

咱们明朝的百姓，不懂孔孟之基本原理、不懂君为臣纲的世界观。但是哪个官儿清白，哪个官儿无耻，还是分得出一二三的。逮人的消息传到杨涟家乡后，郡县百姓大恸，有数千"勇士"涌入公署，欲砍断官旗，衙役们紧闭内院大门方才得免。缇骑到达宣读圣旨之时，又有各乡数万百姓汇集城外，哄声响彻云天。

杨涟被逮走时，百姓夹道号哭。一路上，州县村舍，到处有人焚香迎送，设醮祈祷生还。路过郑州时，情况也是一样，前去送杨涟渡黄河的人络绎于道。

此一去，易水萧萧！

只恨那浩浩苍天，今日竟如聋如盲。

一人被逮，万民悲戚，这就是好官！

一人被逮，炮竹满城，这就是民贼！

什么是检验官员的唯一标准？这就是！

当日缇骑来抓杨涟时，杨涟正在家中奉母教子，整日闭门不出。一日，有家人来报，说应山县城来了缇骑，不知是为何事。

杨涟一听，心里明白了八九分：锦衣卫此来，必是抓自己无疑，于是，就请出八旬老母、50多岁的老伴及三个儿子，向母亲从容说道："此番进京，断无生还之理。儿死不足惜，然养育之恩未报，九泉之下不得瞑目。儿死之后，望不必悲伤，知儿为国尽忠，虽死犹荣就是。"

八十老母闻言，泣不成声！

杨涟又叮嘱夫人，一定要替自己尽孝："吾九泉之下当深感夫人大恩！"说罢，向夫人深深跪拜。

杨夫人大恸，连忙相向跪下，劝慰杨涟道，此去也许苍天有眼，可保全老爷性命。

杨涟叹道："但愿如夫人所言！"

随后又叮嘱三子："为父官居三品，但未有积蓄，只传给你们'清白忠直'四字。我死后，汝辈自食其力，切勿鸡鸣狗盗、有损家声！"

此时，应山县令已经来到家门，请杨涟到驿馆去接旨。

驿馆外，围观百姓早已人山人海。堂前，香案已摆好，锦衣卫官员站立堂上，准备宣读诏旨和驾帖（逮捕令），校尉诸人手持械具，准备执行逮捕。

读旨毕，众校尉如狼似虎般扑上，将杨涟套上械具，拥入后堂。

围观百姓大哗，一拥而上！

校尉心慌，连忙叫关上大门，驱散闲人。但百姓继续鼓噪，仍不散去。

驿馆内，府县两级的官员，慌忙凑了些银两，打点锦衣卫官员与校尉，请求把杨大人的械具放宽松一点。

那锦衣卫的官兵骄悍惯了，众官凑起来的区区一点银子，他们不屑一顾。只说是魏公公有严令，谁也不敢徇私。府县官员无法，又叫杨涟的儿子赶快回家筹集。但杨家三个公子都是读书人，哪里有现成的大把银两在手？

在场的有几位乡绅富户，实在看不下去，纷纷解囊，锦衣卫的狗官这才"高抬"了一下贵手。

从应山押解启程时，百姓又闻讯围了上来，险些暴动。锦衣卫狗官吓得脸色惨白，逼府县官员赶紧弹压。可是，民意哪里是几句话就能制止得住的？

杨涟见事情至此，只有自己出头了，便向众乡亲说："如我拒不进京，就是违抗圣旨，不仅我全家有死罪，还要连累府县大人和乡亲。所以请乡亲暂回，待我进京面圣！"

众人喧哗道："如是圣旨，倒也罢了。这分明是魏阉矫诏害你，如何要去！"

杨涟答曰："杨涟为官，上可对天地社稷，下可对黎民万姓，自信不犯王法，何惧面圣？若乡亲阻拦不能成行，岂不显得胆怯？各位不要误我！"

府县官员也在一旁劝说道："杨公刚正，进京后必能剖白冤情，不日将归。若因拦阻误了行期，岂不加重了杨公的罪过，反不为美！"

众人闻言，才勉强让开一条通道。

前面，杨涟的老母、妻儿早在那里等候。见杨涟枷锁缠身，都一齐放声大哭！

杨老太哽咽几不能言，泣道："自幼教导你成人，只望你为国尽忠，却不料你做了忠臣，却要我白发人送你入狱。如此，当初就不该让你读书！儿啊，为娘害了你呀……"说罢，当场哭晕。

杨涟任是铁汉一条，此时也忍不住热泪滂沱！

待要硬起心肠上路时，三个儿子又苦苦牵衣不放，号啕不止，都要随父进京。

杨涟叹道："覆巢之下，岂有完卵！汝辈在家恐尚且不免，岂能随我去送死？"他随即向众人深鞠一躬，昂然而行。

壮士赴阙日，生离死别时。

百姓号泣之声，顿时震天动地！

那几个铁石心肠的锦衣卫官校，在此气氛中也为之动容，早收起了虎狼之态，并且不等百姓再请，就主动把杨涟的械具又松了一松。

北上的一路，杨涟见到处处有百姓扶老携幼，为他设香祈祷，不禁热泪盈眶："天下至公者，民心也！"

再说左光斗。缇骑到了他的老家桐城，他得知消息后，神色坦然，只是悄悄对他的子弟叹道："父母老矣，如何道别！"

妻儿知道大难临头，都环绕在他身边哭泣，他似无所见，只是叮嘱平时跟随他学习的子弟，要以读书为善。

左光斗为人慷慨大度，乐善好施。本城的贫苦百姓，多有赖他接济才得以存活的。当地百姓奉其为父母。

弱势群体也不是永远弱势。一听说缇骑要逮左大人，立时群情耸动，举邑若狂！市民在四个城门插上旗帜，相约要到京城去上告。还有数千"暴民"闻风而动，祭祀神灵之后，围住了押解队伍，攘臂要痛打缇骑。

左大人极力劝阻道："如此徒然给逆党提供口实，非但不能救我，反连累诸位同死，何益！"说罢自上槛车而去。

魏大中被逮时的情景，亦同样是感天动地。四月初，汪文言被逮的消息传至浙江嘉善，正在家中的魏大中即知自不可免，便暗中做好准备，于四月十一日为次子学濂完婚。十天后，缇骑到达郡中，魏大中才叫出家人，讲明了原委，叮嘱家人不必悲伤。

四月二十四日，缇骑来到乡里，将魏大中叫出，宣旨后逮捕。这一拨锦衣卫狗官也想趁人之危、敲诈一笔钱。他们以防自杀为名，把大中双手各套上一个竹筒，使其百事不能自理。大中家人苦苦哀求，均不允。大中之子学洢、学濂只得当尽家产，送了他们银两，才得勉强去掉竹筒。

魏大中考上进士以前，是在乡间做塾师，其道德学问无人不晓。百姓听说消息，都纷纷赶来送行，又募集银两给大中作为路途之资。

北上路过苏州时，吏部员外郎周顺昌正巧愤于权阉当道，在家休假。他不顾众人劝阻，特地来到押解舟中，与魏大中相会。

虎狼当道，怕事者避之惟恐不及，但却有周顺昌这样的好汉，敢向刀丛而行。他与魏大中见面后，相扶而哭，并把大中接到家中，款待三天，同卧同起。其间，周顺昌激励魏大中说："大丈夫视死如归，幸勿为儿女牵怀，使千秋之下，知有继杨继盛（嘉靖时怒斥奸相严嵩而被害）而起，乃魏某人，亦不负读书一场！"（《明季北略》）

押解官员多次催促启程，周顺昌怒道："你等不知世间有不畏死男子耶？归去请告忠贤，我故吏部郎周顺昌也！"（《明史》）

说完此话，他攘臂叫着魏忠贤的名字，骂不绝口。

魏大中向他嘱托家中之事，他一口应承。大中最不放心的是孙子在今后的安危，周顺昌立即答应，把女儿许配给大中之孙。

临行时，周顺昌对魏大中道："联姻之语，小弟决不食言。周顺昌是个好男子，老先生请自放心！"（《明季北略》）

孤帆远去，满目的春色何其惨然。

惟人间正气，不随残花凋零。

正所谓，壮士一诺，泰山亦轻！丑类虽狂，奈何赤心！

此次壮别，缇骑回京后，当然一五一十汇报给了魏忠贤。这事，也成了周顺昌后来遭难的直接原因。

说来，这周顺昌与东林并无关系，完全是为东林党人的忠义所感，赴汤蹈火，在所不辞。

冤狱将至，自是有忠贞之士慨然就戮，他们选择的就是"好死"。古今百代，退缩者苟活之愉快，正是壮士唾弃之腐鼠。

——惟有忠义，才是人心中不倒的丰碑！

25
"六君子"案和蒙冤的名臣熊廷弼

    天启五年（1625）的五六月间，六君子陆续被逮到京。周朝瑞和袁化中最早被逮，五月初即入狱。顾大章于五月二十六日被押到，魏大中六月十三日押到。杨涟与左光斗最后到，至六月二十七日才送进诏狱。

    昔日同侪诸公，再见面时已在魍魉世界。六人相见，不胜感慨。

    这六人，除了魏大中之外，其余五人均为万历三十五年（1607）的同年进士。昔日及第时，都是抱负不凡，自许终生要做个报效国家、治平天下的直臣。转眼却是乌纱除去，性命堪忧，生死就握在一个无赖手里，真是福祸难料！

    他们也知道，自泰昌年间"红丸案"以来，他们同气相求，以正抗邪，得罪人了一批小人，这才被权奸所疾恨。这样想来，也是所为光明磊落，无甚可悔。

    六月二十七日，杨涟和左光斗押到后，六人全体在狱中聚了一天，平安度过了审讯前的最后一日。

    到二十八日，魏阉的得力爪牙、锦衣卫指挥崔应元有令，对六君子开始严刑拷问。

    锦衣卫都指挥佥事许显纯奉命主持用刑。六君子的袁化中因平素多病，入京后受了湿气，一直僵卧不起。除他而外，其余五人同日开始了恶梦般的遭遇。

魔头许显纯是个武官，性极残酷，却又粗通文墨。为了向主子有个交代，他无所不用其极。

这次，他早已把事先写好的假口供揣在怀里，招与不招，都是一样的。抓六君子入狱，圣旨上的罪名是"受贿"，许显纯按照魏忠贤的意思，已经安排好给各人"受贿数目"：杨涟为二万两、左光斗二万两、周朝瑞一万两，袁化中六千两、顾大章四万两、魏大中三千两。

按明朝"惩贪"的惯例，只要是承认了较为可信的贪污数目，并由家人凑齐了相当于赃款数的银两交上，就可以放人。这个追赃过程，叫做"追比"或者"比较"。

若六君子都是贪官，这一点儿钱，家里随便一搂也就齐了。可他们人人是两袖清风，如何有法子"退赃"！

六君子据理申辩，许显纯根本不听，只说这数目是汪文言所供。众人提出要与汪文言对质，许显纯冷笑道："文言已论罪处死，诸位于地下再与他对质吧！"

死无对证，你们能怎么样？

汪文言是条汉子，他绝对不可能诬陷六人。这些"赃款"的数字，都是许显纯编好后，写成供状，趁汪文言被酷刑折磨得人事不省，抓着汪文言的手指画了押，以此锻成"铁案"。然后把汪杀死。

那么，按照许显纯的说法，汪文言供出了六君子受贿，这几笔数额巨大的银子，又是谁向他们行的贿呢？

是熊廷弼。

这个名字，在本书的前面，已经出现过几次了。要讲清楚东林的故事，这个人是无法绕开的。

熊廷弼，字飞白，号芝冈，湖广江夏（今湖北武昌）人。先世为南昌望族大姓，曾祖时迁居江夏，后来世代为农。他从小聪颖好学，但家境不好，常因交不起学费而辍学。

万历二十五年（1597），熊廷弼29岁，举乡试第一，次年登进士。当了官以后，清正廉明，热心赈济灾民，从万历末年开始，两度任辽东经略。

可他现在却是个罪臣。因天启二年（1622）初广宁失陷，他有责任，被问成死罪。眼下正关在监狱里，等候问斩。

统帅失地，被砍脑袋，似乎也是罪有应得。但是熊廷弼这一案，本是个天大的冤案。熊大人和孙承宗一样，出身文臣却知兵，对辽东做过周密的战略部署，其功劳和能力都不在孙承宗之下。之所以兵败，之所以被问罪，是因为他没有孙承宗那么幸运，他"上面没有人"——尤其是没有一个皇帝做靠山。

万历三十六年（1608），熊廷弼奉命巡按辽东，这是他第一次与辽东结下不解之缘。其时，辽东镇守总兵官李成梁和巡抚赵楫弃守宽甸等六堡八百里疆土，白送给了建州女真。还强逼边民6万户徙于内地，然后以"召回逃人有功"为名，向朝廷邀赏。这么大个事，想瞒住所有的人当然不可能，有人很快就提出怀疑。

于是，万历授予熊廷弼巡按御史职（监察部特派员），派他去辽东察一察。

熊廷弼到任之后，立即进行实地勘界，然后上疏朝廷，指出赵楫、李成梁之罪，就是杀头也难抵其罪（万历对李成梁的信任，绝非一般，因此没有采纳这个意见）。此后，熊廷弼又到辽东各地察看，"北抵黄龙，东抵鸭绿，南极于海，西至山海、锦义一带，间关险阻，虽逼近虏穴、人迹罕到之处，无所不遍历"。

有了调查，就有了发言权，他为防范建州的努尔哈赤。制定了"实内固外"和"以夷攻夷"的方略。"实内"就是屯田，搞生产建设兵团。"以夷攻夷"就是发动女真族的其他部落和蒙古诸部，来钳制努尔哈赤。

万历见他说得好，就干脆授权让他来主持屯田。

熊廷弼不仅有谋略，在实干上也很有一手。三年之内，积谷30万石。通过整顿军务，使边军实力大盛。

他的"合纵连横"也搞得很好，与女真叶赫部及蒙古各部关系都不错，使得努尔哈赤感到压力甚大，不得不退缩，以求和好。

努尔哈赤刚兴起的时候，明朝人大多都看不起他，甚至有人认为他还不抵江南一富家有实力。但熊廷弼一眼就看出：辽东将来的大敌，就是这个努尔哈赤。当时有人评说道，熊廷弼制定的遏制战略，后来如能全部实现，则努尔哈赤"终身老死于穴中而不敢动"。

可惜，他后来与辽东巡抚杨镐意见不和，不久被召回，调往南直隶任督学。他一走，"辽东方略"就再也无人理睬了。明朝之败亡，这是不为人所注意的一大关节。

由于他身上有武人作风，所以当了督学也是一副武夫作派。万历四十一年（1613），因杖死生员芮永缙被弹劾，丢了官，回乡一待就是7年。

万历四十六年（1618）怒尔哈赤起兵，攻占了抚顺等地。次年三月，辽东经略杨镐督四路大军进攻后金，其中三路大败，损兵折将。朝廷这才又想起熊廷弼，赶紧起用他为大理寺丞兼河南道御史，命他宣慰辽东。熊廷弼受命后，兼程来京，但朝廷却又迟迟不给他关防文书，他只能在京城干等着。

到了六月，努尔哈赤攻陷了开原。熊廷弼忧心如焚，上疏请急赴辽东，并要求大权独揽，以避免多方牵制。万历这时候大概是急了，马上任命他为兵部右侍郎兼右佥都御史，经略辽东，并赐以上方宝剑——你愿怎么干就怎么干吧！

七月，熊廷弼离京，在赴辽东途中得知铁岭失陷。进入辽阳后，更是差点儿没把他气晕：辽阳已半是空城，官绅大都逃离，留下的也都人心惶惶。

熊廷弼此行应变的身手果然不凡，一路上他不断命令逃民返回原地；一进辽阳，就逮捕了有退缩之意的知州李尚皓；又斩了逃将刘遇节、王捷、王文鼎，以祭奠开原、铁岭死节将士。三下两下，便初步稳住了军队和民心。

此时他得到情报，说是努尔哈赤要乘胜攻占辽阳。如果如此，明军现有的实力根本无法抵抗，熊廷弼便多次上疏，要求朝廷派兵遣将，发给军器，补充战马。他日夜督促士兵造战车、制火器，加强防务。还斩了贪将陈伦，撤换了纨绔子弟、懦弱无能的总兵李如桢，以振奋军心。

就这样也还是不行，熊大人索性玩起了孙子兵法，他把守沈阳的绝大部兵力调到辽阳，大飨军士，摆开阵势，佯装要进兵。

努尔哈赤虽然经常品《三国》，但此刻还是中了熊大人的空城计，在疑虑重重之中，没有立刻进攻辽阳。

你不来，我就要忙了！熊廷弼趁机加固了辽阳城防。另外还有更绝的：他不满足一般的吓唬，还亲自出马，与总兵贺世贤率精兵一千，踏冰冒雪，突然出现在已被努尔哈赤占领了的抚顺关前。熊大人坐在马上，虚张声势，以鞭指点地形曰："某可营，某可伏，某可战"，故意让后金的哨探听到。

努尔哈赤闻报大为恐慌，以为熊廷弼真的要冲关了，连忙砍树堵山口，运石头整修关隘，累得满头冒汗。熊廷弼却以此赢得了时间，继续大修辽阳城。三个月后，一座城垣壮固的辽阳城赫然雄峙于辽东，防卫形势为之一变。

努尔哈赤这才回过味儿来，跌足不已。

熊廷弼用兵如神，决不是虚名。他不仅把努尔哈赤玩于股掌中，还提出了能够彻底剿灭后金的"坐困转蹙"战略设想。大致的方略是：将辽东的明军分为四路，置于暖阳、清河、抚顺、柴河三岔河这几个点上，每路三万人，相当于能攻能守的独立战区，各路相互策应。

这样，既能组织快速反应部队，消灭后金零星扰边的小部队，又能在农忙季节对后金境内进行频繁袭扰，使之不得耕种，日见困乏。然后四路兵马可相机同时进征，一举灭掉这个辽东大患！

万历皇帝，是明朝中后期少有的一位懂军事的皇帝，他很欣赏老熊的这一套，就不断给老熊拨兵、拨军器。

至泰昌元年（1620）九月，熊廷弼已经集结了兵力13万，重200斤以上的大炮数百门，重80斤的大炮3000余门，"百子炮"数以千计，战车4200余辆，铁箭、火箭42万余支。

老熊的战略计划是这样的：打算一到冬季，就率军去抚顺关显示威力，先震慑一下后金，让它士气低落。然后等到第二年春，再统率大军驻抚顺，步步进逼。要是后金傻呼呼地出来迎战，则不与其交战，把它的主力压制在那里就行。主要的战斗，是从叆阳、清河、宽甸这几个点上不断以小部队出击，反复袭扰后金的后方，使之疲惫不堪。同时再采取招抚的办法，分化瓦解其内部，等时机一成熟，就给它一锅端掉！

那个时候的熊大人，大概也没把努尔哈赤看得怎么特别了不起。后金，眼看着就是他的囊中之物。他绝想不到，这个被他死死压住了的部落，后来居然能占了他身后大明的万里江山。

自万历十九年（1591）威镇辽东的总兵官李成梁第一次解职以来，辽东形势从未有现在这样好过，敌不敢再犯，且失土略有收复。朝廷上也屡有人夸赞熊廷弼的"全辽"之功。

但木秀于林，必有风摧之。熊大人的功业，到此也就走到顶点了。万历四十八年（1620）这年，总体形势很好，但在八月里，后金胜了一仗，攻陷了我方蒲河，明军寡不敌众，损兵七百。

本来，胜败乃兵家常事，但有人却不能宽容。朝中嫉妒熊大人"全辽"业绩的，也大有人在，对他的攻击从来就没断过。在万历朝，熊廷弼地位一直比较稳固，原因是万历对他给了无条件的支持。

万历直到临死前，仍对熊廷弼的意见很重视，别的奏疏可以不看，惟独熊廷弼的奏疏非看不可，而且无一不批答，随上随批。

万历一死，熊廷弼立时失去保护屏障。

言官们被压制了十多年，终于可以出头了，他们纷纷上疏，要求改革万历时期的弊政。万历时期的内政，确实一塌糊涂，但是他的"攘外"还是做得不错的，言官们却不管那个，一勺烩！

给事中姚宗文首先在朝中散布流言，纠合一些人攻击熊廷弼，必欲去之而后快。紧接着，御史顾慥、冯三元、张修德，兵科给事中魏应嘉先后弹劾熊廷弼。

就这样，在泰昌元年十月，正是所谓"众正盈朝"时，熊廷弼被免职，以右佥都御史袁应泰取而代之！

这简直是乱点鸳鸯谱了！袁应泰固然是个非常称职的文官，清正爱民，品德无私，但对于用兵作战却一无所长，就像今人所说，"和熊廷弼差了两三个档次不止"。他到任后，一切以宽大为怀，把熊大人那一套严密的边防设施给改了个七七八八。到了第二年三月，清兵猛攻沈阳，袁应泰守不住，城陷，他也只能自刎殉国了。

辽东形势从此一溃千里，不可收拾！

这时候，大家才想起：咱们还有个"全辽"的功臣在家闲待着呢！于是，急召熊大人重新出山，再任辽东经略。同时以诸城人王化贞为广宁巡抚。

这次复出，是让老熊驻在山海关，也是赐了尚方宝剑的，负责节制诸路人马。这好像跟万历年间很相似，起码权力是一样的。

但实质却大不同！

今天有人为他此次出山而甚感惋惜，说他"不知是保国卫疆、求功心切，还是意气用事，全不知其中关节"。

什么关节？

可以说，这次的情况相当凶险，辽河以东，城寨尽失，军民逃亡一空，比不得当年了。这还不算，最成问题的是自己人，他老人家遇到了连皇帝也很头疼的"经抚不合"难题。

熊廷弼复职后，提出了收复辽东的"三方并进策"，即在广宁部署重兵，牵制后金全部兵力，此为一方；在天津和山东的登、莱各置舟师，以备将来进攻，这是另外两方。实施这个"三方并进策"，还要联络朝鲜。派大臣到朝鲜，收归流落到朝鲜的辽东军民，与朝鲜军合为一处，构成复辽的又一方。这样，三方并进策实际是四方不断积蓄力量，伺机并进。

恰好努尔哈赤这时也有他自己的问题。一个是占领辽、沈后的内部矛盾激化，需要解决；另一个是占的地盘大了，兵力分散，要想大规模进攻辽河以西，还要有大量准备工作要做。

下一步的较量势所不免，但还不至于马上动手，双方都在憋着劲儿做准备。

可是熊大人这次的情况却不大妙。

从天启元年（1621）六月起，熊廷弼就开始为实施"三方并进策"做准备。他遇到的问题是：向兵部请调的兵迟迟不到，广宁巡抚王化贞也不配合。

王化贞这个人，既不知兵又轻敌，而且是个"上面有人"的人，兵部尚书张鹤鸣是他的后台，首辅叶向高是他的"座师"。朝廷方面当然支持他的出击策略。可他的能力实在也是不行，五次率兵出击，均无功而返，并且还过早地暴露了"三方并进策"的意图。

熊廷弼有长远的谋划，当然反对王化贞这样胡闹，双方就此出现不和。王化贞仗着朝中有人，不受熊廷弼的节制。

朝廷方面几乎一面倒地支持王化贞。调往辽东的援军，张鹤鸣不通过经略就自行分配。熊廷弼询问情况，张鹤鸣也不答理。王化贞拥兵十四万，而熊廷弼身边只有兵五千。熊廷弼要兵无兵，要权无权，完全被架空了。他上疏请朝廷节制王化贞，结果上面让他不要管王化贞的事。

王化贞甚至还上疏，放出狂言：愿请兵六万，一举荡平辽东！

看来，下一场大战，在准备阶段，可以说明朝方面就已经输了。

天启二年（1622）正月，努尔哈赤发五万大军，分三路向河西进攻。二十日，渡过辽河攻西平堡。明守将罗一贯顽强抵抗，终因众寡悬殊而失陷。罗一贯殉国。

就在后金军围攻西平堡时，熊廷弼令镇武堡守将刘渠急速增援。王化贞则轻率地采纳了游击孙得功的计谋，撤去了广宁、闾阳的守兵。以孙得功为先锋，带着这部分兵马与刘渠汇合，一同前去增援。

努尔哈赤闻讯，分兵一部迎击明援军于平阳桥。这个孙得功，早已暗中投降后金。刚一交战，他就在阵后大呼："兵败了！"喊罢，率先策马逃跑。明军阵后顿时大乱，三万余人最终全军覆没，刘渠战死。

孙得功逃回广宁后，立即封了府库及火药库，声言要捉住王化贞，作为投降后金的见面礼。幸亏有部将掩护，王化贞才仓皇逃出广宁。在大凌河，王化贞遇见熊廷弼，不禁失声痛哭。

熊廷弼则冷笑道："六万大军，一举荡平，何至如此？"

一句话，说得王化贞惭不能言。

经广宁之败的挫折，王化贞已知用兵不是儿戏，没有熊廷弼的参与，他绝不敢再战了。

于是熊廷弼将自己从山海关带来的五千兵交给王化贞，让王化贞殿后，掩护难民队伍撤退。他本人则带领副使高出、胡嘉栋等，尽焚关外军资，然后退入山海关。

熊大人的这个建议和行为，可能是他一生中最大、也是唯一的一个错误决策。

经抚不合、窝里斗，固然可恨；熊大人立了大功反而遭打击，固然可悯；但是在军国大事上，决不能意气用事。当今有史家评论说，他无意出兵收复广宁，并不是被后金的攻势吓住了，而是心灰意冷，还在生王化贞的气。

事实看来也是这样。在平阳桥大败后，就有人建议熊廷弼赶快驰援广宁，这在当时还是可以一搏的事，可惜未能成行。

王化贞逃离广宁两天之后，努尔哈赤的前军才抵达广宁。在这两天时间里，明军回兵广宁，从叛将孙得功手里夺下城池固守，是极有可能的。

在广宁，王化贞的逃离，不过是叛将作乱，并不是直接败于后金大军。因此，广宁失守严格来说并不是一次败仗。返身再把它夺回来，明军在心理上、士气上应该说没有什么太大障碍。

至于夺回以后守不守得住，有一多半的因素就要看熊、王二人的智慧和意志了。

努尔哈赤进入广宁后，纵军大掠、焚城，而后撤回辽阳，仍是将辽阳作为前进基地。辽河以西的军事主动权尽归后金，明朝若再想恢复辽东，不说是"无望"，也是前景非常渺茫了。

熊廷弼的错误，就在于此。

广宁失陷的败报传回京师，满朝大哗，人人震恐！

原先袒护王化贞的人怕累及自己，就纷纷起而追究王、熊二人的失土之责。结果，王化贞、熊廷弼一起被逮入京，论死，被关在狱中等候处决。兵部尚书张鹤鸣因为事发后表现恶劣，不久也被罢免。

一代豪雄熊廷弼，落得个如此下场，后人多有为他感到不平的，认为他是代人受过，吃了王化贞瞎指挥的"瓜落儿"。

辽西的总崩溃，缘于平阳桥之败，这明明白白是王化贞惹的祸，与手中只有五千兵的熊大帅有什么关系？

这两人逮进大牢后，辽东统帅出缺，东林的杨涟、左光斗就推举了孙承宗出来。天启也接受了教训：打仗解决不了"经抚不合"还打个屁！于是，让孙承宗既任兵部尚书，又兼东阁大学士，再去经略蓟辽。这么高的位置、这么大的权，明朝开国以来还没有过——这下子，没有人能掣孙大人的肘了。

先前，要是早给熊大人这样的权，何至于辽东全部丢光！

熊廷弼被逮，这是天启二年（1622）的案子，他和王化贞就这么一直关着等待砍头。实际上，这是一种缓期执行，一旦形势或者舆论有变化，没准儿也还能活下来。

没想到，熊廷弼这只死老虎，在天启五年（1625）被魏忠贤大大利用了一回，用来打击东林党人。

若论熊廷弼与东林党的关系，从整体上来说，不大好。老熊是看不大惯东林党喜欢挑人毛病的那个劲儿，东林的大佬叶向高对熊廷弼也不大感冒。但是，并不等于所有的东林人士都跟老熊过不去。

比如，老熊第二次出山，就是东林重臣刘一璟极力推荐并运动成功的。刘一璟认为，临危受命，非熊大爷莫属。

还有，在熊廷弼被逮后，对他怎么处置，朝中有两种意见。一种是认为他和王化贞都应该死，另一种意见则认为，王化贞是死定了，但熊廷弼应从轻。东林方面的叶向高、黄尊素、顾大章等，就是持从轻意见的。

一开始审理这案子，援引了"议能""议劳"的条例，也就是考虑罪臣以往的能力与功劳予以减轻，初审议定王化贞死、熊廷弼判流刑。可是朝中反对意见非常大，坚决反对的人当中也有东林的要员，比如魏大中。

所以，东林党人对熊廷弼的评价和态度，并不是以党派来划线的，他们各有各的观点，都有一定原则。

总体来讲，说东林党专以打压熊廷弼为能事，这不符合事实。但双方关系总体上不睦，则大致可信。

但魏忠贤是以熊廷弼向东林党人行贿的名目，抓了"六君子"的，这个案件在当时就叫"辽案"。这就有点儿不可思议了。

"熊廷弼——东林党"，这两者之间虽不是水火不相容，起码也是井水不犯河水，怎么能搭得上边呢？

26
"六君子" 狱中浩气贯长虹

熊廷弼被判死刑后，因为朝议争论太大，结果在狱中一关就是几年。他在铁窗下反思，越想越冤：辽东大败，罪不在己，却当了个替罪羊，不服啊！于是就利用缓期执行的这段时间，让家属四处托人，以求活命。只要留得青山在，不愁将来翻不了身！

这个思路是对的。但是找了一些人，都帮不上忙——他这案子要从轻改判，是有一定难度的，因为有个王化贞在摽着呢。同样判死的人，要活其中一个，这得是多厉害的人才可以办到？

三找两找，到了天启四年（1624）初冬，他想到了汪文言。他觉得这是个很合适的人选，古道热肠，关系又广，应该能打通路子。

这个思路也没错，汪文言果然一口答应，因为他也觉得熊大人太冤了。当下就开始活动。

托人办事，就像水滴渗透，只要你有耐心，总能渗透到你想达到的地方。

这个"万金油干部"汪文言晃开膀子一活动，居然通过中间人，把关系走到了魏忠贤的门下！这倒也不算荒谬——权力寻租，利益驱动，什么事情都可能发生。

这个思路其实也对。在朝中当时能不动声色翻这个大案的，还真就是魏公公才能办得到。

魏忠贤倒也爽快，熊廷弼过去跟他无怨无仇，救人拿钱，何乐而不为？于是，他跟中间人谈好价，四万两银，多一钱不要，确保熊大人能出狱、免死罪。

这事情直到这一步，还是"正常"的。魏公公确实能办到，而且也没多要。活个人，四万两还多吗？

糟就糟在——熊大人是个清官，家里也没有开商号的，他没钱！

魏忠贤是很认真对待这件事的，放出话后，见迟迟没送钱来，就差人打听。一听说没钱，他不以为是穷，以为是熊家嫌要价高，于是恼了：这不是捉弄人么？

公公发了火，吩咐手下：去打听一下，这臭事是谁出头办的？

结果一问，是那个上次没搞住的汪文言！

汪文言在此事中浮出水面，给了魏忠贤一个灵感——辽案，事关封疆，是要死人的。而汪文言恰好与熊廷弼、东林党两边都有关系，自己又送上门来！

——这不是天照应我魏某？

汪文言，这回你就交代你是怎么向东林党行贿的吧！

这个"莫须有"的"辽案"，就是在我们现代词汇中仍在使用的"栽赃"之本意。

以受贿案扯进来"六君子"，打击的对象是经过精心挑选的。杨涟、左光斗、魏大中不必说了，他们既是朝中占据要津者，又是魏忠贤一向的死敌，当然要首先搞死。那么，袁化中、周朝瑞、顾大章是怎么和魏忠贤结的怨呢，这里还须简要介绍一下。

袁化中，字民谐，别号熙宇，山东济南府武定县人。万历三十五年（1607）进士，从县令的位置干起，后巡按宣府、大同，官声一直不错。天启四年任河南道御史。

他之触怒魏忠贤，是由于在杨涟上疏受挫后，他带领河南道的同僚继续上疏弹劾。

这道奏疏不长，但使用了很厉害的"用间术"。他说：魏忠贤逞威作福，杀内廷外廷如草芥，神人共愤。这当然是在陛下不知情的情况下干的，魏忠贤毕竟还存有一点畏惧心理。如今杨涟告他的折子已经上了，魏忠贤必然害怕陛下处死他。这样一来，他极有可能挺而走险。那时候，受害者恐怕就不是大臣、而是皇上了。陛下您想想：深宫之中，怎可让多疑多惧之人伺候左右，一点儿防备都没有呢？

这道奏疏，估计天启看不到，但老魏却恨得咬牙切齿。

此外，魏忠贤素所庇护的边将毛文龙为冒军功，抓了 12 名百姓作为战俘献上。魏忠贤大喜，吩咐要记功，却被袁化中揭露，说 12 名战俘全为百姓，且其中有 8 名是妇女儿童，后金难道沦落到要用妇孺打仗？

结果，毛文龙记功的事情泡了汤。这也大大杵了魏公公的肺管子。

还有就是在崔呈秀的政绩考察问题上，袁化中没说好话。崔呈秀曾经求他帮忙掩饰一下劣迹，他不答应，在考察时如实上奏，揭露崔品行不端，导致崔要被法司处分。后来崔呈秀投了阉党，就立马报私仇，鼓动魏忠贤把袁化中给降级外调。

有了上面的这些过节，这一次的"辽案"，当然就少不了这位耿直的御史大人。

周朝瑞，字思永，别号衡台，山东东昌府临清人。万历三十五年进士，最初授中书舍人，相当于内阁的文书，与同僚杨涟、左光斗等情谊深厚。

周朝瑞在天启即位之初，曾上疏请皇上开"日讲"，也就是每天上点儿课，学点儿帝王之道。对这个建议，天启大为赞赏，并马上实行了。

天启元年，周朝瑞任礼科给事中，仍然很受天启器重。三年，又升左给事中。这一年，他上疏弹劾大学士沈潅以重金行贿，结交客、魏，大办"内操"，搞得皇宫乌烟瘴气。这其中，也牵涉到阉党里的邵辅忠和徐大化。从此，他就与阉党一班人结下了梁子。

熊廷弼被关起来后，阉党徐大化不知受何人指使，放过王化贞不提，一个劲要求"立斩"熊廷弼。周朝瑞则针锋相对，认为熊廷弼才堪大用，罪不宜诛，可以让他戴罪镇守山海关。

这又惹毛了徐大化，两人连续上疏互掐，直至有人出面调解才算拉倒。后来，周朝瑞升了太仆寺少卿，徐大化一百个不服，一心要除掉他。

于是，周朝瑞也逃不过这一劫。

顾大章，字伯钦，别号尘客，南直隶苏州府常熟县人。他是个高干子弟，其父顾云程，曾任南京太常寺卿。顾大章中进士后，最早任的是泉州推官，因看不惯上司的独断专行，就弃官回家养病了。三年后复出，任常州教授，继而又任国子监博士，开始与朝官互通往来。万历四十六年（1618）升任刑部主事，天启年间改任员外郎。

顾大章跟阉党结怨，是因为阉党徐大化遭上司弹劾，徐怀疑奏疏是顾大章帮上司起草的，气就不打一处来。恰好在熊廷弼问题上，顾大章是主张从轻一派的，徐大化就唆使亲信杨维垣出面，弹劾顾大章徇私枉法。所谓顾大章受熊廷弼之贿四万两的谣言，最先就是由杨维垣放出来的。

叶阁老见自己的门生被陷害，当然力主调查，调查结果是毫无根据。但顾大章经此风波，也不得不告病回乡了。

到了天启五年，顾大章复出，任礼部郎中。这时徐大化已升任大理寺丞，成了阉党一员大将。他和杨维垣商量了一下，一家伙就把顾大章给砸到"辽案"里去了，连赃款数目都和当年造谣时的一样。

可以说，天启"六君子"个个皆正气凛然、忠心报国，都能为朝廷和百姓做一些好事。尤其他们的个人品德，更是无可挑剔。至于魏忠贤非要把他们与熊廷弼案拉到一起，分明就是欲加之罪，何患无词。这里面，绝无所谓"东林党要搞死熊廷弼，而魏忠贤恰好利用熊廷弼案搞死东林党"这样一个因果链条。

在朝士中，对熊廷弼印象好的人不多，因而主张将熊廷弼处死的官员，不仅有魏大中和其他东林党人，也有大批阉党人士。

六月二十八日这天，许显纯把栽给"六君子"的赃款数字填写在奏疏上，上报皇上，然后命令，对犯人各打40棍、拶手敲100下、夹杠50下。"六君子"都是读书人出身，体质文弱，一顿酷刑下来，个个都是皮开肉绽、气息奄奄。

不过，这还只是个下马威。七月初一，魏忠贤矫诏，说既然六人招认受贿是实，就继续押在诏狱中追赃，"着不时严刑追比，五日一回奏"。

这是什么意思？追比，就是规定每过几天交多少"赃款"，交不上就拷打。什么时候家属把全部"赃款"凑齐了交上，在诏狱的事情就算完了，余下的是移交刑部议罪。

所以开头的那一顿打，只是小菜一碟。这五日一"追比"，才是惨毒无比。

这时候，发生了一个小插曲：阉党的重要成员、内阁大学士魏广微，忽然出面为六人说情。

事情起于吏部尚书崔景荣，他深知这"追比"的厉害，怕这六人一下都给打死，对舆论怕不好交代。于是就跑去找魏广微，把利害关系讲了一通。

这魏广微也是陷害"六君子"的主谋之一，但是在这时候被说动了，也担心出现这种后果。于是就赶紧上了一道奏疏，说杨涟等人诚然是罪人，但前不久毕竟还是朝廷要员。纵使赃私是实，也应转交法司。岂可逐日严刑、让镇抚司法追赃？人非草木，重刑之下，死也就是一瞬间的事。这不要说有碍仁义，且与祖宗之法相违。如此，将朝政日乱，与古之帝王就大不相同了啊！

这奏疏的草稿，就是崔景荣起草的，魏广微以自己名义递了上去。

他这样做，动机究竟何在？一直看不到令人信服的解释。这只能说明，人性是复杂的，也许魏广微坏是坏，但他整人也就整到罢官削籍为止。把人往死里打，则超过了他的道德底线。

不论什么原因，他是把这道奇怪的奏疏递上去了。

魏忠贤一看：这什么呀这是！大怒。魏广微一害怕，连忙把崔景荣的草稿拿出来，证明并非自己本意。结果是崔景荣立即被罢免，魏广微也很快被撵出内阁。从后来的情况来看，这两人反倒因祸得福，没有继续作孽，因此清算时罪也相对较轻。

魏广微劝阻不成，七月初四开始第一次"追比"。六君子前几天才被打过，此时都还没缓过来，不能独立行走，由狱卒扶着蹒跚而行。

六君子出来后，只见个个面色暗淡，头发全脱，额头缠着布，衣服上血迹斑斑。

其中数杨涟的模样最惨，胡子在几日之内全白，染上了鲜血，极为醒目。

六人缓缓走到公堂，都伏于屋檐下。许大魔头把这六人轮番训斥了一遍。幸而未打，又送回了狱中。

这日为什么没打？原来许显纯先前拷打汪文言时费了牛劲，对东林党的硬骨头有点儿打怵，想把案子直接推给刑部。

但是魏忠贤哪里能让他偷这个懒，七月初七，有旨对许显纯严厉训斥，仍旧限他"五日一比"。

这一阶段，魏忠贤不断对许显纯施加压力，许也就渐渐地像条疯狗，不管它那么多了！

七月十三日，又开始"追比"，六君子被拖至公堂，许显纯露出了狰狞面孔，喝令今后每五天一"追比"，每次要犯人家属拿出四百两银来，否则就要受重棍。

六君子当中，袁化中、周朝瑞家境略好，其余人皆为清贫之家，在被逮时又被缇骑搜掠一空，因此每五天拿四百两银简直是天方夜谭。

许显纯宣布了"五日一比"的决定后，左光斗小声分辩，魏大中、周朝瑞、袁化中三人伏地不语，杨涟则把随他进京的家人（仆人）唤至左右，大声道："汝辈都从速回去，好生服侍太奶奶，告诉各位相公，不要读书了，以我为戒！"

杨涟此时已然明白，魏忠贤这次是非要六人的命不可，所有幻想，尽可抛去。他的这番话，既是说给堂上审官听的，也是告诉同伴们不要再心存侥幸。

这日"追比"，又各打了三十大棍，执棍者的呼喝声震天动地！六君子旧创未复，又添新伤，各个股肉腐烂脱落，其中杨涟受刑最重。魏大中因身体虚弱，受刑后连喊痛的力气都没有了。

这次之所以用刑较重，是由于魏忠贤直接施加了压力。初四日的比较没有动刑，当天魏忠贤就知道了，把许显纯臭训了一顿，因此从初九日开始，拷打一次比一次加重。

诏狱里对六君子的审问，天启一概交给魏忠贤去办，具体情况天启可能知道，也可能不知道。而魏忠贤则派有专门的"听记"在审讯现场监视，对审讯的进度和力度，是完全掌握的。

彼为刀俎，我为鱼肉。夫复何言！六君子的家属，虽然仍然抱着一线希望在设法筹款，但六人心中都已明白：来日无多了！

当天，杨涟就写好了遗书。又猛喝凉水，只求速死。

果然，第二天魏忠贤又矫诏下了中旨，斥责许显纯、崔应元追比不力，各降一级。原定五日一比，也改为三日一比了。

到七月十七日比较，杨涟、左光斗挨了三十大棍，其余人未用刑。杨涟、左光斗都只是咬住牙，不吐一词。许显纯威胁说，下次如再不交银，就要受"全刑"了。全刑，就是五种常用的刑罚一起上。

这一天刘启先进去见到了魏大中。魏大中身体状况更为恶化，只能以微弱的声音说："吾不久矣，毛孔皆痛。勿教吾儿知道。"刘启先告诉他，学洢想进来见一面，魏大中大惊，坚不允许。

由于这天的"追比"，除了杨、左外，其余四人没有受刑。魏学洢如同绝地逢生，连忙出了京城，赶到京畿的定兴县江村，到与父亲曾是同僚的鹿继善家里求借银两。

鹿继善此时任兵部主事，正与孙承宗同驻山海关。家中鹿太公受到儿子的影响，对六君子寄予同情，曾经帮助过左光斗的弟弟左光明筹集银两。六君子的家属也多有人来过他家告借。鹿家帮助魏大中，本来是没有问题的，但鹿继善是个清官，因此家中可说是已无分文了。

鹿太公慷慨豪侠，不忍正直之士受此磨难，就发动村邻凑钱相助。乡人淳朴，虽然大多并不知道魏大中是何许人也，但却知道人以群分，六君子必是好人无疑，都纷纷解囊相助。

甚至村中有许显纯的族人，受良心的拷问，也拿出钱来帮忙。

乡间民穷，大家七凑八凑，才勉强凑出不到五十两银。危难时的慷慨相济，最能显出人性之光。魏学洢接过银子，心中五味杂陈，既感激，又伤悲。他谢过大家后，又匆忙奔回京城去打探消息了。

七月十九日，杨涟、左光斗、魏大中受全刑，惨烈异常。周朝瑞、顾大章各二十棍、拶敲五十，袁化中因病免棍、拶敲五十。

七月二十日，杨涟的家人送饭时，不知为何在茶叶里掺了一点儿金屑，被狱吏发觉。家人怕受牵连，连夜逃走了。从这天起，就再也没有人给杨涟送饭了。

一代名臣，终局凄楚若此！杨涟早年丧父，其母视他如珍宝，倾心培养成才。却不料，人生半百刚过，他就要走在白发老母的前头了。

志士何辜？忠良何罪！天理何在啊！

天启五年夏的这二十几天，可以说是明朝开国以来最黑暗的日子，六君子在魔窟里所承受的，不仅有肉体上的创伤，还有正义不得伸张的深深绝望！

刚入监狱不久的时候，左光斗曾经对诸人提建议道："阉竖杀我辈，有两个法子。一是借我们不肯诬服，再三拷掠，直至掠死，二是在狱中加害，隔日报称病死。若我辈诬服，则当转至刑部拟罪，或许尚有见天地之日。枉死狱中则无益！"

众人觉得他说的有道理，就都"自诬服"了。可是，他们太过天真了，恶人岂能容你有空子可钻？自诬服换来的则是更为严厉的追比——既然认了，你就交款吧。众人到这时大悔失计，但已经晚了！

许显纯是个滑头，他并不想担杀死六君子的恶名，几次都想搪塞，可是魏忠贤催逼得越来越紧。二十一日，又有一道严旨下来，责令对杨涟等还要加大力度。

杨涟是东林最有名望的人，又是反对魏忠贤最力的一个，因此对他的拷打尤为惨酷，每次都被打得肉绽骨裂，髓血飞溅，几度昏死。而许显纯仍嫌不足，命人专打杨涟的头和脸，直到打得牙齿尽脱。

好个杨涟，生就的是一副铮铮铁骨，早就抱定了必死的信念。许显纯追问他有关熊廷弼行贿一事，杨涟怒斥道："熊廷弼在辽阳尚未败时，我就参劾过他。及至广宁失守，我更力斥他何辞不死！熊廷弼恨不得欲杀我，岂能托我营求免罪？你昧心杀人，天下后世，汝肉不足人食！"

正邪人物，对眼前世界的看法，其差别往往有如天壤。施暴政者，以为死能吓住天下的良心；正义者却以"好死"为平生的心愿。杨涟在入狱前就写下了一篇著名的《告岳武穆疏》，里面讲："自古忠臣受祸者，何独涟一人？如武穆王何等功勋，而'莫须有'竟杀死忠良。何况

直臣如涟，此行定知不测，自受已是甘心！"（《杨大洪集》）

义士不屈，浩气弥天。在生死关头，杨涟以最后之力写了《狱中绝笔》。其文曰："但愿国家强固，圣德刚明，海内长享太平之福。涟即身无完肉，尸供蛆蚁，原所甘心！"

杨涟将这两千余言的绝笔，亲手托付给顾大章。为防止被狱卒搜去，顾大章把它藏在关帝像背后，后又埋于狱室北墙下。因侥幸之故，最终传到了杨涟之子杨之易的手上，才得以传之后世。

他又以血蘸指，写下 280 字之血书，其文曰："大笑，大笑，还大笑！刀砍东风，于我何有哉！"气竭之际仍字字如剑，直刺人间奸邪。

血书写好后，藏在了枕中。于杨涟死后，随尸体一同抬出，才被家属发现。

到二十一日比较，天下大雨，用刑的棍子湿重异常，"且尽力狠打，故呼号之声更惨"。杨涟的家人日前畏祸逃走，无人来交银两。用完刑后，许显纯大声责骂，杨涟"举头欲辩，而口不能言"。

为了防止诏狱中的惨烈情况被泄露出去，狱中防范甚严。左光斗的学生史可法得知恩师入狱后，就赶来京城打探消息，却始终不得其门而入。二十一日，他听说老师又受了全刑，且被炮烙，心知老师将不久于人世，就以五十金贿赠狱卒，痛哭哀求。狱卒亦被感动落泪，让他穿上了破衣草鞋，装扮成清洁工，混进了监狱。

史可法幼年穷困，念书时曾借住在古寺中。某一日风雪夜晚，左光斗微服出游，见史可法正伏案打盹，袖下压着刚写好的文章。左光斗抽出一阅，不禁大为赞赏，连忙解下貂皮衣服为史可法披上。此后，左光斗一直对史可法很照顾，曾激励他说："童子勉之，前半节事在我，后半节事在汝！"

进得监室后，史可法见左光斗背倚墙壁，席地而坐。面目焦烂，不可辨认，乃炮烙所致。左膝以下，筋骨皆脱，其状惨不忍睹。

史可法不由肝胆俱裂，抱着恩师的膝盖失声痛哭！

左光斗听出是史可法的声音，就用手拨开已经焦烂的眼皮，目光依然炯炯，骂道："庸奴，此何地，你竟敢大胆前来。国家之事，糜烂至此，你竟轻身而昧大义。倘遭不测，天下事由谁支撑？赶快离去，不然，不等奸人构陷你，我就先将你打死！"说罢，就用手去摸地上的刑具，作投击状。

恩师既出此言，史可法不敢违抗，忍不住热泪横流，起身快步离开了。后来，他经常向人讲述此事，每次都哽咽不止，说道："吾师肝胆，皆铁石所铸也！"（方苞《左忠毅公逸事》）

史可法后为崇祯朝的进士，为救国难，赴汤蹈火。南明时期，在著名的扬州保卫战中以身殉国，名垂万世，没有辜负恩师生前的一片苦心。

可叹，天下虽大，却容不得一二忠贞之士卓然而立。

惟见小人猖矣，世风下矣，纲纪危矣！

六君子的遭遇，引起了无数正直人士的同情。有一位化名为"燕客"的人，就混进了诏狱，想对六君子有所帮助。他目睹了六君子的最后时刻。

七月二十四日"追比"，左、杨、魏又受了全刑。魏大中的家属本来已交齐了"赃银"，为什么还要对魏继续用刑呢？

原来，魏忠贤曾认为，魏大中和自己同姓一个"魏"，便有笼络之意，只是一直没有效果。这次给魏大中栽的赃在六君子中最少，就是为了给大中最后一个机会。

但魏大中在受刑过程中竟无一个悔字，使得魏忠贤大为恼怒。七月初，京师西城御史倪文焕因责打了小宦官，得罪了太监"领导班子"，自知不能免祸，就投靠了崔呈秀，请崔代为斡旋，并把魏大中在入京途中与周顺昌结为亲家的事报告给了魏忠贤。两件事加在一起，魏忠贤对魏大中便不再抱幻想了，下令说，不管魏大中完不完赃，只管往死里打。

二十四日这天，情况相当严重。刘启先到镇抚司堂上交银的时候，见魏大中已无力跪起，趴在堂下。

刘启先连忙膝行过去，想给魏大中拢一拢头发，却见魏大中半个脊背血肉狼藉，满是蛆蝇。他鼻子一酸，泪水滚下来，哽咽着问道："魏公，能忍否？"

魏大中以微弱的声音说："我不行了。"

刘启先又问："想食粥么?"

魏大中艰难地睁开眼睛,急促地说道:"余事莫问,速教吾儿离去!"

刘启先知道诀别时刻已到,忍不住放声痛哭。衙役们听到了,跑过来对他一顿喝斥责打。

刘启先退出后,哭求守门的兵卒,在墙缝处偷看了一会儿里面的情况。开始还能听到魏大中的呻吟之声,到后来就声息全无了。

当天六君子被拖入监牢后,许显纯吩咐小牢头说:"今晚六人不得宿一处。"随后,把杨涟、左光斗、魏大中送去了大狱。

混进牢里打杂的"燕客"感到奇怪,问狱卒是何缘故,狱卒叹息道:"今晚各位大老爷当有挺壁者。"挺壁,为方言,就是死之意(《碧血录》)。

当夜,杨、左、魏果然被害死。有人告诉"燕客"说,三人之死,是锁头(监狱头目)叶仲文所为。负责六君子的几个狱卒中,叶文仲最狠毒,颜紫其次,郭二再次之。惟有刘某一人比较忠厚。

外面并不知道这些情况。二十五日早上,魏大中的亲友们发现有一些异常。到下午,杨、左的死讯传了出来,但魏大中却没有消息。到二十六日,魏大中死讯才传出,究竟死于何时,无人知晓。

到七月二十九日,三人的尸体才从诏狱后门被拖出,都用被褥包着,外裹苇席,用草绳捆住。

诸君子每死去一个,许显纯就剔下喉骨,装入盒内封好,送给魏忠贤以示任务已完成。

杨涟死前写的绝笔,被顾大章藏在牢房地下后,因为换了房间而可望不可即。狱卒孟某感于忠义,伺机偷出,交给自己的弟弟带了出去,转交给了燕客。另有杨涟藏在枕头里的血书,被牢头颜紫查出。

颜紫本是狠毒之人,读了血书后,竟然被感化,对人大哭说:"异日翻案,我就持此以赎罪吧!"

杨、左、魏三人死后,"追比"日期改为隔两日一比,但用刑的次数却大大减少了。这是因为魏忠贤已经除去心头最恨的三人,怕一下子死的人太多,不好向天下人交代。到八月十二日,袁化中将一万两全部交完。十四日，周朝瑞的一万两也全部交完。但是当日仍有严旨下来，命令继续严追，并不放人。

这两人在六君子中，家境是比较好的，交款的压力不是很大。尤其周朝瑞对生还有很大幻想，他曾对同案人说过："忠贤所恨，惟有杨、左，杨、左若死，吾四人可生还，"（《先拨志始》）

自完赃后，周朝瑞的心情不错，便整理鞋帽，逍遥狱中，以为厄运结束之日快要到了。但他忘了：阉党一伙，从来不按牌理出牌。所谓追赃，不过是一个迫害的借口，他们岂有让政敌生还之理！

果然，八月十八日晚间，袁大中被单独押至关王庙，狱卒颜紫动手将其害死。

第二日，许显纯上疏，报告周朝瑞病重，这是下手谋害的前奏。皇上看了，不明所以，还专门派了医官去诏狱看病。医官胡里糊涂进了诏狱，病人没有见到，却被许显纯喝斥出来。

周朝瑞此时还蒙在鼓里。顾大章和狱卒孟某心里着急，就商议如何想个办法点醒他。

八月二十日，顾大章凝视了太阳许久，对孟某说："听说鬼不能见太阳，趁还未死，多看一看。"

周朝瑞闻听，心中奇怪，也凑过来看。孟某就假做严肃地对顾大章说："先生到此地步，不思大事，却终日浪谈，何意？"

顾大章便转头看着周朝瑞说："所谓大事，就是身后之事，我自七月后就知断无生理，因此诀别家人，遗书已写了甚久，只是无法送出，今仍留在床下，怎能说我终日闲聊、不思大事呢？"

周朝瑞这才猛醒："既如此，我也写几行吧！"

他把遗书写好，与顾大章的放在一处藏好。

可怜周朝瑞，遗书写完还不到 10 天，大限就到了。八月二十八日中午，周、顾二人正在和狱卒孟某一起吃饭，狱卒郭二跑来叫道："堂上请二位爷说话。"说着，便给二人戴上刑具，向外走去。

走到监狱门口，另一狱卒刘某从后面拉住顾大章，小声道："爷回来，今日没你事，是里头要周爷的命！"

周朝瑞被押至大监后，没多久，便有死讯传出。

据说，周朝瑞的"速死"，跟他的耿直也有关系。他完赃之后，许显纯从中贪污了五十两，称赃银尚未交齐。周朝瑞不服，拿出账目来，要和许显纯对质。许显纯哪里还能等到对质，先就下了手。所以有狱卒事后说："公死之速，在此一算也。"（见《碧血录》）

周朝瑞死后，狱中的监管更严，遗书无法送出。顾大章将情况偷偷告诉给燕客，由燕客贿赂了狱卒，才在周朝瑞的尸体发送出来时，取出了遗书。燕客将遗书保存好，后来南归，托人交给了周家。

到此，六君子中的五人已先后冤死，只余下顾大章一人。

顾大章自入狱起，就对结局不抱幻想，他在自己的狱室墙上写了一副对联，曰："故作风波翻世道，常留日月照人心。"并嘱咐家人，以此联作为自家祠堂的楹联。

追比以来，阉党认为顾大章最有钱，对他栽赃最多。为了追出四万两银来，也就让他活得最长。在受刑过程中，他曾三次被拷打昏死，家人见此惨状，都悲伤不已。

顾大章平素信佛，对生死问题看得很开，他对家人笑道："汝辈慎勿作儿女态！"（《碧血录》）

诸人既死，全部压力就落到他一人肩上，圣旨上还特地申明，要从严对顾大章追赃。此时，义士燕客则在狱内外积极活动，设法能在最后关头让顾大章逃脱厄运。

九月初二，狱卒刘某对燕客说："堂上已在商定顾爷的死期，甚迫，奈何？"

燕客说："与你钱，能缓五日否？"

刘某说："能！"

此时延展死期又有何意义？原来，五位君子在数日内先后死于诏狱，这事情在外界引起的舆论甚大。阉党崔呈秀、徐大化为此感到忧虑，他们商议了一下，便向魏忠贤提出建议说："若六人皆死于诏狱，无以服人心。"不如将顾大章交刑部定罪，以示此次铲除六君子的行动光明正大。

魏忠贤接受了这一建议，就去忽悠天启，马上下了一道诏书，命将顾大章发到刑部定罪，明昭天下，以定是非。

古代奸人做恶，也忘不了要披一张光明正大的遮羞布。这就是政治权术中"台面上的话语"。

初六日，圣旨下到镇抚司，燕客知道后，深怕许显纯下黑手，当夜紧张得一夜未合眼，所幸一夜无事。

第二天一早，狱卒刘某跑来说："五日之期已到，今晚必不能保全，奈何？"

燕客成竹在胸，说道："合当有变！"

刘某不信，摇头窃笑而去。

果然只过了片刻，许显纯就将顾大章提至堂上，宣读了将他移交到刑部的命令。读完，许显纯拍案大喝："你十日后，复当至此追赃！"

何来此言？原来，这是许显纯怕顾大章到刑部后，把诏狱的黑幕讲出去，所以才以此进行威吓。

在去刑部的路上，顾大章如释重负，对燕客道："这一向在诏狱中，如有人扼吾之喉，不让吐一语。一腔怒气，无从得伸。今来刑部，虽无多日，但许显纯之凶恶及凶手姓名就可播之天下、传之同道者了。异日世道复清，此辈断无遗种，吾瞑目矣！"

顾大章身处绝境，头脑仍十分清醒，他料定在魔掌之下必无生路，但也预见到奸人必不长久。今日奸人的所有恶行，必是彼辈将来之绞索——不是不报，时候未到而已！

杨涟等人在狱中受刑和惨死之状，果然在刑部审讯时由顾大章一一说出，很快就公之于世。

但此时的刑部审官，全都屈服于阉党的淫威，已根本不能主持正义。九月十三日会审，会审官有十人，在堂上喝令顾大章承认六人受贿之事。顾大章愤而驳难，冷笑道："吾岂能代死者诬服乎！"

最终，刑部尚书李养正等商议，依据镇抚司转来的"供词"，以"移宫"和"封疆"两案判六人斩刑，算是给这次迫害披上了"合法"的外衣。

十审官良心已被狗吃掉，不仅揣度着魏阉的意思判决此案，还嫌顾大章申辩而下令打了十竹板。而后，将他们的名帖和判词恭恭敬敬交给内侍带走。魏忠贤接到文件后，大喜过望，立刻矫诏公布天下。又指示道：十七日将顾大章押回诏狱，继续追比。

顾大章得知消息，觉得心事已了，全无贪生之念，说道："有刑部十天，则诏狱百日不为虚度。何也？可与家人相见诀别。再者，原为流言者，已由我亲身证实。如此，比起已死诸君，我已属幸运，更有何求？"

燕客知道先生已抱决死之念，甚感悲戚，连忙劝先生再等两日，也许就会有转机。

顾大章淡然一笑："吾自八月初，已将家事处置写于一二纸上，封之又开，凡五六次，思无剩语……今日已将这副皮囊置之度外矣！"

说罢，仰天叹道："吾安可再入此狱！"

他主意已定，视死如归，以右手仅剩的食指和大拇指，握笔疾书绝笔一幅，曰："我以不祥死，犹胜于老死窗下而默默无闻者！"

十四日一整天，在刑部监狱他米水不进。其弟顾大韶前来探监，兄弟二人在一起饮酒诀别。在此之前，他曾让人在自己的酒中下毒，但因药力不足而未能死去。当夜，趁人不备，毅然自缢而死，

九月十九日，顾大章尸体从刑部监狱中送出，衣帽整齐，神态安详，面容有如熟睡。

烈士高行，苍天亦泣！

六君子亡故之时，正值英年，都不过50岁左右。"诸贤之死，天下为之流涕"。

但同在一片天下，对正邪的判定，却有天渊之别。没心没肺的天启皇帝，把自己的肱股大臣视为仇寇，毁自己的江山有如狂欢。八月中，他在经筵听课时，对内阁诸臣说："杨涟等罪恶多端，今虽在狱亡故，其未完赃私，令地方抚按立限追比。"

九月下旬，刑部议罪奏疏呈上后，天启好像恨犹未解，一口气批了200多个字，称六君子为"凶恶小人，目无法纪"。还特别指示要将六君子案"宣付史馆，颁行天下，以示朕仁孝开明之治，以服万世人心。"

（《明熹宗实录》）

堂堂大明朝，经过嘉靖、万历、天启这三朝不遗余力地自毁自灭，若要不亡，已是没有天理了！

反观草民百姓，却不乏豪侠仗义之士，敢为六君子伸张。六君子死后，一直在暗中守护的"燕客"仍滞留京中，每每想起六君子的音容，都觉悲愤难抑，慷慨长啸。一日与人喝酒，又讲起六君子冤案，忍不住热泪涌流，不能自已。他的言行被阉党侦知，立即派人拘捕。

燕客闻讯，急忙装扮成商人，纵马向南，一日一夜狂奔300里，才逃脱了魔掌。

六君子在狱中的种种情景，就是他冒死写下来，才传诸后世的。他的书，仅有薄薄的14页，书名曰《诏狱惨言》，又曰《天人合征纪实》，逐日有翔实记录。署名为"燕客具草撰"，据明史专家王春瑜先生说，该人的真实名字叫顾大武。

阉党泯灭天良，已毫无人性。"六君子案"本是政治案件，追赃不过是个借口，但杀害了六君子之后，阉党仍不放过六人的家属，逼迫家属继续完赃。

这是大明朝最黑暗的一幕。

暗夜中，虽只有星辰寥寥，但其光焰却永悬于人心之中！

27
一代名臣熊廷弼从容就戮

六君子全部被害死，"六君子案"却不能算结束，因为此案的"肇始者"熊廷弼还没有处理。

六君子一死，熊廷弼当然也就活不成了，为什么呢？

明末有人说："当时失封疆者，不独一熊也，杨镐、王化贞安坐福堂，而独杀一熊，熊不死于法，而死于局。"（《三朝野记》）这话说得不错。这里所说的"福堂"，是指刑部监狱，当时人认为刑部监狱与诏狱比起来，不啻是天堂。

熊廷弼难逃一死的原因，首先当然是魏忠贤收受贿赂不成，感到受了愚弄，因此他"誓速斩廷弼"。老魏一发火，谁还能有生路？

其次，就是六君子因"受贿"被拷掠死了，而"行贿人"岂有活下来的道理？因此熊廷弼必须死，一则是为了平息舆论，二则是为了灭口，让"封疆贿案"成为"服万世人心"的铁案。

其三，熊廷弼本人对"行贿案"的态度，也注定他必死无疑。熊廷弼是条好汉，不因杨涟、魏大中曾经力主要判他死刑而衔恨，反而在狱中写了一份揭帖（宣传单），力辩杨涟等人绝无受贿事，让人带出去广为传播。这个釜底抽薪的义举，激怒了魏忠贤，他焉能不死？

最后还有一条，就是直接促成熊廷弼掉脑袋的人，是阉党的冯铨。当时坊间有一部绣像小说（带插图的章回小说）《辽东传》刊行，里面专有一章是"冯布政父子奔逃",写的是冯铨的老爸冯盛明当年临敌脱逃的事,大概是把胆小鬼嘻笑怒骂了一通。冯铨读了后,又羞又怒,疑心是熊廷弼指使人所撰,于是心生歹念,要把熊大人立马搞死。

本来阉党关于杀熊廷弼的舆论,是从六君子被逮入京时就开始发动的。先是实习御史门克新受魏忠贤指使,于五月初五上疏"请立诛熊廷弼"。可是在内阁票拟时,阁员们谁都不愿承担这个杀封疆大臣的恶名,于是建议推迟到秋后再说。

天启对此很愤怒,发回让内阁重议,内阁却以当下的行刑时间不合祖制为由,再次拒绝。

可是,熊大人必须得死,总要有个人出头来背这个恶名。

这个人,当然有!

到了八月二十一日,也就是杨、左、魏三人已经殒命后,冯铨趁着在文华殿讲筵之机,从袖中拿出一本《辽东传》呈给天启看。他说:"此书为熊廷弼所撰,流传市面,掩饰夸功,希图脱罪。天启翻开一看,文字很浅显,哪里会是进士出身的熊廷弼所撰,但是狼要吃羊,有个由头就行,管他娘的那么多!于是他下诏,让内阁速议处决。

内阁其他人仍是不愿沾边儿,冯铨恰好是八月份入的阁,就由他起草了诏书。按例,票拟文书入宫后,由王体乾先行审阅,王看完后说:"这明明是小冯欲杀熊家,与皇爷何干?"他建议,请皇帝御笔加入"卿等面奏"之语,把杀熊廷弼的责任推到内阁身上。

八月二十五日,皇帝修改过的诏旨下达,里面果然把进呈小说的情节详细写出,并且说是"卿等五员面献",让内阁的人一个也脱不了干系。这道奏疏,对熊廷弼咬牙切齿,连"心怀不轨,辱国丧师,恶贯满盈,罪在不赦"等词语都用上了,命令立刻把熊廷弼给"决了"(《明熹宗实录》)。

天启为何对熊廷弼如此之恨?

因为熊廷弼遭遇的广宁之败、河西之失,是在天启二年,正是天启皇帝刚上任不久。这是一件很丢皇帝面子的事,天启耿耿于怀,总要找个人出气。他本来对熊廷弼寄予厚望,结果如此令人失望,他也就选中了熊廷弼来撒气。

第二个原因，是新上任的领导，往往对前任领导所信赖的重臣有很微妙的心理，不愿意重用、不放心使用，甚至要找个茬子干掉。新领导总愿意使用由自己发现、或自己提拔起来的干部。熊廷弼在第二次出山后，权力远不如万历年间，此外还有一个嘛也不懂的王化贞在掣肘。这就是"一朝天子一朝臣"在起作用。

最后还有一个原因是，天启也是一个很懂军事的人，对辽东方面的战略形势，他并不糊涂。可能是看出了熊廷弼"最后的奔逃"是在跟他赌气，因此不愿饶恕老熊。

皇帝有了处决令，魏忠贤心花怒放，但是他知道这熊大人可不是一般人。熊廷弼在辽东镇守多年，颇得人心，部将衷心拥护，万一有个不听邪的家伙带一帮死士来劫法场，那就麻烦了。于是，他让内阁议一个妥善的处决办法。内阁议来议去，也拿不出什么好办法——哼哼，最好就是不杀。

最终，还是魏忠贤的同乡、阉党内阁的黄立极说了一句："半夜传旨，即能了结。"这一句话点醒了魏忠贤，就是这办法好！半夜下旨，也就意味着要立即处决，等不及天明拉到西市（明代刑场，在今北京西四）去了，只能秘密处决，干净利落。

大约在八月二十六日，凌晨的五鼓时分，有宦官手捧驾帖（提人手续），来到刑部监狱提熊廷弼。当时掌提牢的是刑部山东司的主事张时雍，他睡眼朦胧地一看来人，就知道熊大人今晚休矣！

张主事连忙叫来牢头，吩咐撒个谎，把熊老爷哄出来。

熊廷弼一听说要他出去一下，立刻就明白了：日子到了！他从容起身，沐浴梳洗，换了一套干净衣服，把一份早就写好的奏疏放在一个小布袋中，挂于胸前。这份奏疏，是一篇申辩文字，此外还有他对边防的一些建议。

忠心耿耿的人，死到临头也还是忠。国家固然是皇上说了算，但是国家并不等于就是皇上。天下的事，总有一种东西，是超越一家一姓而永恒的，那就是"青史"！是非黑白，瞒得了一时，大抵总瞒不过三十年！

熊大人雄才大略、正直一生，自信无愧于天地间。他抖抖衣服，稳步迈出了狱室。

一出门，他就大声说道："我是大臣，必当拜旨，岂能草草从事！"

牢头将他引至庭中，见到张主事和宦官，他还想说话。

张时雍抢先说道："芝岗（熊之别号），你失陷封疆，应得一死，还有什么话说呢？"

熊廷弼闻听此言，一怔，当下默然。

张时雍看见他胸前挂的小布袋，便问："袋中何物？"

熊廷弼答道："辩冤疏！"

张时雍冷笑说："大人没读过《李斯传》？不知'囚安得上书'？"

熊廷弼傲色不改平日，斜睨了张司官一眼："是你未读过《李斯传》吧，此乃赵高之语！"

张时雍竟一时哑口无言。稍后，才回过神来，请熊大人将奏疏解下来，交给他暂时保存，天明后复命时将为他代奏。

熊廷弼解下布袋交给张时雍，轻喝一声："拿笔来！"

接着，提笔书写绝命诗一首。诗曰：

> 他日倘拊髀，安得起死魄？
> 绝笔叹可惜，一叹天地白！

这诗的意思是说：他日若想重振雄风上沙场，一个死魂灵又怎能复活呢？绝笔之时只叹可惜了一腔抱负，这浩叹能令天地失去颜色！

高山仰止，庸碌小人即便攀梯又焉能及！

绝命诗写罢，掷笔，从容就戮。

熊廷弼气概凛然，挺立不跪。刽子手无法，只好迎面而砍，一刀只及颈半，又慌忙从另一侧补上一刀，状极惨烈！

可惜，熊廷弼临终前写的辩冤疏，因张时雍怕事，没有递上去，而是偷偷毁弃了，未能流传下来。

天启杀了熊廷弼，仍不解气，下诏传首九边（明朝北方的九大军区）。

传首九边，有何用？无非使将士寒心、仇敌雀跃而已！

从此熊大人身首异处，尸身弃于漏泽园。直至崇祯二年（1629），才允其子收拾骸骨头颅归葬。

熊大人归天后，正在前线御敌的袁崇焕闻讯，悲愤难抑，随即赋诗二首，哭熊经略。

其诗句曰："才兼文武无余子，功到雄奇即罪名！"

是啊，功到雄奇即罪名。谁说古人都是愚忠呢，他们都能够看得清、看得透。

可是，看透了又能如何？

有个武弁叫蒋应阳，按捺不住，某日为熊大人喊冤。第二天，就有人在在乱草丛中发现他的尸身，疑是被东厂诛杀。太仓进士顾同寅、生员孙文豸作诗悼惜熊廷弼，为兵马司缉获，被斩。

最令人切齿的，是"死者长已矣"，却又不让你生者能偷生。天启下令，将熊氏家属驱逐出京，不得在京居留。紧接着，又有阉党梁梦环蹦出来，诬告熊廷弼生前曾贪污军资十七万两银！

28
在理论上也要把东林党一棒打死

阉党用了四个多月时间，把东林党的标杆人物六君子从肉体上全部灭掉了，用以杀一儆百。就这，他们还嫌不够。为了给阉党恶政搞一套漂亮的包装，魏忠贤还想从理论上做一番"正名"的工作。

他耿耿于怀的，就是要对万历末年以来的"三案"彻底翻案。不把"三案"翻过来，东林党就永远是国家的功臣，那么打击东林党，岂不是证明了自己是坏人？

这个工作，其实在天启四年（1624）十二月就已开始发动。当月，御史周昌晋上了一道疏，攻击东林党在"移宫案"中危言耸听、以移宫而邀功。这只是一个试探。因为要翻"三案"，最麻烦的就是翻"移宫案"，这里面直接牵扯到天启本人。如果说当年驱逐李选侍不对，那就等于说天启不应该亲政，而应让李选侍垂帘听政。这岂不是否定了天启皇权的合法性？

可是天启在政治上基本等于白痴，他的批复，虽然没有否定"移宫案"的定论，但却痛骂杨涟、左光斗等人"向来浊乱朝政"（《明熹宗实录》）。

这个效果，是周昌晋上疏前就预见到了的。他选的时机，正是杨、左刚刚被驱逐的时候，天启对两人的火正大着呢，此疏一上，必然会有这样的批示下来——小臣有时也可以左右皇上。

　　既然皇上说了，"移宫案"中的大功臣杨、左是一贯胡来，那么翻案就大有希望。

　　于是，到了天启五年（1625）二月，阉党正式发动了。由御史杨维垣出头，以比较容易翻案的"梃击案"做为突破口，公开翻案。杨维垣说，当年混进宫里棒打太子的张差，分明就是个疯子，跟李选侍无关。这一道疏，天启倒是心领神会，马上批示查处。结果，当年主持此案审查、现任刑部侍郎的王之寀立刻被革职为民。

　　等到"辽案"爆发，对六君子的逮捕令下达后，魏忠贤认为时机已完全成熟，就决定在"三案"问题上发起总攻。四月初十日，给事中霍维华上疏，要求全盘推翻"梃击""红丸""移宫"三案的结论。

　　霍维华写的这道奏疏，平心而论，逻辑相当严密，即便是强词夺理，也是抓住了"三案"中一些很悬疑的问题大做了一番文章。奏疏把刘一璟、韩爌、孙慎行、张问达、周嘉谟、王之寀、杨涟、左光斗、周朝瑞、袁化中、魏大中、顾大章等全部牵连在内，逐一攻击。

　　天启患了高度健忘症，移宫时对李选侍的恨与怕已全忘个干净，此时只是恨东林诸人。他看了奏疏，大为赞赏，马上让文书官把它送到内阁，让内阁票拟意见。并且口头传达了他本人的意见，说是："这本条议一字不差！"要求把刘一璟、韩爌、张问达、孙慎行等五人削籍。

　　可是这次阉党内阁再次表现出奇怪的态度，他们不仅不赞同，反而认为处理过当，写了揭帖论救，说"若以一疏削五大臣，不论是否削当其罪，亦与陛下优礼大臣之礼相抵触"。

　　这已经是阉党内阁第二次不配合了，这一次的原因又何在呢？这是因为，所削之人全是退职的重臣，其中有两个还是前阁员。现任内阁兔死狐悲，决不能让皇上开这个口子，否则说不定哪一天自己也会同样倒霉。

　　这是官场惯例压倒了党派利益。从这一点看，阉党也和东林党一样，并不是个组织严密的团体，而不过就是一伙利益、观点相近的官员罢了。他们的步调，并不总是完全一致。

　　天启见拗不过这帮大臣，就降旨对刘一璟等人"姑不深究"，下令把霍维华的这道奏疏交付史馆，如实记载。此外，对前首辅叶向高为总裁编篡的《光宗实录》里的有关评价，也要修改过来。《光宗实录》就是天启老爸当皇帝一个月的历史记录，"三案"跟这段历史密切相关。

《光宗实录》一修改完，原先在"三案"中获罪的人就等于已经平反，各个都得到起复和晋升。那个在"红丸案"中因为献药把皇帝给吃死了的李可灼，也跟着沾光，从遣戍地回家闲住去了。

在"梃击案"中曾因隐瞒案情而得罪的岳骏声，此次也获起复，只是还要等等合适的位置。可他老先生官瘾太大，为了早点儿得到实职，就上疏再论"梃击案"。诬陷东林党人王之寀在"梃击案"中逼供，勒索皇亲郑国泰二万两银，还将郑国泰之子郑养性驱逐出京，等等。

天启既然想翻案，他对此的反应也就近于完全疯狂，把父子两代受郑贵妃家族欺压的前仇全然抛弃，恩将仇报，下诏让地方抚按对王之寀追赃，并准许郑养性回京居住。最重要的，是下令立即起用岳骏声。

——只要官到手，良心可喂狗。官场的险恶风波，常常就这样由私欲而起。

最可惜的是王之寀，此时已从刑部侍郎退下，在家乡被逮，后又于天启七年（1627）解入镇抚司诏狱，最后死在了狱中。死的时候，距天启"驾崩"仅有三个月！

天启五年（1625）这一年，阉党除了在不断打击东林势力外，还一直在抓舆论工作。正月，魏忠贤为摧毁东林党的根基，鼓动阉党成员兵科给事中李鲁生上疏，说"假道学不如真忠义"，请将京师书院改为忠臣祠，天启欣然接受这一建议。同年八月，阉党御史张讷又奏请"毁天下讲坛"，把"三案"惹出的乱子，都归结于书院。

天启立即批复，将天下书院尽行禁毁。原主持东林、关中、江右、徽州四大书院的邹元标、孙慎行、冯从吾、余懋衡，无论生死，全都削籍。

到天启五年年底，经过一年的整肃，东林党被驱逐削夺的官员，已有二百人之多。阉党认为有必要对东林阵营的人员来一个总的清理。此前，阉党成员也各自搞过《天鉴录》《东林点将录》等黑名单，但人数差别比较大，所列人名也有出入。阉党为了统一步调，由御史卢承钦出面，奏请"将一切党人姓名罪状，榜示海内，使其躲闪无地，翻案无期"（《三朝野记》）。

天启也很快同意了，下诏以上谕名义刊刻并张榜公示《东林党人榜》，共录有309人。当时就有人把这比做北宋的"元祐党人碑"。

党争起，国将亡。阉党是一伙"做官党"，只要我这一派的有官好做，什么是非正邪，都他娘的一边去。北宋末年的乱象又在明末重演了。

东林党既然被全面击溃，那就应该有一个法定的文件把他们永远钉死。阉党中陆续有人已经考虑到这一点。天启五年（1625）的五月，吏科给事中杨所修奏请，翰林院应该把与"三案"有关的奏章编辑成"学习材料"，刊行天下。不久又奏请仿照世宗御制的《明伦大典》，把"三案"奏章编辑成书，颁布天下。

世宗就是嘉靖皇帝，他以藩王入继大统，异想天开要追封自己已死的老爸为皇帝，因此闹出一场"大礼议"风波。他干的这事情于礼法不合，为了堵人的嘴，就搞了这么个《大典》，作为历史定案。

天启对这个建议，当时未有明确态度。到九月份，又有在移宫案中为李选侍辩护、跟杨涟互掐过的御史贾继春建议，杨涟等六人虽死，但受贿不过是小罪，他们的大罪在于结交王安、毁谤先帝、逼辱李选侍和"皇八妹"，所以应该把"三案"档案公布，让万世都知道杨涟他们犯了什么罪。

天启这次同意了，但对于怎么编、由什么人来编及怎么发行等等，都没有具体指示。

到天启六年（1626）正月，肃清东林党的运动告一段落，天启觉得关于"三案"的历史定论可以出笼了，于是发布特谕，说是为了让"天下万世，无所疑惑"，特命开馆编纂《三朝要典》，凡是那时候的"公论"，都要保存下来，凡是"群奸邪说"，都要尽量摘录，再由史官加上批判语，"以昭是非"（《明熹宗实录》）。

编辑这本大批判材料的总裁官是顾秉谦、丁绍轼、黄立极、冯铨，这全是铁杆阉党。其余副总裁官和编纂官，也大多都是一样，可以说是明朝的"石一歌"了。

阉党不仅精心挑选了负责官员，还认真筛选了誊写人员，政治不可靠的一律不要。顾秉谦第一次报上去的誊写人员名单中，就被魏忠贤及其"领导班子"查出,有四个人有东林嫌疑,不仅没批准,还把这四人削了籍。

编纂工作进展得十分神速,到三月底,全书编完。不过,崔呈秀看了看初稿,觉得问题还没有讲透。初稿是从"梃击案"讲起的,他觉得要从"争国本"讲起,才能把万历年的老案全翻过来。于是,他索性上了《三案本末》一疏,把这段历史重写了一遍。天启当即下诏准予采用。

四月份,又有工科给事中虞廷弼上疏,说有了这本官刻的《三朝要典》,此前私人搞的什么《点将录》之类,就太不严肃了,应该废止。天启大概还没忘那个"托塔天王"的典故,也就马上批准了。

六月十九日,万事具备。天启在皇极门内殿举行了《三朝要典》编成的进献仪式,百官同来称贺。正本共 24 卷,送到皇史成收藏,副本由礼部刊刻,赠给百官,颁行天下。

紧接着十月,开馆重修《光宗实录》。

与修《三朝要典》相始终的,还有一个插曲。就在这一年正月,刚开始修《三朝要典》的时候,阉党又抓了一个东林党人惠世扬。

惠世扬原任给事中,在"梃击案"和"移宫案"中,都是相当激进的分子。他还参劾过大学士沈潅,说他"交通客魏",因此得罪了阉党,被罢免。天启五年九月,他不知怎么被牵连进了杨涟案,天启下令逮捕进京追究。到天启六年正月,被押送到京城。

审他案子的,是三法司的官员。那时刑部尚书徐兆魁刚被魏忠贤提到这个位置上才七天,所以决心好好弄一下这个案子,以报大恩。

都察院的头头周应秋,也不是什么好货,是魏忠贤的"孙子辈"走狗,平时没事就请魏忠贤的侄子魏良卿到家吃炖猪蹄,人称"煨蹄总宪"。他对魏忠贤无比忠诚,一次聊天,老魏问他:"你是江南人,为什么好粥啊?"周应秋这个江南人听不大清河北话,听成了"你为什么好竹啊"。当下,他没正面回答,打个哈哈过去了。过后,立刻写信给儿子,叫把家里庭院中的竹子统统砍光——老魏的心事你莫猜!

就这样一帮东西,三法司的会审,结果不问而知。

惠世扬,悬了!

会审大堂设在城隍庙,那时候六君子已死,审官们没把惠世扬当回事儿，都想捉弄捉弄他，而后判个死刑就拉倒。

他们喝令衙役打二十五大板。一顿板子打完，几乎把惠世扬给打死。打完也不审了，把人关起来，几个人就七嘴八舌把判词写好了。他们揣摩了天启的心理，干脆把惠世扬窜入"移宫案"去处置，说他"结交王安，大恶备矣"，应处斩刑。

天启和魏忠贤对这判决书都很满意，但是魏忠贤不想马上把惠世扬砍头，想等到《三朝要典》和《光宗实录》都修好后，再拿这惠世扬祭旗，以图个圆满。惠世扬从这时候起，就蹲在大狱里等死了。哪知道，大批判材料编好后才半年多一点，天启就一命呜呼了。忙乱之中，阉党竟然没来得及杀惠世扬。

真是九死一生啊！后来这个惠世扬在崇祯朝官当大了，一直当到了副都御史和侍郎。

编纂《三朝要典》，把东林君子说成是狂悖小人，把有奶便是娘之徒说成是磊落之士，这得有唾面自干、当众舔主子屁股的厚脸皮才做得下去。在阉党精心挑选的"石一歌"中，也有良心未泯的知识分子。他们觉得实在是干不了。

精神之阉，甚于割卵！

比如副总裁、礼部尚书姜逢元，是一位大书法家，因与东林无涉而被选中。在修书期间，他老夫子"每搁笔而叹，忠贤朝闻夕逐，令其闲住"。这还算不错的，没丢命。

《三朝要典》的"光芒照耀了全明朝"。可是，魏忠贤想不到：历史虽然是强势者所创造，却不是强势者能写成的。好与不好，青史之名不会根据你自己写的牛皮文章，而仅仅在乎亿万人心！皇皇《三朝要典》，想做的是千秋文章，而实际寿命只有一年多，就随着天启的驾崩而成了废纸万张。

——咦！眼看它忽喇喇大树将倾，眼见得倏忽间猢狲四散，哪里有什么赤胆忠心永不变，何处有铁打江山万万年？

大梦，大梦而已！

29
"丙寅诏狱" 又掀起滔天浊浪

　　魏忠贤害死了东林六君子，让天下缄口、万民颤栗。那么，他的杀心是否就收敛了一点儿呢？没有！

　　这家伙杀上了瘾，好像是领略到了：政权就是杀人之权。

　　到天启六年（1626）二月，六君子的血迹还未干，在他的一手策划下，天启又兴起大狱，下诏将东林党人周宗建、缪昌期、周起元、周顺昌、高攀龙、李应升、黄尊素七人逮入诏狱！

　　因为这一年是农历的丙寅年，所以此次大狱，史称"丙寅诏狱"。又因为被祸的是七个人，所以也称"七君子之狱"。

　　这一批"七君子"，也是私德上无可挑剔的人，而且到了这时候，东林已完全偃旗息鼓了，那他们是怎样撞到魏忠贤刀头上的呢？

　　是因为魏忠贤贼人胆虚、太过敏感了，生怕被正直之士伺机掀翻。所以，因为一个"莫须有"的传闻，他就又开了杀戒，顺便把以前的一些老账也给清理了。

　　引燃此事导火索的，是一位比魏忠贤资格老得多的大太监李实。这位李太监，是北直隶保定府雄县人，万历六年（1578）就进了宫，比魏忠贤早11年。他是泰昌帝常洛当太子时的伴读，根儿正。一到泰昌元年（1620），就顺理成章升任司礼监秉笔太监，同时兼掌御马监。他是泰昌帝身边的大红人，不比王安差多少。

但是此人粗鄙，不识字，因此泰昌帝一死，也就坐不稳中枢位置了，被调到江南任苏杭织造，负责管理官营的纺织作坊，常驻苏州，同时也算是皇家在江南的一个眼线。这也是个大大的肥缺，不算辱没他。李实的资格很老，并非魏忠贤的手下，两人算是井水不犯河水吧。

这人名誉倒不是很坏，但是手下有两个管家，樊得和孙升，都是贪得无厌之徒。他俩常以李实的名义搜刮民财，随意增加织造定额（好给自己发福利）。

明朝末年江南的纺织工业之盛，是远远超出今人想象的，为当时世界上所罕见。江南给这两个小人物一搅，闹得四处民怨沸腾。

当时苏州的同知兼代理知府杨姜，因这个事对李实很不满，也不大去逢迎。李实见他不礼貌，就找了个茬儿参了他一本。

此时恰逢新任的应天巡抚周起元到任。周起元对李实这么干也很不满，就上疏为杨姜辩护，并指责李实才是有问题。李实立刻反弹，干脆诬告杨姜犯了法，给逮了起来了。双方就此结怨。

这件事说明，李实跟有的东林党人，关系是很僵的。

但是，他也很敬佩另外一些东林党人。据说，黄尊素被罢后，回到家乡余姚，没事就常到湖上去玩。李实曾慕名前去拜访，可是黄大人不肯见（《启祯两朝剥复录》）。李实知道自己不够格，也就算了。这事情传到民间，就成了黄尊素经常与李实在湖上来往。

武宗时大太监刘瑾专权，廷臣刘一清为了干掉刘瑾，就联络皇帝很信任的另一个太监张永，一举除掉了刘瑾。传闻就以此事为例，生发开来，说黄尊素正是想效仿前代事，借李实之手干掉魏忠贤（《明史》）。

空穴来风，其源有自。估计这是恨魏忠贤的人合理想象出来的。谣言传入京师，魏忠贤心惊肉跳——巩固魏忠贤专政，就是要防微杜渐啊！他立刻委托正在南方出差的刑部侍郎沈演就地访听一下。这个沈演，是阉党盟友、前大学士沈㴶的弟弟，当然靠得住。

结果沈演回话说：有这事！

魏忠贤急了，这还了得！李实是先帝宠臣，瘦死的骆驼比马大，他要是和东林搅到一起，危乎哉！于是立刻派出几批亲信，火速赴江南暗访，务必查个水落石出。

这期间，李实的司房（负责誊写文书的宦官）正在京城办事，得知了消息，大吃一惊。他赶忙跑去找阉党"领导班子"成员李永贞求助。

李永贞是他的熟人，给他出了个主意，说魏公公起了疑心可不是好事，为了避免嫌疑，就请你们李公公出面，参黄尊素和其他几个东林党一本，不就证明李公公清白了吗？

司房问：要参哪些人？

李永贞一个个给他数，说了七个人的名字。

司房救主子心切，觉得这主意好，就央求李永贞给代写个奏疏稿。李永贞见事情有门儿，就一口答应，并很快写好了。

那司房来干这事儿，恰好是近水楼台，他身上就有盖了李实大印的空白奏本，当下拿出一份，三下两下将稿子抄上，顺便就呈进了宫里。

这个小角色也来不及跟主子请示一下，就干了一件惊天动地的大事。

这件事，在《先拨始志》《三朝野记》《启祯两朝剥复录》上的记载，都差不多。但也有另外一种说法，说是魏忠贤的爪牙天天去李实家里，数落李实不该跟黄尊素来往。李实百口莫辩，就派人去京城向李永贞和崔呈秀求情，结果是崔呈秀出的主意并代笔写的参奏稿。

从后来清算阉党时的情况看，还是前一种说法比较可靠。在崇祯初年，法司追查这件事，认为李实以一片纸杀了这么多忠臣，拟以大辟（砍头）。但是崇祯帝觉得，这事儿不能怪李实，李实的疏上有用朱批修改的墨迹，实属魏忠贤的心腹所为。后来经过君臣间的折衷，李实未定死罪，而仅仅被革职充军。

不管怎么说，这道疏一上，天启又发了雷霆之怒。于二月二十五日下诏，由锦衣卫将七人逮送来京，此外，让李实安心供职。

这个诏书，八成也是"领导班子"给拟的，还不忘记安抚李实一下。

这七个人，是怎么得罪了阉党的呢？我们在这里简要说说。

周宗建，字季侯，号来玉，南直隶苏州府吴江县人，万历四十一年（1613）进士。他少小时听人讲杨继盛故事，由衷钦佩，曾叹道："忠愍（杨继盛）不死！"他从知县干起，后任监察御史。在客、魏刚刚联手的时候,他就上疏弹劾过这两个家伙,且语言特别激烈。说客氏赖在宫里,"恋上不舍,将何为乎?"把天启也给敲打了一下。说魏忠贤"目不识一丁,岂复谙其大义"(《明史》),皇上把他留在身边又有何用?把魏忠贤气得发疯,在文华殿指着奏疏上"目不识一丁"一句破口大骂,声音之大,连皇上都给惊动了。

这两次,周宗建都险些受杖刑,多亏众臣和叶向高极力维护,才得以免。他也因此而名动天下,谁都知道他胆大、敢说话。

天启三年(1623),他又上了《清宫禁绝祸本》一疏,再次攻击魏忠贤,说现在"权珰"和言官互相借重,罢斥忠良;又说,当今内有魏忠贤为之指挥,旁有客氏为之羽翼,外有刘朝为典兵示威,又有小人蚁附蝇集,内外勾结,驱逐善类,天下事怎么得了?

魏忠贤看了这道疏,又怒又怕,带领刘朝等喽啰跪在天启面前大哭,请求剃光自己的头发以示"请罪"。天启被激怒了,又要打周宗建的棍子,由于阁臣力争而作罢。

在周宗建最后出任湖广按察使时,弹劾了冯铨的爸爸冯盛明,冯铨对他怀恨在心。后来,冯铨的门生、工部主事曹钦程投效阉党,诬告周宗建、李应升、黄尊素等贪污,魏忠贤立刻矫诏将这几人削籍,还命令巡抚毛一鹭负责对周宗建追赃。

到天启六年(1626),魏忠贤嫌追赃速度太慢,又没抓周宗建,就把周宗建列入李实空印奏疏,给他安了一万三千五百两赃银,逮进京城来好好整治。

七君子的第二名,缪昌期,我在前面已讲过他的一些事儿。他少年多才,成年后更是文名满天下,顾宪成与他是忘年之交。四方学者都慕名而来,向他讨教,搞得他家门庭若市。遗憾的是科场不大顺,一直到万历四十一年(1613)才中进士,庶吉士毕业后为翰林院检讨。

天启元年(1621),缪昌期到湖广主持考试,出的试题是论赵高和仇士良。赵高不用说了,是秦代赫赫有名的大宦官。那么,仇士良是何许人也?他是唐代文宗时期著名的"宦竖",历任内外五坊使、左神策军中尉等职,专横跋扈。

出题让考生来骂这两个阉宦，无疑是影射当朝的魏忠贤。从此魏忠贤就记住了这笔账。

后来，魏忠贤在京城西山为自己造墓，听说缪昌期的书法写得好，又有文才，就请老缪给写个墓志铭。当时老缪要是写了，大概骂赵高的事也就一天云散了。可是，几次请托，老缪一点面子不给，魏忠贤就彻底把他打入了黑名单。

叶向高离职后，东林党要人纷纷被逐，先后有赵南星、魏大中、杨涟、左光斗等人。每次，当时的首辅韩爌都要上疏挽留。韩爌并不是东林党，这样做无非是出以公心。阉党同志们理解不了，就怀疑是老缪在后面搞鬼。东林这几个人被罢后，门庭冷落，谁也不敢靠前。只有老缪不忌讳，常去走动走动。诸君子离京时，他也要去送。

有人劝他就不要去送了，少惹事为好。他正色道："人被逐，可不送乎？"明知东厂的人就在一旁在盯着，他也不在乎。

这就注定了魏忠贤对他，势必除之而后快。

当时有人推荐老缪去南京当翰林院的院长，魏忠贤不准许，派小宦官到内阁去，扯着娘娘腔大喊："就留缪昌期在京师送客吧！"缪昌期知道朝中是待不住了，就上疏请求退休，魏忠贤偏不让他体体面面地走，矫诏将他罢免，后又革职。这次抓他回来，给他安了三千两的赃。

第三个，周起元，字仲先，别号绵贞，福建海澄人，万历二十九年（1601）进士。他为官清廉，除了书籍，别无长物。自己的一点儿工资，也都尽量拿来资助地方教育。周起元从知县干起，历任中央和地方的监察官员。天启三年（1623）为太仆少卿，不久又升任右佥都御史，巡抚苏松十府。这差不多是个副部长级的大官了。

他是一个非常能干的官员，声望也极高。曾经为前面我提到的杨姜辩冤，又弹劾李实在江南的种种劣迹，搞得李实也不得不有所收敛。

但是，这么做，惹到了魏忠贤——打击宦官，就是打击阉党！周起元就是这么得罪阉党的。

这时候有个小子——兵科给事中朱童蒙，出面弹劾东林元老邹元标聚众讲学，未果，反而在天启三年"京察"时被外调为苏松兵备道，成了周起元的下属。

朱童蒙丢了在京城的好差事，恼羞成怒，到了苏松就拿老百姓撒气。每次外出动不动就鞭打行人，打得人头破血流、皮开肉绽。周起元大怒，准备参他。他也知道这官是做不长了，就声称有病，弃官逃跑了。周起元不能让他就这么跑，立刻上疏弹劾他"庸鄙无才，只知敛财"。

奏疏到了阉党"领导班子"手里，他们还记得这姓朱的参过邹元标，就有心抬举他，搞垮周起元。最后，天启下诏，不准朱童蒙告病辞官，而是调到京城来做副部长；而周起元则因"排挤正人，削职为民"。

巡抚参一个小小的属官，不仅没参倒，结果反而是属官连升几级，自己被罢免。这样的事例，在大明朝几乎绝无仅有。

这次抓周起元，阉党给他栽的赃，是说他在巡抚任上"贪污国库银十万两"。恶人政治，一般都是谎言政治，谎越撒越顺溜、越撒越大。即便是把煤说成白的，也能说出煤之所以白的一二三点来。魏忠诚贤在这一点上，已是炉火纯青了。

第四位，周顺昌，字景文，号蓼州，南直隶苏州府吴县人，万历四十一年（1613）进士，曾为福州推官（审判长）。他的故事，我们前面也已有所涉及，就是在魏大中被逮进京途中，在苏州盛情款待并与魏大中结为亲家的那一位。

周顺昌疾嫉恶如仇是出了名的。先前在杭州任司理时，到任的当天，同僚设宴接风，席间有艺人演出，演的是岳飞故事《精忠记》。当演到秦桧和他老婆商量怎么设计陷害岳飞时，周大人按捺不住，飞步上台，揪住演秦桧的演员就是一顿痛打，众人目瞪口呆。

天启时他曾任吏部文选郎，后辞官。在六君子案之后，魏忠贤的义子倪文焕挟嫌报复，上疏弹劾周顺昌"与罪人婚"，还诬告周顺昌在吏部选干部时受贿太多，回乡时连船都压沉了。

其实周顺昌辞职后是经河南从陆路回家，并没有走运河，哪里来的什么船？知情者无不痛斥倪文焕瞎编。但魏忠贤不管这诬告有没有"硬伤"，借机削了周顺昌的职。

在苏松巡抚周起元被罢后，周顺昌正在家闲住，写了一篇《赠周公罢归序》为周起元鸣不平，顺便讽刺了一下继任的巡抚毛一鹭。毛一鹭读了这文章，气晕了，发誓要找机会报复。

周顺昌当初在送别魏大中的时候，曾当着缇骑的面指名道姓大骂魏忠贤。敢这么干的人，那时已是天下罕见，魏忠贤于是就把他记住了。

第五位高攀龙，字存之，号景逸，南直隶常州府无锡县人，万历十七年（1589）进士。当过一段时间的御史，因为触怒当时的阁臣王锡爵，被贬官后，因亲丧回了家。他和顾宪成一道发起东林书院，从者甚多。居家30年，大臣多次举荐，但万历皇帝都不起用。一直到万历四十八年（1620）才出任光禄寺丞。前面已经说过，他曾经弹劾崔呈秀在淮扬一带贪赃枉法，吓得崔呈秀上门去给他跪下，请他放手，但被他严词拒绝。

崔呈秀就因为这个转而投阉，立即实施报复，攻击高攀龙和赵南星等朋比结党，高攀龙被迫挂冠而去，不久又被削了籍。这次阉党抓他，是因崔呈秀还嫌不解气，把他的名字窜入了李实空印奏疏，并入周起元一案。

第六位李应升，字仲达，号次见，南直隶常州府江阴县人，万历四十四年（1616）进士，任南康府（今江西星子县）推官，秉公执法，昭雪沉冤，被当地军民视为包青天大人再世。天启三年（1623）升任御史，曾经上疏指责魏忠贤滥用立枷。枷重三百斤，受刑者活不过几天，前后枷死六十余人。他建议，罢魏忠贤东厂之职。此后，在万燝被杖死、林汝翥被刑杖、魏大中被逮的事件中，都公开跟魏忠贤作对。

崔呈秀被高攀登龙弹劾，奏章就是李应升起草的。当时崔呈秀求不动高攀龙，又跑去李应升的住所，给李下跪磕头，乞求高抬贵手。李应升没答应，只说："事情要交付公论，非敢私。"

天启五年（1625）年三月，崔呈秀唆使党羽诬告李应升，李因此而被革职。六君子死后，李应升悲痛欲绝，设牌位祭奠。他自然也成为魏忠贤的眼中钉。

第七位黄尊素，字真长，号白安，浙江绍兴府余姚县人，万历四十四年（1616）进士。天启二年（1622）任御史。在杨涟上疏弹劾魏忠贤二十四大罪之后，他也曾上疏弹劾魏忠贤。他质问皇上："天下有政归近倖，大权旁移，而世界清明者乎？天下有中外汹汹，无不欲食其肉，而可置之左右乎？"言辞相当尖锐。

在杖责万燝、林汝翥的事件中，有一次众大臣在内阁中争论处理办法，魏忠贤派了几百个小宦官到内阁肆意辱骂，内阁辅臣无一敢吭声，惟有在此议事的黄尊素拍案而起，高声喝道："内阁乃国家重地，即便司礼监太监，不奉旨也不能来，你们要干什么？"众宦官慑于他的威严，才乖乖退去。

黄尊素不仅敢干，也很有深谋远虑，曾经劝邹元标京师不是讲学之地，易于惹是非；劝杨涟若没有太监做内援，就不要发起总攻；劝魏大中不要攻魏广微太急，以免他去投阉。但是东林的这些要人都没有听他的劝告，否则的话，东林党的处境不会恶化得这么快。

魏忠贤在第一次逮住汪文言的时候，就想牵出一批东林党来，结果黄尊素跟管镇抚司的刘侨打了招呼，给搅了局。魏忠贤从那时候起，就发誓要灭此人。

这些还都是旧账，现在又加上与李实"湖上密谋"，那还得了，所以黄尊素也难逃此劫。

魏忠贤在前一年，切瓜砍菜地灭掉了六君子，没见全明朝有什么抗议和反弹，所以这次底气很足。有崔呈秀出主意，抓着李实这个冤大头，一口气就可以再灭七个。

天启发了话以后，锦衣卫缇骑就大批南下去抓人。因为周宗建和缪昌期在圣旨下的时候就已另案被逮，正在押解途中，所以这次要抓的是五个人。

奉旨抓人，那还有什么好说的！我叫你三更死，你就不能五更亡。什么天理、人心、良知，恶人们心里哪怕存着其中的一点点，国家怎么会到这步田地！

30
苏州民变吓破了缇骑的胆

魏公公自天启元年以来一路顺风，打击正直的官僚势如破竹，却还不知道人民有多厉害。

此刻他在京城一声吼："抓人！"其效果有如山摇地动。锦衣卫掌堂田尔耕不敢怠慢，当下派出张应龙、文之炳等一共 60 名旗校，出都门，昼夜兼程。

此行江南，油水可大乎？

这 60 人的心中，萦绕的大概都是这个问题。

可他们忽略了，江南这地方，文明程度高，又是当时世界上手工业最发达的地方，市民社会已相当成熟。文明程度高，孔孟之道中的民本思想就渗透人心；市民社会发达，舆论就有相当独立的立场和原则。

缇骑们只以为江南柔弱地，一鞭子就能把人给打老实了，他们忘记了这里自古也是出豪侠的地方。去年缇骑在湖广、南直隶等地抓六君子的时候，江南一带就民情汹汹。不过那时人们还有幻想，以为六君子终能洗清冤屈，或者早晚能够生还。他们没闹，是不愿给六君子添麻烦。

今年不同了。这回要抓的五人，除了黄尊素是浙江余姚人之外，其余四人都是苏州、常州人。四路缇骑下江南，要来抓清清白白的东林党，这本来就令江南士民义愤填膺。再者，以去年为例，江南人这次全都知道了：几位大人一被抓去，就绝无生还的希望！

这他娘的是什么世道？

一面是倒行逆施的阉党权贵，一面是正直清廉的下野官员，民心靠在哪一边，那是想也不用想的。

因此，当 10 天后，消息一传到江南，士农工商无不愤慨异常！

60 名缇骑，以为手捧放之四海而皆准的圣旨，就可以所向披靡了。他们可知道：江南等着他们的有百万之众？显然是知道。但是，狗腿子们从来眼睛里看不到有人民。

这些人民，吃什么，喝什么，爱什么，恨什么，与大明朝有什么关系？我们只按圣旨办！

——他们这一脚，可就真正踏入地雷阵里去了！

惹出大乱子的地方，是在他们并未看得太起的人物周顺昌的家乡。

周顺昌官不大，也没什么钱，辞归后家中只有几间破屋。但是他在苏州当地深得民望，乡中百姓有冤，或者郡中有大事，大家都来请他主持公道。

缇骑出京后，周顺昌自知不免，早已有思想准备。

三月十三日晚，好友殷献臣的两个儿子来拜访，周顺昌一向喜爱这两个年轻人，当夜留他们做彻夜长谈。周顺昌聊到了宋代朱熹的事："朱子尚未能免被人排陷，何况我呢！"又聊到《文天祥传》，为两个小友详细地讲解了这文章的内容，并以古今第一完人文天祥自勉。

三月十五日傍晚，缇骑到达苏州。亲友们闻讯都来到了周家，人人面带悲戚。

周顺昌却很坦然，说："我知道诏使一定会来，不要效楚囚对泣。"他叫过长子茂兰，叮嘱道："家无余财，倒省得你们兄弟经营了。将来要勤于读书，安于清贫，无损清白家风，我自是虽死犹生！"

夫人吴氏当场哭得几次昏死过去，几个儿子也跪地大哭，声闻四邻。但是周顺昌仍神态自若。

——人生固然有无数悲哀，但只要死得光荣，也就不算是最悲哀的了。

——千秋的《指南录》，万代的文天祥！

袞袞衣冠，古来多少皆做了土。大丈夫若能死如文天祥，能让万代的妇孺小儿称诵其名，那么，即便两袖清风终其一世，又复何憾哉！复何憾哉！

傍晚时分，知县陈文瑞带着公文来到周家。他是周顺昌在吏部时一手提拔起来的，对周的为人一向敬重。来的路上，一路痛哭不止，泪水将衣襟都湿透了。

周顺昌听说知县到了，立刻换上待罪的囚服，出门迎接。随同来的衙役上前一把逮住周顺昌，被陈文瑞厉声喝住。

陈文瑞与周顺昌相揖进门，知县大人请周吏部料理一下家事，然后跟他去县署候命。周顺昌说："无事。"

他的妻舅吴尔璋问，你难道就这么悠然长往了么，要不要留下几句话——这是生离死别啊！

周顺昌说："没有什么事可乱我心怀！"

他看见桌子上有一块牌匾，猛然想起："我答应给龙树庵僧人题字，今日不写，有负诺言。"说罢，提笔写下"小云栖"三字，字大如斗，酣畅淋漓！

写罢，掷笔而起，浩气满怀："此外，再无一事了！"

到了夜深时分，周顺昌对陈文瑞说："大人在舍下，无以招待，歉甚！"他让家人熬了一锅粥，请陈文瑞吃。陈文瑞不便拂其好意，但是如何能咽得下，在场亲友也都泪落如雨。

十六日一早，周顺昌拜别了家庙，就随同陈文瑞前往巡抚衙署。分别的一刻，儿子牵衣不舍，阖家号啕痛哭，独周顺昌一人意气自如。

因为他在当地为百姓办了不少好事，因此在前往巡抚衙署时，百姓都想来瞻仰其风采。"士民拥送者，不下数千人"（《明史纪事本末》）周家门前的街上，到处人山人海。

朝廷要逮周大人的事，早已传遍郡中，即便穷乡僻壤的农民，也连夜赶来，聚集在巡抚衙署的门前，要看看"周吏部"。从十六日起，每一天，必逾万人！

苏松巡抚毛一鹭没想到有这个阵势，吓得胆战心惊，生怕出问题，就让陈知县赶紧将周顺昌换地方。一日几易其地，且明令不许百姓聚集。

但是官府说不出个名堂来，老百姓怎能听你的？苏州城内众口一词："周吏部清忠亮节，何罪而朝廷逮之？"

听说周大人被转移到了吴县县衙，老百姓又前往县衙，在门前聚集不散。次日天明，复又聚集。这样的场面，从三月十五日一直持续到十八日，通城惶惶！

缇骑们计划在这里歇两天，于十八日开读圣旨，读完了人就要带走。滞留的这几天，是他们向犯人家属索贿的时间。

这帮家伙根本不知道、或者视而不见群众已达临界点的情绪，按照惯例放出话来："不送钱来，则周某途中不保，纵然是枉死，谁敢去告御状！"

恶奴们向来就这样直来直去，省却了高官的假仁假义。

然而周顺昌，清官一个，哪里有什么钱！他身上只有七钱银子，日前又把三钱资助了朋友的丧葬费，此时袖中只有四钱银子。

面对缇骑的勒索，他厉声道："七尺之躯，今已交给你辈，即不送一文，能奈我何！"

不过，他的好友杨惠庵还是怕缇骑在途中加害，私下里发起募集钱款，以备打点这帮恶狗。

苏州城内一些士民闻讯，都纷纷慷慨解囊。有穷打工的预支了工钱，有小贩把自己的旧裤子也典当了，都聊表心意，总共凑得了一千两银。

缇骑们见一吓唬就来了银子，好不高兴，便得寸进尺，索要得更多，不然的话还是"途中不保"！

缇骑的话传开来后，全城群情激愤，道路喧哗，到处都在议论这事。姑苏古城犹如一座一触即发的火药库！

有个平素对周顺昌怀有怨恨的衙役，不知道深浅，在大街上对人说："痛快，不想周爷也有今天！"

此人话音刚落，就有人一把揪住他的头发："众人皆怒，何以你独痛快？说！"

围观群众一拥而上，拳打脚踢，险些没把那小子打死！

这是山雨欲来的前夕……

十七日，前来县衙探望与声援周顺昌的士民，比前日更多。周顺昌出来，对大家侃侃而谈。

看着周吏部平和的神态，听着他那中正的议论，众人无不泪下！

自从缇骑一来，苏州商户就开始罢市，抗议抓人。老百姓痛恨缇骑头子张应龙、文之炳，但一时没人敢率先发作。

商人之子颜佩韦，家资丰饶，为人慷慨豪侠。他挺身而出，手执焚香在全城漫游，边走边哭喊："欲救周吏部者，从我！"他的好友马杰，也敲着梆子大声呼喊，"一时执香从者万人"！

苏州市民或议论、或流泪、或大骂，全城已经开了锅！

诸生王节、文震亨、刘羽仪在一起商议道："人心怒矣！吾辈读书人应去谒见抚按两台，请他们制止缇骑，缓解众怒。"他们又出面劝说群众："父老勿过激，过激，只能加重吏部之祸！"市民们也同意有所约束。

这一天日暮之后，一帮好友前来县衙陪伴周顺昌。陈文瑞特地备了一桌酒席。周顺昌考虑到陈文瑞的身份，不想给他惹麻烦，就坚持不让他做陪，只与朋友们一起饮酒。

席间，周顺昌慷慨谈生死，气概绝伦。他对诸友道："我即使不能像古代禅师那样把临刑就义视为剑斩春风，但也决不会乞怜苟免。审讯之日，我必骂鼠辈矫诏擅权，死了也要去太庙向二祖列宗（指明朝各位先帝）陈诉，以诛此贼！"

酒酣耳热之际。大家又讲到朝政日非的现状，不禁都激愤起来，觉得国家没有希望了。周顺昌独不气馁，说道："先朝权珰如汪直、刘瑾辈，依附者众，看似燎原之火，然而一朝扑灭。魏阉亦不会长久，只是我不能亲见其覆灭而已！"

三月十八日，是预定的圣旨开读之日。苏州城内，民众倾城而动，来到县衙送周顺昌前往西察院听旨。时逢大雨，但不期而至者竟有几十万人。每人手执香火，焚烟如雾，街道两旁边只见拈香点点如列炬。

中午时分，周顺昌被押出。一路上，百姓夹道而送，哭声震天。不断有人高呼："愿救我周爷！"

由于道路拥挤，巡抚、巡按、苏州知府、吴县县令的大轿都难以前行。

察院此时大门尚未打开，这里也是一片人山人海。察院的衙署紧邻城墙，不少人就爬到城墙垛口上，上下遥相呼应，喊冤之声震天。

全城的诸生五百人，身穿公服，在门口列队，准备向巡抚和巡按请愿。

周顺昌目睹此景，为之动容。他四面作揖，请众人散去，但却无一人离开。

毛一鹭命令打开大门，民众便趁机蜂拥而入。

这时，只见堂上已摆好宣读圣旨用的帏幕仪仗，锦衣卫校尉侍立一侧，虎视眈眈。堂下犯人下跪的地方摆着镣铐和枷锁。

诸生王节、杨廷枢、刘曙、郑敷教、刘羽仪、文震亨等一干人，走出人群，含泪向两位大人进言道："周吏部清忠端亮，众望所归。一旦触犯权珰，遂下诏狱。百姓怨痛，万心如一。明公为天子重臣，何以慰汹汹之众，使事态无崩解之患？"说罢，诸生皆失声痛哭（《明季北略》）。

周围民众也齐声喊道："周爷若死，民亦不愿生！"

毛一鹭惊恐异常，良久才说："圣怒如此，奈何？"

诸生中立刻有人说："今日人情如此，明公独不为青史计乎？何不据实上奏，请皇上开恩，周吏部不必押解京师，请抚按就地勘治！"（见《周忠介公烬余集》）

毛一鹭只得漫声以应："好，好。"

此时又有人说："今日之事，实乃东厂矫诏，且周吏部无辜，不过是话说多了而遭祸。明公若恳切上奏，如幸而事成，即是明公不朽之事。就算不成，而直道犹存天地间，明公所获名声亦大矣！"

这边正在交涉，那边缇骑等得不耐烦。

锦衣卫校尉见哭哭啼啼的没完，来了狗腿子脾气，蹿出来用棍棒打伤了沈扬。周顺昌的轿夫此时也在人群中，他自听说主人被逮的消息后，痛哭了三天三夜，米水未进。见校尉如此没良心，怒从心头起，上去就要抢夺校尉的棍棒，结果被校尉打伤了额头。

缇骑头头文之炳见众人居然敢阻挠执法，勃然大怒，大骂："东厂逮人，鼠辈敢如此！"说着，把一副镣铐掷于地上，大呼："囚犯安在？速押上槛车，送东厂！"

在明朝，执法机构东厂和锦衣卫并非一回事。东厂是太监掌管，锦衣卫是由政府节制。东厂势力远大于锦衣卫，有权监视亲王、国戚、阁臣和全国军民。在京城提到东厂大名，连首辅大臣也为之胆寒。文之炳这么说，既有冒东厂之名压人的意思，也是指抓人是出于东厂头头魏忠贤之命。

他这是犯了经验主义的错误。苏州不是京城，百姓不是官僚。草民又不想加官进爵，他们服气的是好官，不服的是恶政！东厂之名，臭遍天下，不提便罢，一提那还得了！

文之炳的这两句话，无异是把火种扔进了巨大的火药库！

众人闻言，都怒不可遏，纷纷喊道："我们还道是天子之命，原来是东厂呀！"

请愿领袖颜佩韦高声质问："你言东厂逮官，难道此旨是出于魏监么？"

校尉们哪见过对魏公公敢这么不敬的，厉声叱道："大胆，剟了你的舌头！旨出东厂又怎么样？"

颜佩韦再也压不住火，他回望身后千万人，举臂而呼："吾辈还当是天子下诏！他东厂何得逮官，分明是矫诏。打啊！"说罢，从人丛中一越而出，劈手夺过缇骑手里的棍子，抢起来就痛打文之炳。

打！打！打！马杰、沈扬、杨念如、周文元四人也发了一声喊，一起冲上前去，痛揍这些穿着"飞鱼服"的王八蛋。

群众早已忍无可忍，随即一拥而上，势如山崩海啸！堂堂察院衙署，顷刻之间栏楣俱断。

匹夫之怒，亦能翻天！

什么叫"汪洋大海"？什么叫"一小撮"？

这就是！

众缇骑见势不好，各个抱头鼠窜，有的逃进厕所里，有的攀到房梁上，有的躲进花丛中，但都被民众搜了出来，一顿暴揍。

一个校尉逃得快，爬到了堂后阁子的顶梁上。哪曾想顶梁晃动，他惊惧过度，咕咚一声摔了下来。杨念如一步抢上去，几下就把他打死了。

从尉李国柱被众人围殴，有人一脚踢在他头上，屐齿刺入后脑，当场毙命！

周顺昌目睹此景，心里难过。他说："雷霆雨露，都是君恩。百姓闹成这样，我一死不足惜，倘若贻害地方，如之奈何？"

他的好友殷献臣也极力劝阻群众。但是，众人正打得痛快，哪里肯罢手。大家知道毛一鹭也是阉党一伙，都恨他陷害忠良，嚷着要把这狗官也揪出来。毛一鹭大惊，官架子也不顾了，仓皇跑进内院，躲在厕所里。估计是干脆跳下了粪坑，才免于一劫。

知府寇慎和知县陈文瑞，平素爱民有道，说话还比较有市场。他们怕事情闹得太大，于周顺昌和众百姓都不利，就多次出面劝谕。待百姓稍稍息怒，赶紧派人将毛一鹭护送离开了现场。

直至半夜，民众才逐渐散去。

这就是明史上著名的"开读之变"，也是明代影响最大的一次民变。

王朝到了末世，奸臣公然践踏民意，贪官不顾民之死活，维系社会的纲常实际上已经瓦解。

民变的当日，还有一个插曲。傍晚时分，刚平息不久的人群，猛然又喧哗起来。原来是前往浙江逮捕黄尊素的那一拨缇骑，坐船途经苏州，就泊在胥门。他们对城内的民变毫不知情，还是像过去那样——我是你爸爸！大肆向地方官索取钱财，上岸去向酒家强索酒菜。

有几个刚刚参与闹事的民众走到这里，发现居然又来了一伙，上去揪住就打。有人还登上城墙大叫："缇骑又来了！"

数万民众齐声发喊，一起奔向胥门，追打缇骑。打了还不解恨，又将他们扔到河里。

缇骑乘坐的船，被众义民一把火烧掉。船里的衣冠、驾帖（逮捕证）、信牌（工作证）等等，也都被抛入水中。

几个落水狗不识水性，勉强游到对岸，刚上岸，又被农民拿着锄头追赶，慌不择路，只得又返身跳进水中，几个人抱着一块大木板顺流而下，一面张口大骂："东厂误我！"一直漂流到僻静处，才得以狼狈上岸。

这一路缇骑莫名其妙挨了顿打，把驾帖也给丢了，浙江也去不成了，只好雇了小船，连夜逃回京师。最终还是黄尊素自己投了案，这档公事才算了结。

当晚，闹事的民众散去后，寇慎和陈文瑞派人到西察院，把奄奄一息的缇骑扶起来。狗日的们被打的血肉模糊，亡魂丧胆，一听到人声稍大，就全身颤动，大呼饶命——神经都有些错乱了。

稍晚，毛一鹭也派来一队带甲军卒，围住察院，严密保护北京来的"飞鱼服"。

他怕民众再次闹事，就命将周顺昌转移到理刑公署关押，派了重兵把守。周顺昌当夜宿于署内，犹吟诵于谦的诗句："粉身碎骨浑不怕，要留清白在人间！"

民变后，苏州百姓为抗议皇帝无道，纷纷罢工罢市。

魏忠贤在苏州安插有东厂密探，目睹民变，胆战心惊，连夜屁滚尿流跑回北京去告变："江南反矣，尽杀诸缇骑矣！"

紧接着着第二拨告变的又到："已劫周顺昌而竖旗城门，城门昼闭！"

第三批告变的更是夸张："已杀巡抚，断粮道而劫粮船矣！"

坏消息接二连三传来，魏忠贤吓得心惊肉跳，坐立不安。阉党上下，人人为之震动！

那几天，整个苏州地区"举国若狂，几于不可收拾"（《明熹宗实录》）。

肇事之首、苏杭织造太监李实听说了民变的消息，惊慌失措，闭门痛哭，致使两目尽肿。

周顺昌见形势仍然危急，便对亲友们说："我若不赶快起行，祸事不已，我不能以一身而累全城！"为此，他几次请求毛一鹭等赶快批准起解，但毛一鹭和巡按徐吉疑心这是周顺昌用的计策，他们怕途中有变，不想行动。最后，知县陈文瑞以自己的官职担保，这才决定于三月二十六日晚间启程。

这夜，敲过二鼓，街上人踪渐稀，在府县派出的军卒护送下，缇骑一行乘船离开苏州北上。

出得城来，到了望驿亭，见四周都是荒郊野外，缇骑们才战战兢兢取出诏书，念了一遍，草草完成了读旨仪式。几个胖头肿脸的小子，撇下两个留在苏州的"烈士"，押解着周顺昌连夜北遁——来时的牛逼已荡然无存！

周顺昌的长子周茂兰，不忍就此与父亲永诀，徒步随船一直走到京口。周顺昌怕儿子被缇骑所害，喝令他马上返回。周茂兰只能从命，驻足远望江上帆樯远去，哭得昏死过去。

此时在北京，魏忠贤也已成了热锅上的蚂蚁。

因为这次的诬陷和逮捕，主要是崔呈秀出的主意，魏忠贤遂迁怒于崔，把这小子叫来罚跪，喝叱道："你教我尽逮五人，今日激变矣，奈何？"崔呈秀惊恐万状，频频叩头请死，被魏忠贤喝退。

阉党毛一鹭在民变平息后，也赶忙上疏告变。他担心皇上埋怨他办事不力，就故意夸大民变程度，说苏州已大有揭竿之势，不是他能控制得了的。

奏疏到了通政司（皇帝秘书处），光禄寺卿（宫廷餐饮部部长）、苏州人徐如珂得知了内容，大惊：这疏上去，不是就要血洗苏州了么？为家乡父老计，他连忙找到相熟的通政司官员，请他们缓上此疏，由他去另外想办法。

正在商议间，巡按徐吉的告变奏疏也到了。徐如珂拿过来读了一遍，见徐吉只说是士民无知狂逞，现已平息，没说是要造反，心下便一松。他请通政司的人先把徐吉的奏疏呈上去，毛一鹭的就先压一压。

民变平息的情报同时也到了魏忠贤那里，老魏这才稍缓了一口气。但一听说有缇骑被百姓殴死，不禁又恶从胆边生！

此时的朝臣，已绝大多数为阉党一伙，只恨东林不死绝。众人纷纷敦请魏公公，赶快请旨，发大兵前去苏州屠城。

徐如珂见情势紧急，忧心如焚。他突然想到，可以借顾秉谦之力去劝魏忠贤不要发飙！但转念一想，自己去求顾秉谦怕是面子不够大，就偷偷传出话去，故意让顾秉谦的家人知道："苏州人知皇上将派兵屠城，皆言：圣旨必由首辅亲拟。故拟举火焚烧顾家，然后等死！"

顾的家人闻言，大为震惊。回去一说，顾阁老也觉得非同小可，情急之下，半夜三更跑到徐如珂家里去问计。

徐如珂没别的话，只说："顾公您正当国，家乡却要兴大祸，如何向父老交代？厂臣最听您的话，何不劝阻其发兵，以平息众怒，消弥祸患？"

顾阁老是油滑之人，凡事不肯冒险，因此对苏州的家产不能不顾及。他左思右想，只有自己出面去拦阻发兵了。

于是他进宫去见魏公公，长跪不起，曰："苏州是钱粮重地，倘若大乱，国赋将如何？"

魏忠贤闻言，心中有所动，怒气稍息，答应只处死倡乱者，余皆不问（见《全吴纪略》）。

这一段情节，在《先拨始志》中则有另外一个说法——

说是这日，魏忠贤亲自去内阁指示处理办法，他对阁臣说："上怒甚，必诛尽为乱者！"

当时首辅顾秉谦因家乡发生事变而吓得病了，内阁代拟诏的是阉党丁绍轼。这个家伙还算较有头脑，他劝阻道："公误矣！京城仰仗东南漕运粮（从运河输送粮食）数以百万计，地方有事，正应示以宽大，而反以严旨激之，若有他变，谁任其咎？"

魏忠贤一时语塞，默然良久。

冯铨年轻气盛，不同意丁绍轼的说法，一把抢过丁绍轼手中的笔，要自己拟旨。但要下笔时，却心中茫然，不知如何写才好。

魏忠贤不大懂这里面的奥妙，只顾在一旁催促。

最后还是由丁绍轼拟旨，呈进天启看过后，由魏忠贤传达下来："将周顺昌逮到酌议。小民无知，为何拥众呼号，几成鼓噪，法纪安在？

果即日解散，故不深究。再有违抗，为首的定行拿究正法，且加重本犯之罪。"

这道圣旨确实相当温和。看来，统治者也有威风不起来的时候。后来，顾秉谦病愈上班，又在这道圣旨上添了"漏网魁渠"之语，为逮捕民变首领导埋下了伏笔。

圣旨一锤子定音后，通政司才将毛一鹭的告变疏呈进宫去，因而没产生什么影响。

总之，这件事，肯定是阉党内阁不愿承担屠城的恶名，怕无法向后人交代，从中起了阻遏作用。苏州人才侥幸免去了一场血腥屠戮。

毛一鹭和徐吉看到圣旨，见毫无责备之意，才放下心来。那毛一鹭的脑筋也转过弯来了：把事情说大于他们自己没好处，因此在覆奏中，就尽量往小了说。两人统一口径，说变民乃乌合之众，起哄闹事，由于抚按两台高度重视，及时果断派了官兵戒严，所以群众旋即散去，苏州社会已恢复稳定。现已责成知府知县，马上缉拿首犯。

此外，两人还把责任往缇骑身上狠劲推，说这帮缇骑身负皇命，到了苏州却不马上开读，无故滞留，勒索商民，结果激成民变。

这道覆奏上去，天启和魏忠贤终于明白苏州事件是怎么回事了，很快就有诏下来说："愚民（老百姓的觉悟就是低）狂逞，至挤伤缇骑旗校，虽说是变起仓促，然抚按等官平日教育的功效在何处？据奏犯官既已前来，姑不深究。还着密拿首恶，以正国法，不得累及无辜。"

这奏疏，不知是内阁哪个人的手笔，政策性极强。缇骑撒野惹了事，皇家面子丢不起，死也不能跟天下人说实话。因此只说"挤伤"了执法人员，死的缇骑"烈士"也就委屈点儿吧。这样，把事态的结果说小，只抓首犯也就说得过去了。不累及无辜，是叮嘱下面千万不要扩大化，万一真的激反了江南，还得我们几个老爷子耗神费力的平乱。

圣旨到了苏州，颜佩韦等五人闻知，都自动到官府投案，坦然声称："首倡是我们，胁从也是我们，切勿累及他人！"

毛一鹭将五人下狱后，仍在秘密查访，先后共抓了13个人。吴中士民见官府秋后算帐，都日夕相惊，不知要逮多少人，不知要抓到什么时候为止。有人还传说朝廷即将发兵坑杀（活埋）全城，富户们纷纷收拾细软准备逃跑。

寇慎和陈文瑞见不是事，连忙出面安抚，士民见日久无事，才渐渐安定下来。

开审时，五壮士神态自如，视毛一鹭如猪狗，斥道："你陷周吏部死，官大人小；我们为周吏部死，百姓小人大。"可怜毛一鹭，做官做到了地方大员，连做人的起码道理都拎不清，被平头百姓鄙视到这个熊样子。

面对毛一鹭的问话，五壮士不屑一顾，只扔下一句话："为吏部死，复何憾！"（《碧血录》）

10天之内，毛一鹭连上三疏，汇报审讯情况，花言巧语地哄上级，说是"缉获首难狂民，地方帖服"。

本案最终审结，毛一鹭的判决出来了：带领生员请愿的诸生王节、刘羽仪等五人被夺去生员资格；在河边暴打另一伙缇骑的戴铺、杨芳等发配边境卫所充军；颜佩韦等五壮士被判死刑。

五壮士的这个死刑，只是个判决，还留有余地，也就是待决，有时间不定的缓刑期。而且皇帝也有权改变或否定判决结果。

知府寇慎感其忠义，吩咐司狱说："此俱是仗义人，不须拘禁，即家属送饭，亦不可阻。"地方监狱本来就没有诏狱那么恐怖，再加上有知府大人的关照，五壮士好歹没受苦。

狱中有人安慰五人道："当朝首辅顾秉谦是吾辈同乡，你们或可不死。"颜佩韦叹道："顾秉谦已认魏忠贤为父，诸大臣都血肉狼藉，我们如何得免？我们宁愿从周吏部而死，不愿因奸相而获生！"闻者无不泣下（《周忠介公烬余集》）。

他们所追随的周吏部，后来果然被害死，十月，灵柩运回苏州。五壮士痛哭不止，马杰说："忠臣已死，速杀我等，好辅助他老人家做厉鬼击贼！"颜佩韦道："上奏是毛都堂，今诏下，生死都在他。我辈被杀后，做鬼也先去寻他！"

毛一鹭听到这话，大怒，不禁起了杀心。

　　这时吴中一带的情况很不稳定，顾秉谦等阁臣关于要抓"漏网魁渠"的精神又传达了下来，似有将同情东林党的地方绅士一网打尽的意思。这时候，朝廷因为民变事，换了一个新巡按王珙来接替徐吉。王珙也是个阉党，他还未到任，在京中了解到吴中的情况，就建议将五人杀掉，了结苏州民变一事。

　　不久，有圣旨下，同意执行。五壮士的命运就此被决定。

　　毛一鹭在执行时，怕再出什么乱子，就指派兵使张孝去监斩。张孝对五壮士深为敬佩，但又无法抗命，内心痛苦万分，在行刑过程中泪如雨下！

　　五壮士从容走向法场，相顾笑别。马杰道："大丈夫假若病故，则与草木同腐，默默无闻。而今吾等为魏党奸贼所害，未必不千载留名。去！去！去！"颜佩韦笑对众人说："列位请了，学生我走路去了。"

　　说罢，五人引颈就戮。明末名文——张溥的《五人墓碑记》上说他们"意气扬扬，呼中丞（巡抚）之名而詈之，谈笑以死"。

　　这篇墓志铭代代传诵，至今仍载于中学语文课本内。烈士英名果然不朽，千载之下，仍能映衬那些注定速朽的钻营之辈，是何等可笑，何等卑劣！

　　行刑完毕后，五人的头颅被挂在城头示众，有贤明士绅花了五十两银，将头颅购回，精心放置在匣子里。

　　五壮士就义前数日，恰逢大雨如注，狂风怒号，稼禾皆摧，太湖暴涨。人皆曰：此乃五人忠义感动了上苍。

　　就在烈士就义11个月后，魏忠贤轰然倒台。毛一鹭为拍马屁在虎丘给魏阉修建的"生祠"也随之荒芜。苏州人感念五人的忠义，将他们合葬在生祠的旧址上，刻石立于路边，名曰"五人之墓"。

　　明末抗清奇人查继佐，在他的史著《罪惟录》中说，颜佩韦等人不过是市井小民，连姓名都不为周顺昌所知，平日见到县里的尉簿小官，他们都会面红耳赤说不成话，可是一旦临难，气雄百夫，虎虎生风，徒手对凶顽，竟然使权珰气沮，缇骑不复出都门。这五人虽然没能让周吏部活，但却让无数像周吏部那样的人活下来了。而周吏部因有了这五人则不死，虽死而犹生！

他的话，说得透彻！缇骑自从在苏州挨了一顿痛打后，吓得再也不敢出京城半步，魏忠贤也不敢再兴如此的大狱，不知有多少东林正人，在此之后得以保全。

匹夫一怒，血溅三尺，就是秦始皇也要退让三分。

"七君子" 碧血丹心永照青史

似魏忠贤者流，无才无德，靠权术起家，赖昏庸皇帝提拔，狗屎临头，侥幸爬到了高位。他不会知道，这不过是畸形政治下的蛋。反而产生了巨大的权力幻觉，以为自己具备了某种天才，天下事没有他摆不平的。

这种家伙，既没有国家观念，也没有民本意识。尽管是在一人之下，万人之上，其胸襟也还是一个市井无赖之徒。"水可载舟，亦可覆舟"，像这样最浅显的治国之道他都不懂，动不动还想以屠城来泄党争之忿。那么，他所做的一切，其荒诞无耻，其逆民心而动、背潮流而行，也就毫不奇怪了。

逮捕周顺昌，在苏州遭到强烈抵制，并不是一个孤例。魏忠贤的倒行逆施，所触犯的已不仅仅是官僚集团内较正直一派的利益了，他是在与民众直接对阵。

魏忠贤的专权，迄今为止节节得胜。他环顾海内，也许感觉已无对手。看吧，天下噤口，君子毙命，官场惟余无骨的小人。

但这种情况的背面所潜伏的危机，他感觉不到。是啊，此时此刻，谁还有力量能掀翻他？

在古代历史上，皇权就是独裁，因此独裁不是问题的症结。问题在于，要想独裁得安稳一点儿，就要把老百姓的意志当回事。给他们饭吃，让他们气顺，大厦的基础才能牢固。

就算是皇权政治中的天才，一旦把百姓当猪狗，杀之、困之、镇压之，也就离瓦解之日不远了！天才，救不了暴虐统治的命。

因为，在政治这个天平上，民意才是最大的砝码！

魏忠贤胸无点墨，他不懂历史。魏忠贤是靠拍马起家的，他没见过"民不畏死"是个什么样子。

他不知道，历史绝不是一条"静静的顿河"。它总有令人意料不到的转折处。当这种转折一旦降临，要致他于死命的人，打的就是民意这张无敌王牌。

他脚下的基础，在逮捕七君子之时，就已经开始摇晃。

早在逮捕周宗建的时候，吴江县就已经发生过万民号泣相送的场面。

在苏州民变的同时，常州也有士民万人恸哭于道，挽留被缇骑逮走的李应升。这与苏州的情形非常相似。

当时李应升听说逮报已到，就穿上囚服，自行来到解所候命，神态自若。有人问他："可曾与家人作别？"他慨然答道："我志在以身殉国，安能恤家也！"

这就是成语里所说的"义无反顾"，决不回头再看一眼。

当知县带着公文一到，他就随同一起去了府城。常州知府曾樱，慕其忠义，特地到他坐的船上看望他。此外，几位好友也事先来到南察院，与缇骑们商议贿银数目，以免李应升途中受苦。

后来北行到达武进后，李应升的业师吴钟峦不怕受牵连，留李在自家住宿，两人作慷慨诀别。李应升感念身世，心情极沉痛，叹道："世道如此，读书何用？我叫儿子不必读书了！"老师说："书何必不读？只是不能像你那样真读书。"李应升抬眼望望，此时置身的小亭上，有匾额题曰"清风亭"，他顿然振奋，曰："此去必不让此亭笑我！"

临别时，他还向老师要了一本袖珍本的《易经》，准备在路上和狱中研读。

三月二十一日，在开读的那天，常州也有令人激动的一幕。南察院前，聚集了数千士民，填街塞巷，马不能前。众人愤怒高呼："李官忠臣，何忽见其就逮？"（《三朝野记》）

一些士民手持短棍，鼓噪道："入宪署，杀魏忠贤校尉！"周围民众齐声呼应，訇然有如雷鸣。

一个卖甘蔗的少年，仅十余岁，当街大呼："我恨极矣，魏忠贤杀却江南许多好人！"说罢，奔跑到一个肥胖校尉身后，撩起他的"飞鱼服"，一刀就割下一大片肉来，扔到地上让狗争食。

见此壮举，民情顿时汹涌，人人疾呼击杀缇骑。校尉们吓得魂飞魄散。

知府曾樱闻讯，连忙赶到现场劝解，同时又请出了李应升。李应升向众人拜求道："诸君诚然是爱我，但为何要蔑视朝廷？"他再三劝解，众人才渐渐散去。

当下，曾樱安排缇骑转移到东察院去住，并派了重兵护卫。在开读诏书时，怕发生意外，将大门紧闭，不准闲杂人等一人入内

这一伙缇骑，不仅尝到了甘蔗刀的厉害，同时也听到了苏州民变的消息，知道那里的同事脑袋都被踩爆了，着实害怕了，对李应升未敢有任何刁难。三月二十三日，一行人悄无声息地押着李应升北上了。

此次缇骑南下，任务是逮回五人，共有四人被逮到或者自己投案，却有一人没有逮到。这就是大名鼎鼎的高攀龙。

缇骑来到无锡后，准备三月十八日开读，有人把这消息告诉了高攀龙。此时他已无欲无求，完全超然于物外。

十七日一早，高攀龙去参拜了宋儒杨时的祠堂。杨时是宋代大儒程灏、程颐兄弟的门徒，是"二程学说"的正宗嫡传，也是宋代东林书院的创始人。

而后，高攀龙便与自己的两位门生和一个弟弟，在自家后园池上饮酒畅谈。

当他听到周顺昌被逮的消息后，淡淡说了一句："吾视死如归尔，今果然矣！"之后，与家人谈话，平静一如往常。

他写了一张纸条，封好，交给儿子世宁，说："明日若事急，可打开。"然后叮嘱家人："勿急，我欲静思良策，明早处分，当无大祸。"说罢，将所有家人遣出，闭门独坐。

到夜半时分，他整好衣冠，向北方三叩首，然后来到后园，纵身跳入池中自尽，时年 65 岁。

家人于后半夜不见屋内动静，连忙撞门而入。见室内只有一灯荧然，高攀龙人踪不见，便急忙四处寻找。最后在后园发现高攀龙人已在水中，面向北，双手捧心，屹立不动，死了多时了。

令人奇怪的是，他衣衫整洁，仅湿了下半身，且未沾染污泥，口中也未进水。所以，乡人都传说，高大人并不是淹死的，而是魂归于自然，与天地万物合一了！

打开他临死前写的纸条，原来是遗疏一道，是让家人递上去的。里面说："大臣受辱则辱国。谨北向叩头，从屈原之遗则。君恩未报，结愿来生！"（《三朝野记》）

此疏在亲友乡邻间宣读时，闻者无不潸然泪下！

宵小当道，正人途穷，天地间竟容不下一佼佼者在。

高攀龙就这样驾鹤而去，其余六人则在诏狱中遭受了与六君子同样的命运。

周宗建、缪昌期是最早被逮的，押解至京后，立即送入诏狱严刑拷问。

四月，李应升、周顺昌被押解到京。而逮黄尊素的那一路缇骑，在苏州挨打后逃回，黄尊素自己投到官府候命。

此外，还有逮周起元的那一路，也同样遇到了麻烦。据《漳州府志》载，缇骑到了漳州后，地方官员听说退赃即可赎身，就把这话放了出来，家乡父老立刻在四个城门设立了募捐柜，筹款还赃，"不数日钱满，士民如数交迄，缇使也为之感动"。

不过这个记载恐怕有误，因为周起元在巡抚苏松十府的时候，既得罪了李实、又得罪了毛一鹭，所以被安的赃银最多，达十万两之巨，比直接得罪了魏忠贤的还厉害（再次印证了"阎王好惹，小鬼难搪"之定律）。漳州虽有海运之利，但士民一下凑齐这么多钱，怕是不大可能。

所以，极有可能是如《罪惟录》所说，这是大家凑钱来贿赂缇骑的。周起元在巡抚苏松二年中，为百姓做了许多好事，离任时，"吴人无老少皆随送，涕哭声塞市"。家乡人也以他为荣，他一出事，来捐钱的络绎不绝。有老妇人取下头簪扔入；也有轿夫在抬客人的时候，特意绕个弯过来，捐出十几文工钱。最终凑齐了贿银，打发了缇骑。

这一路也险些出了大事。有一义士在城中奔走呼号，聚众为周起元鸣冤。百姓围住衙署，怒不可遏，差点儿就要痛打缇骑夺人了。

周起元连忙跪求众人："父老爱我，勿陷我不义！"民众才罢了手。

此时苏州民变案已轰动全国，作为专政机关的缇骑，彻底被人民群众打服了。逮黄尊素的那一拨，死也不敢再南下；准备押解周起元的这一拨，也不敢带着人上路。

这两个犯官如何办？成了烫手的山芋。魏忠贤也不敢再来硬的了，怕再次激起民变，万一天启脑筋开了窍，将危及他自己的权势。于是，经过研究，让天启下诏，改由当地巡抚派人押解。最后的这两人，分别在五月和闰六月才押解到京。

在六人陆续下狱后，曾有阁臣上疏请求，在镇抚司审过周宗建等人后，尽快将他们移交刑部议罪。为阉党所控制的内阁为何有这样的提议，不得而知。也许是为掩人耳目，也许是想推卸谋害忠臣的责任，总之很蹊跷。

但是天启充耳不闻，也可能是魏忠贤早给他进了言，就是要把此案连带六人的命在诏狱里面了结。

皇上没发话，魏忠贤却发了话，他严禁将一人发往刑部。

后来有狱卒偷偷透露了一些，说六人死状极惨！

忠魂无归处，不见"燕客"来！

七君子中的狱中诸人，在生命最后关头的抗争细节，永埋黄土，这是最令人慨叹的一件事。

从天启五年初以来兴起的两次大狱，把东林党在朝中的势力基本赶尽杀绝。在肉体消灭和思想控制两手并用之下，士大夫或是公开投靠，或者百鸟压音，"举朝结舌，而谄谀颂德之风纷起。"

在最黑暗的时代，却到处都有颂歌盈耳。这样的怪事，恰好说明凡有"老王卖瓜"的地方，必是恶政横行之处。

　　天启这个傻皇帝也很高兴：魏公公种的瓜，真是越来越甜了！他乐得耳根子清静，不用再听东林党人的噪聒了。

　　——盲人骑瞎马，夜半临深池。路走歪了还不许人家警告，警告就是别有用心。愚人做事，大抵如此，你跟他理论是没有用的。

　　真正能让他清醒一点的就是民意。天启六年三月间的苏州民变，给阉党的全胜投下了挥之不去的阴影。

32
在悬崖绝壁上的政治狂舞

这时候的魏忠贤正是踌躇满志。

——放眼看去，只见天低吴楚、众生匍匐，真是几千年未有的好日子。

好虽是好，但他也知道，高处是绝壁。要维持住当前这地位不坠，对上要死死控制住皇帝，对下要让老百姓服服帖帖。对上倒好办，宠着那半傻的皇帝玩就是了。麻烦的是对下，靠感化、靠恩德是不行了——老百姓能相信有杀人如麻的菩萨吗？

只有使用恐怖手段！

魏忠贤专权，一方面滥施淫威，以镇压之权防人之口，谁也不许说不好；另一方面，又贪功冒赏，要把世间的好处一个人捞完。

按他这种人的习惯思维，功劳不是靠才干、靠勤勉奋斗出来的，而是靠狗仗人势、巧取而来的。

特别是自天启五年（1625）坐稳了位置后，无论朝中还是边境，凡诸臣有功，他必居首功；有赏，他必得其上赏。

天启六年（1626）正月，袁崇焕获"宁远大捷"，努尔哈赤被明军大炮击伤，不久郁闷而死。魏忠贤在此事上寸功未立，却加恩三等。荫其弟侄一人世袭都指挥使；其侄魏良卿为肃宁伯。心腹党羽毛也各有赏赐，惟大功臣袁崇焕赏赐却甚薄。后在舆论压力下，才升袁为兵部右侍郎。

兵部右侍郎不过是兵部三把手，不知全明朝还有几个用兵能超出袁崇焕的！

越是能干的，就越往后排，这也是庸官用人的特色之一。但是打仗是关系到明朝国运的事，魏阉之流荣华富贵全赖国运，他们这样用人、这样办事、这样考虑问题，真是蠢到了家，好像就怕明朝不早亡似的——正人君子其实不该忧愤，只管看热闹就是。

时隔不久，魏忠贤又进封宁国公，魏良卿加太子太保，4 岁侄孙魏翼鹏封平安伯，3 岁侄儿魏良栋封东安侯。

真个是：赌徒出身，文盲学历，一门公侯！

你能怎样？

——生于浊世，要是太认真了，不等人家把你整死，气也要气死了。

袁大人被压制，完全是功臣之悲。真是卖命的不如玩狗的。

那一仗，打得不容易。魏忠贤提拔起来的兵部尚书高第，在天启六年（1626）正月得知努尔哈赤大兵出动，闻风丧胆，下令全线撤回山海关，连十多万石军粮都扔掉不管了。只有袁崇焕拒不从命，决心独守一座孤零零的宁远城。

正月下旬，努尔哈赤率 6 万余八旗健儿逼近宁远城，号称 20 万大军，而袁崇焕麾下守城的明军仅有 2 万。袁崇焕写血书誓与城池共存亡，将城外居民动员进城，房屋粮食烧毁，坚壁清野。

宁远城上，还置有 11 门西洋"红夷大炮"，严阵以待。这红夷大炮，是购自澳门、由葡萄牙制造的新式大炮。

二十四日，后金大兵摆开攻城架势，袁大人纹丝不乱，只与一名来"天朝"办事的朝鲜国翻译韩瑗在城头阁中，谈古论今，大有诸葛孔明之风。

"俄顷放一炮，声动天地，瑗怕不能举头。崇焕笑曰：'贼至矣！'乃开窗，俯见贼兵，满野而进，城中了无人声。"（朝鲜李星龄《春坡堂日月录》）

宁远，仿佛一座深不可测的空城。

总攻开始后，后金军人马有重铠，前锋有战车。一时箭飞如蝗，宁远城上，箭簇密如刺猬。

待敌逼近，明军的西洋大炮开始发言了，每炮一响，烟雾飞腾，后金军里必是一片死伤。

但后金军拼死的劲头也真是了得！有少数战车冲到了城下的炮火死角，突击队员开始猛凿城墙。时间不长，就有三四处地方被凿通，情势危矣！

袁大人稳如泰山：你有拼死精神，我有经济规律。他命人把官库中仅有的一万两银子搬上城，凡击倒一敌，当场即赏银一锭。士卒精神大振，无不用命，有面中流矢亦奋勇不退者。

袁崇焕还亲自挑土堵塞缺口，一不小心中箭受伤，就撕下战袍一角裹上再干。主将如此，士卒哪里还肯退后！

明军还将一些被褥里包上火药，从城头扔下。当时正是寒冬腊月，估计后金的后勤保障也不大好，一见有免费的好货就纷纷上去抢夺。待城头一放火箭，下面的被褥立刻腾起一片火海，后金战车尽被烧毁，人也烧死不少。凿城运动完全失败。

这一天一直打到夜里二更，"城上一时举火，明烛天地，矢石俱下。战方酣，自城中每于堞间，推出木柜子，甚大且长，半在堞内，半出城外，中实伏甲士，立于柜上，俯下矢石。如是屡次，自城上投枯草油物及棉花，堞堞无数。须臾，地炮大发，自城外遍内外，土石俱扬，火光中见胡人，俱人马腾空，乱堕者无数"。努尔哈赤见城下战士死尸枕藉，心为之沮，只得收兵。

第二天，再来一遍。努尔哈赤亲自督战，集中大股兵力攻城。袁崇焕登上城楼了望台，监视后金军动向，等到后金军冲到逼近城墙的地方，才命炮手瞄准敌人最密集处发炮。"炮过处，打死北骑无算"。

这一天，后金阵中有一位非常重要的人物中炮（具体是谁不明），有关史料均有提到：炮击"并及黄龙幕，伤一神王。北骑谓出兵不利，以皮革裹尸，号哭奔去。"（《蓟辽经略高第奏报》）"奴贼攻宁远，炮毙一大头目，用红布包裹，众贼抬去。"（张岱《石匮书后集》）

据推测，正在督战的努尔哈赤大概也是在这一天负了伤。

无敌八旗,此时已被明军吓得魂飞胆丧,任凭军官如何挥刀督战,一到城下掉头就跑。这一天,激战最为惨烈。到晚上,后金军基本上是不行了。

第三天,正月二十六日,后金军虽然还围困着宁远,但都离得远远的。一靠近,西洋大炮就是一顿猛轰。

努尔哈赤完全没了主意。后来偶然发现附近的觉华岛上有人烟,就派偏师一支(蒙古军)去攻打。

岛上有七千明军,是负责看守岛上粮草的。由于装备不足,且是水军,战斗力不强,最后全部阵亡。其余七千商民也全部被屠杀。

努尔哈赤心里才算是稍微平衡了一点儿。

大战三天之后,努尔哈赤知道斗不过袁崇焕,只得撤军。到二月上旬,大军全部撤过辽河以东。袁崇焕"凭坚城、用大炮"的守城战术大获全胜!

当初"宁远被围,举国汹汹"。如今宁远捷报一到,京师士庶,空巷相庆。天启也下旨称:"此七八年来所绝无,深足为封疆吐气!"

天启七年(1627)初,后金皇太极发兵攻朝鲜,约6万大军跨过鸭绿江,把朝鲜一举打服。

这一时期,袁崇焕一面与后金议和,一面争取时间抓紧修建锦州,中左所和大凌河三城,把防线向前推进170里。天启也完全赞同这种暗渡陈仓的办法。

皇太极发现了明军的这一动向,觉得三城若是建完,无异是钉在自己脑门上的三颗钉。于是就趁在朝鲜大胜之机,发6万大军,从沈阳出发,渡过辽河,于五月十一日包围锦州。

明军守卫锦州的是赵率教、守卫宁远的是满桂等人,袁崇焕在宁远指挥全局。袁崇焕一贯主张"守为正着",以坚城利炮,对付后金铁骑攻城,是以强项对弱项。因此各城只须守住,不须救援,不给敌人野战的机会。

天启也很赞同这一战略,并且他还看好宁远才是山海关的屏障,责令袁崇焕本人不得离开宁远一步。这样即便锦州失守,宁远也决丢不了，从而动摇不了根本。

在宁锦一线，天罗地网就这么摆下，等鱼上钩。

皇太极这人，比他老子努尔哈赤的功夫差得远，在 24 天之内，与明军大战 3 次，小战 25 次，一点儿便宜没捞着。其间在锦州和宁远来回跑了一圈儿，两围锦州，攻而不克，中间又偷空去了一趟宁远，就更不能得手了。

比较惨的是六月四日第二次打锦州。明军用西洋大炮、火炮、火弹和箭、石组成火网，后金军连城墙边都靠不上。

后金突击队员冒死以车梯强渡护城壕，被火炮轰死无数，城下尸积如山，一仗就死了 3000 人。士卒回营后，抱头大哭，如丧考妣。

皇太极知道再打也是白死——继承了皇位不一定能继承天赋，何况老爹都打不赢袁崇焕。当天夜里，就撤军了。

此为"宁锦大捷"。

在两次大捷中，天启皇帝头脑相当清醒，用人不疑，指挥若定。后勤、兵员保障都很及时。要是给他记个功，那还差不多。但此次魏忠贤又贪天之功为己有，还指使其党羽攻击袁崇焕"不救锦州为暮气"，污蔑袁崇焕与后金议和导致朝鲜被攻。甚至连撤消宁锦防线的议论都出来了。袁崇焕不服，上疏乞休。

天启这时候也翻了脸，不承认自己曾同意议和。袁崇焕只能凄凉返乡，回到东莞水南，

到七八月间论功，举朝又是盛赞魏公公英明，吏部尚书周应秋称："厂臣壮志吞胡，赤心报国……将洗三朝未雪之恨，褫十年匪茹之凶。伟哉，浴日补天！允矣，安内攘外！"其余的，也大都是这个调子。

顺理成章，魏氏一门又是一番厚赏。魏良卿甚至封成了太师，这叫什么事！就连张居正也只是在临死前几天才得到这份荣誉。

蚂螂之子，仅为太师！

天下沐猴而冠者何其多也，不过像这样低劣的猴，像这样吓人的冠，大概三千年中绝无仅有。

那时，首投魏忠贤的阉党分子霍维华，已经当到了兵部代理尚书。

他从其爱妾的弟弟那里听说，天启已病入膏肓，活不长了，就起了背离阉党之心，想悄悄为自己谋个退路。于是上疏，请将给自己的恩荫，转给袁崇焕。气得魏忠贤矫诏骂他："好生不谙事体！"

老魏哪里知道，霍维华要的就是这一效果！

魏忠贤不仅要抢军功，其他的功劳——缉奸功、殿功、陵功等，一样也不放过。

天启六年三月，辽东人武长春在逛妓院时，一时高兴放了些狂话，讲到了辽东边境明军与后金军作战的情况。他哪知道，就是在窑子里也有东厂眼线，结果被东厂逮入诏狱。

只要落在了许显纯的手里，老母鸡也得变成鸭。一顿严刑拷打之后，武大嘴承认了自己是后金奸细。恰在此时，明军在辽东前线有小胜，捷报驰入京师。许显纯趁机为魏公公邀功，上疏说："长春敌间，不获且为乱，赖厂臣忠智立奇勋。"说这个间谍要是不抓住，那得惹出大祸来，全赖魏公公大智大忠立下奇功！

这功立得也确实够奇的。天启一高兴，封魏良卿为肃宁伯，赐宅第、庄田，颁铁券。吏部尚书王绍徽还嫌这不够，赶紧献媚，说应该追封魏公公的祖先。天启就一口气追封魏忠贤的四世祖先为肃宁伯，这才叫"祖坟冒青烟"了。

可怜这武嫖客，一张臭嘴惹来身受磔刑，连骨骸也回不了家乡了，只便宜了魏忠贤一门老小。

就连天启皇帝完婚，魏公公也有荫封，不知他这"空前绝后"的老家伙对这有什么功？

此外，凡是重大工程完工，魏公公都少不了有封赏。天启五年（1625）正月，泰昌帝的庆陵修好，魏忠贤荫都督同知。天启六年（1626）九月，皇极殿落成，魏忠贤晋升"上公"，加恩三等，赐田二千顷。就连王恭厂大爆炸，都有人上疏请论魏忠贤"救火功"，结果还真的就有封赏。

这样的冒功无计其数。真个是"今日荫金吾，明日拜崇侯"，"一门之内，锦衣三十余人，公侯七人"，猪鸡猫狗，一齐升天！

　　整个魏氏家族，只要能沾点儿亲的，叔侄孙甥，无一不封。魏良卿原来不过是一市井佣夫，也就是街边找零活儿干的雇工，后来又卖过菜。到今日，封伯封侯，加太师、赐铁券（免死牌）、乘大轿，又代皇帝去祭天、祭祖宗。以致天下人都疑心：魏公公这不是想要篡位么？

　　这个魏良卿的发迹史，史上独一无二，可列为中国历史上最"成功"的草民。

　　对于魏忠贤的历史作用，在明末就已有定评，阉党残余在南明小朝廷时期，虽也曾一度翻案，却只能越描越黑。

　　但是近些年来，国人思维日渐活跃，有些年轻人喜欢做翻案文章。不管是现代思维也好、是逆反心理也好，总想说魏忠贤没有那么坏，且有治国能力；说东林党无能且小肚鸡肠，甚至说天启时代的东林党人私德也很糟糕，与阉党半斤八两。

　　这些新鲜之论，不过是逞一时口舌之快。想要彻底翻掉这个案，一是要有证据，二是要合逻辑。

　　东林党固然有偏激和策略失误的问题，但作为政府官僚，绝大多数是正人，能够做到清廉、爱民、不谄附恶势力。在任何时代里，能做到这三点，就是好官，无须其他技巧技能或者风度。他们虽然迂腐、固执、对人品要求太苛刻，但这些，都不是罪恶！

　　东林的六君子也好，七君子也好，若有一人像阉党那样半斤八两，何至于被追比成那样也交不够钱？他们不过是退休官员，无权无势，又怎么能赢得百姓舍命保护？

　　设身处地地想，我们自己大多都愿意"父母官"是个好官，恐怕没有什么人喜欢官员越坏越好。如果有人喜欢，其身份大抵是投机钻营者，那也无须来关心这段历史了。

　　所以我说，有一种东西叫公论，这东西就是历史的慧眼。是非善恶，瞒得了一时，瞒不了一世。

　　我们再来看看魏忠贤的作为。他在政治舞台上蹿红有七年时间，真正当国有两年半多一点儿。这个人，究竟有哪些经天纬地之才，我看不到，也推论不出来。

前面我已讲过，他所干的，无非是杀忠臣、驱良将、骗昏君、霸朝堂。对忠良的戕害，起的是离散人心的作用。对大明来说，罪莫大焉！朝中乌烟瘴气，朝廷的公信力也就贬值到一文不值，社会逐渐呈现解体之势。要知道：民心散易，复聚难矣。

一个代表公平正义的朝廷，却以无上权威干了那么多坏事，那不是皇帝下个罪己诏或者新君即位就能洗白了的。

人心是白纸，对你的点点滴滴恶迹，都记得一清二楚。民众对朝廷的认同感一旦完全消失，政权也就如沙上筑塔，眼看着就是——"倒了！倒了！"

我极力想在历史的边角里，找到关于魏忠贤对明朝做的好事实事。但没有。没有就是没有。一个人若是好，不是某史家的一枝笔就能埋没掉的。况且，古代人的"史笔"，也不像我们想的那样可以随心所欲。

我在这里把史料上记载的魏忠贤做的"好事"，尽可能地凑一凑，看他是否功大于过，或者可以两相抵销。

一、魏忠贤救火。天启六年（1626），御马草场——天师庵草场失火，火势凶猛。魏忠贤亲自督率内外官员救火，三日方把火扑灭。据说他还亲自端盆浇了水。但是，当今也有史家认为，他大可不必亲自动手，其目的还是出风头、想捞取封赏。

二、魏忠贤节约。他曾经下令取消后宫长街的路灯，以此节约灯油。但也有人认为，这样做，是为了方便他和他的爪牙晚上在宫里干坏事。

三、魏忠贤搞旧城改造。由于万历怠政，紫禁城内多处建筑颓败荒凉，内金水河也完全淤塞，成了互不连接的小水洼。魏忠贤亲自抓改造，将破败建筑修理一新，金水河也得以全部疏通。

四、魏忠贤为前线筹集马匹。辽东战事吃紧，急需马匹，但这个问题一直难以解决。魏忠贤为国分忧，想了个好办法。依明朝旧例，大臣有特殊贡献者可赐给在宫中骑马的特权，不过，作为条件，骑马者逢年过节要向皇帝进献好马一匹。魏忠贤就一下子赐给几百名太监在宫中骑马的特权，而后就不断地降谕旨进马，逼得这些太监直骂娘。

当然，人家也不是吃素的，你要马，我就花少少的钱买一匹老马病马来应付。马匹交到宫中后，又没有人好好喂，等分配到前线的时候，那是随到随死，哪里做得成什么战马？倒是可以常见军士们改善生活，大嚼马肉。

五、魏忠贤对待公文非常"认真"。魏忠贤的官职是秉笔太监，但他同时又是个文盲，这一对矛盾集中在他身上，却也没难倒他。《酌中志》说"魏逆不识字，从来不批文书"。他看文件，掌握朝中大事，是靠听人家朗读。由于他"颇有记性"，又"担当能断"，所以他比天启还是要"勤政"得多。

可是，一个不称职的人骤居高位，抛开党争的偏见不说，就他那点儿能力，在政务上也常出笑话。天启六年初，兵部请示，要把蓟镇镇虏关的提调（武官名称）董节，升为都司佥书衔，兼管一个军事单位的"游击将军"事务。可是，报告到了魏忠贤这儿，发现了有问题。他了解到，提调这一级别与游击将军之间，中间隔了一级。此人为什么会跳级擢升？他认为必有隐情（行贿了），于是降旨责问。

兵部很快就有了解释，说都司佥书一职历来很少有"实缺"，就是说这仅是一个官级，往往没有可以实际负责的事务，所以提调一级的武官任满升职，都以都司佥书一职兼管游击将军的事务，这是惯例，并非跳级。

但魏忠贤是不肯认错的——上级领导怎么能有错儿？他矫诏把兵部主管武官人事的职方郎中余大成削籍为民，把人家的干部资格都给剥夺了。兵部尚书王永光急了，再次说明情况，为余大成讲情。但魏忠贤还是不听，训斥兵部，今后提拔武官要"循级序升，不得越次兼管"（《明熹宗实录》）。

此谓典型的"以不知为知之"。

在这前后，还有一件类似的事，倒霉的是阉党的一个小喽啰——礼科给事中李茂恒。李茂恒写了一份奏疏，里面有一句话是"曹尔桢整兵山东"。魏忠贤一听：不对！这个曹尔桢刚给我送过一个大红包，我给了他山西巡抚的位置，他原是民事行政官，只有到山西当巡抚（军民都管）才可能整兵，怎么在山东就整兵了？哼，读书人，连山东山西都分不清。在"领导班子"朱批的时候，他就吩咐要批评一下。

偏偏这个小小阉党李茂恒，非要坚持原则：我他娘的就是没错！上疏辩解说，曹尔桢原为山东布政使（民事省长），虽然已经升职山西，但还未到任，不可能在山西干什么事。而年初辽东有警（皇太极要挑衅），兵部曾经令曹尔桢督促地方部队戒备，所以说"整兵山东"没什么错儿。

这一说，还得了！这不等于说我魏某人是白痴么？于是魏忠贤矫诏，斥责李茂恒"不恭"，也给削了籍。对李茂恒来说，是九十九个头都叩了，就差这一个不肯叩，好不容易混成个阉党，却把前程给毁了。

以上所列，就是魏忠贤屈指可数的"政绩"。要说他有才能，也就这一点儿。须知，干部选用，必由正道，是千年可循的规律。天启把这样一个文盲加流氓的人硬给提到国家中枢位置，能干成什么样，那是可想而知的。

大明这辆疯狂马车，在他的驱赶下，不朝悬崖狂奔才是怪了。

魏忠贤，究竟好在哪里？

国家的事，天启皇帝愿意交给他去折腾，也就罢了。那么魏忠贤的私德如何？

他是个太监，生活作风方面的问题不大，关键是在当今国人比较敏感的贪污受贿问题上。

魏忠贤位居一人之下，操控用人大权；加之旧时官员任命权力又集中在中央，因此要想当官的，必须奔走其门。索贿受贿这一条，魏忠贤他跑不了。逢年过节或者过生日，就更是公开收受。阉党阁臣魏广微有一年冬至忘了给魏忠贤送礼，惹得老爷子大怒，埋下了日后失宠的伏笔。

明代的开国皇帝朱元璋是个受过大苦的农民，出于对官僚腐败的痛恨，他制定的俸禄标准出奇地低，甚至低于最低生活保障线。这就必然引发官员大面积的灰色收入。比方，正统年间御史陈泰说："今在外诸司文臣去家甚远，妻子随行，禄厚者月给米不过二石，薄者一石，又多折钞，九载之间，仰事俯首之资，道路往来之费，亲故问遗之需，满罢闲居之用，其禄不赡，则不免失其所守，而陷于罪者多矣。"

钱不够用，就只好贪污，这也是人性化的表现，不必掩盖这一点。

明嘉靖以前，由于士风较正（明朝士风之正与邪，都属历代罕见），对贪污受贿尚有所遏制。

到嘉靖这个昏庸皇帝上台，重用奸相严嵩，满朝贿赂公行，官场风气一溃千里。史称嘉靖时期"贪官暴吏，布满中外"；嘉隆以后，更是"惟贿是举，而人皆以贪墨以奉上司"。官场"礼义沦亡，盗贼竞作"。张居正整顿之后稍好，到魏忠贤起，贪风又大盛。买官卖官猖獗不可收拾。

大概情况如何呢？崇祯元年（1628）户科给事中韩一良曾上《劝廉惩贪》奏疏，从中可见一斑。他说，想当都抚此等地方大员，没有五六千金就不要想；道府美缺（省市级别的好位置），非得两三千金不可；一直到州县各官，都有定价。

官职有定价，这已和严嵩时代一样了。特别是大批谋到了官的人，"原以钱进，安得不以钱偿！"这道理，今人不用点拨就会明白：既然花钱买了官，就要加倍赢回来。怎么赢？古今都是同样的办法——"侵渔百姓"！

韩一良是个本份人，他如实报告：即使像他这样"绝无交际之人"，曾有两个月内，就退还了别人贿金五百两。他是个多大的官儿？从七品，就因为能够参与官员的考核，便有人送钱。两个月五百两！所以他在奏疏慨叹："他可知矣！"其他人怎么样，可想而知。

这样的老实人，大概只有明代才有。"绝无交际之人"——想想看，诸位是否可曾遇到过？

再回想阉党给魏大中栽的赃，不过三千三百两；给黄尊素栽的不过二千八百两。诸君子过去要是有心捞的话，这点钱，最多两年时间就捞足。从这上，也可看出东林诸君子实在是太本份了！

魏忠贤总共收了多少？因为他死后定的是"逆案"，崇祯皇帝算的是政治帐，似乎没有太在乎财产统计，其家产在乱中也散失、转移了许多。但他失势后仓皇出京，随行携带的金银珠宝有 40 辆车。事急的时候，为贿赂崇祯身边太监徐应元，一次就送给人家私宅 30 余所，连带里面的财产与佣人。

——对比一下，他和东林党君子的经济情况，何来"半斤八两"？

而且阉党不是他一个人，而是一个集团。人人都贪，少有例外。这一伙蝗虫总不是造钱的吧，无非是上啃国家、下吃百姓。

魏忠贤的第一文官走狗崔呈秀，原本就是因贪污被劾，才跟东林党闹翻的。投阉党后，"负忠贤宠，嗜利弥甚"，收受的稀世珍宝无计其数。

那个把"好粥"听成了"好竹"的周应秋，是因为向吏部尚书赵南星求官被拒绝，而和东林党闹翻的。杨涟、左光斗被害死后，他兴奋异常，深夜才回家，把睡在自家的一位客人叫醒，大叫："天眼开，杨涟左光斗死了！"就这么个臭名昭著的"煨蹄总宪"，在当上吏部尚书后，天天与下属文选郎李夔龙商量，怎么卖官，怎么索贿，怎么敲诈百官。还定了指标——"每日勒足万金"！北京城里都叫他"周日万"（《三朝野记》）。

这个贪污集团，不仅仅是他们本人，还包括他们的三亲六故，也都为人奔走，放手受贿。社会资财，就这么源源不断流向一个特定的集团。

贪官们要贪，必然会排斥正人进入这个集团，以免妨碍他们作恶，这就导致吏治败坏。吏治一败坏，国家受害，百姓受穷，中央权威失去公信力，社会矛盾尖锐化，也就是所谓的"国将不国"。这就是阉党给明朝带来的最大祸患。

魏忠贤，何"治国才能"有之？

现在我们大概可以理解了：东林人近乎苛刻的用人标准，是有它一定道理的。官员队伍，一定要是清流，国家才能正常运行。这条河要是浑了，臭了，腐了，国家的气数也就快到头了。

魏忠贤不仅受贿，还有强抢人家财产的恶行。行贿受贿毕竟是一个愿打，一个愿挨，而看见民有财富，就出手抢，这基本就是官式的土匪了。

这里要说的，就是天启六年（1626）年轰动一时的徽商吴养春"黄山大狱"冤案。

吴养春是南直隶徽州歙县（今属安徽）人，早在万历年间他家就是雄踞两淮的大富豪。其产业覆盖范围，北到京津、南至两浙，各大商埠均有商号，经营范围涉及盐业、典当、钱庄、珠宝、绸缎、木材等。可谓家资钜万，富可敌国。

他祖孙三代又是书香门第，家筑藏书阁，一边经商一边苦读。日本入侵朝鲜时，明朝出兵援助，其祖父吴守礼捐银三十万两助饷，万历皇帝一高兴，特赐"徵任郎光禄寺署正"；赐其父吴时佐"文华殿中书舍人"；吴养春本人和其他兄弟三人也同被赐荫官中书。这在当时是一件盛事，史书上有"一日五中书"之称。

安徽的黄山，那时候是他家的私产，方圆三百六十里，三十六峰囊括其中，占地二千四百亩。这一片山上树多，每年采伐卖的钱据说起码有十二万两。

这吴养春财大，本身又有官衔，明代是不禁止官员直接经商的，所以他有权有势，一般来说不会有什么问题。但是，倒霉是自内斗起。他与从弟吴养泽因黄山的产权起了纠纷。两人之间的诉讼经年不息。

黄山这片山场，是吴养春的父亲吴时佐留下的。哥儿俩争讼时，地方官府曾有"一半入官"之议，但奏报上去后留中未发，也就是不知为何皇帝压下了没批。最后因为吴养春财大势大，赢了官司。吴养泽因为败诉给气病了，不久死去。

这样的事情，不要说在"衙门口朝南开"的皇权时代，就是今天也不难理解。他吴养春错就错在不懂"退一步海阔天空"，况且是自己的亲属。他非要赢者通吃。

弟弟吴养泽是"人为财死"了，他有个忠实家奴吴荣为主子不平，继续告状。

吴养春不怕这碟小菜，一顺手就以"奴仆告主人罪"，把这楞小子送进了大牢。偏巧吴荣瞅个空子从监狱里跑了，发下毒誓，要为主子报仇雪恨。

这个无产者跑到北京，到处找门路告状，一找就找到了翰林院编修吴礼嘉。

吴礼嘉跟吴养春是徽州老乡，但与吴养春有仇，一听说有这事，便思报复，领着吴荣到东厂告了状。

估计状子也是这位翰林先生写的，头头是道。一是告吴养春"家资巨万，为富不仁，一向结交缙绅，霸占黄山，砍伐树木货卖年久，获利何止数十万两……近因大工肇兴，采取黄山木植应用，养春胆敢遣家丁文节到京打点，停寝采木旨意"。这一条，是告吴养春心疼皇家造宫殿从他那里白拿木头，因此活动有关部门别再征用。不过，这么大的事，如何一个家丁就能单独去办？

二是告"养春不遵明旨，巧立名色，创崇文书院，招朋聚党"。这可是犯了大忌。一个盐商，怎么会和党争扯到了一起？其实这也是告的刁状。

明末的盐商是个很有势力的群体，有如今日的房地产大鳄，多出自安徽、山西和陕西，他们发达之后，都愿意举家迁到杭州去住（要住就住到人间天堂）。但是明朝政府有规定，没有户籍的子弟，不能进入当地府学读书，更没有资格参加乡试。这些外地来的盐商子弟，家中虽有钱财，却因户籍问题登不了仕途。

这个严重损害富人利益的体制弊病，后来被一个包青天式的人物给解决了。

万历三十年（1603）前后，明朝出了个巡盐御史，叫叶永盛。他很为这些盐商子弟们惋惜，就向朝廷奏议，请求给盐商另置商籍，等同落户。皇帝觉得有理，就批准了，自此，盐商的子弟的身份和浙籍学子们就一般无二了，不再是等外移民，可以在当地参加考试了。

这个爱惜人才的叶永盛，字子沐，是徽州府泾县人。关于他，史料上记载不多，甚至连生卒年份都不详，只知道在万历三十二年（1604）的时候还在世。他是万历十七年（1589）进士。先后当过两浙巡盐御史、江西按察使。在御史任上共9年，上疏数十道，声震天下。后来升至太仆寺卿。

叶永盛为徽州老乡们义务办教育劲头很大，索性在杭州借了一套别墅为盐商子弟办起了讲堂，地址就在烟水矶。在杭盐商感激涕零，纷纷送孩子来就读。因为有的人家路远，子弟要坐小船来读书。叶永盛见了，灵机一动，干脆租了条小船作流动课堂，自己有空就到处去授课。

这种奇异的授课形式，在他身后，成了杭州四十二景中的一景，也就是"崇文舫课"，一直到清朝还有。

叶永盛任满离开杭州后，盐商们集资买下了这幢别墅，改称"紫阳崇文书院"，又在书院后面为叶永盛立了生祠，早晚供奉。不搜刮的好官就已是"父母官"，像这样体察民情的好官，当然就等同于祖宗了。

所谓"崇文书院"案，就是这样一个来龙去脉。其宗旨固然是为富人服务，但也不失为好事一桩。可是在这敏感时期，只要是告你"聚党"，那就百口莫辩。总之，这一状的要害，是说吴养春私占黄山，得利千千万，富比石崇，将谋不轨，另外还贪赃六十万两。

魏忠贤虽不以贪著称，但有这般大富豪进了他的笼子，怎能不摩拳擦掌？——来人啊，马上矫诏，榨钱！

天启六年（1626）八月，北镇抚司果然接到圣旨："吴养春赃银六十余万两，著行抚按照数追解。其山场木植银三十余万两，工部即差官会同抚按估价解进，以助大工。山场地二千四百余亩，并隐匿山地、拖荒地土未收册者查出升科，尽归朝廷，不得仍前隐瞒。"这是说，责成地方官追赃，除了追赃六十万两外，还要把黄山现有木材作价三十万两，由官府变卖，以助"大工败"修宫殿正等着要钱呢。

这个案子，还牵连到当地富户程梦庚和吴君实，也被追赃十三万六千两。这几笔加起来，共一百多万两。这样多的银子，老魏不可能一口吃下，他是准备公私兼顾。

不光是钱，政治上的好处也有。为这一案件，老魏又因"发奸剔弊"，捞了一个荫锦衣卫指挥的封赏。

吴养春知道了这消息，原以为自己不曾犯法，朝廷无非是榨他的银子，于是便放手使银子去打点。其下狱之初，妻汪氏为了救他，四处托人说情，不惜钱财，要一千给一千，要一万给一万，等到抚按追解时，家私已去大半。

官府要是打定主意要你的钱，那窟窿你还能填满吗？钱如流水似地花出去，吴养春和他儿子们最后还是被逮到京师，进了诏狱。锦衣卫堂官田尔耕亲自主审，在狱中三下两下就把吴养春等一干人给拷打死了

（入狱者连亲族共8人，仅有3人生还）。

人死了，钱却还没缴够。魏忠贤心想：你家里总有家产吧？就在当年的十二月派了他的一个爪牙、工部主事吕下问，到徽州府去追查犯人家产，并负责变卖黄山木材。

这是好肥的一个差！吕下问不由心花怒放，带了小妾、仆人共30余人，浩浩荡荡来到徽州，准备大捞一把了。旧时办案，不光是主审官要敲诈，他的随从也可以敲诈。红脸白脸的唱一气，不愁没人送钱。所以贪官也特别喜欢办案子，越大越好！

却不料，这一帮人到了徽州，一了解情况，傻眼了——吴家经这么一折腾，早就破产了！家里人也死了个一干二净。

妻子汪氏感到没有活路，投缳自尽了；两个女儿也相继自缢而死；老母亲气绝身亡。黄山之主，家败人亡！看来，富人不保护也真是不行。

——怎么办？吕大人是奉旨前来的，追查不够数，自己还要吃罪呢！

不急，他自有办法。

这次吕下问能捞到主持勘卖黄山木材的美差，事先就送了魏忠贤一万两。此外刘志选（就是认定自己能死在魏忠贤前头，冒险攻击张皇后那个老家伙）做的中间人，办完差还得送人家一万两。除了这二万两银子必须得榨出来外，吕下问自己也得捞得差不多，不然不是白跑一趟？所以他肯定要生事、肯定要诈财。

吴家没油水可榨了，吕下问就"不耻下问"，查清了徽州富户的情况，开出名单，强迫富户们买木材，议价纳银，任意虐取。在原指标三十万两之外，又多加了二万余两（用来支付成本费）。此议一出，当地大姓立刻炸开了锅！

这次办案，吴养春的族人吴献吉也被牵连进去。吴献吉一看要被诈财，"三十六计走为上"，跑了。吴养春就让当地衙门的公差去向吴献吉的亲戚潘漠要人。恰巧这期间潘漠外出不在，公差们张冠李戴找错了门，跑到了邻居潘家彦的家去砸大门。

说来也巧，这家的主人潘家彦也不在家，家中只有一妇人。两个公差如狼似虎，破门而入，妇人被惊着了，不要命地喊："公差强奸啦！"

众乡邻对衙门敲诈富户早就愤愤不平，一听喊叫，都赶来搭救。

俩公差吓得扭头就跑，一不留神，踩着门口的一块青石滑倒了。众人一哄而上，盛怒之下将两名公差活活打死，而后又焚尸灭迹。大伙揍死了俩狗日的，仍余怒未消，又大书"杀部安民"的标语到处张贴（这个部，是指工部来人）。

歙县的知县倪元珙（祁门人，天启二年进士）见乱子要闹大，就赶忙去见吕下问，告之以其情可悯，众怒难犯，应以疏导为佳。吕下问是打着"魏"字旗号来的，有恃无恐，哪肯听一个小县官的？只是不允。

结果，报应当即就来。是夜初更时分，当地大姓煽动群众万人，包围了吕下问暂住的察院公署，呐喊攻击，声言要杀吕下问。还放了一把火，把察院大门给烧了！

吕下问这才知道兔子急了也会咬人，慌了，从后墙头爬出，狼狈逃窜。幸而身边还带有银子，就买通了隔壁做竹丝器具的人家，躲在人家的屋里。

他是没被百姓逮着，只是苦了他带去的一个宠妾陈氏。陈妹妹年方十八九岁，美貌绝伦，仓皇之间吕下问也顾不上她了，被众人从公署内揪出。一起被抓住的，还有三个同来的吕氏家人的女眷。暴民们为泄愤，就把这几位女流上下衣裳尽行剥去，令其当街裸走。几个女子顿时羞赧无地。

羞辱了女眷还不解气，众人还想寻着吕下问，也照样羞辱一番。一直寻到日落时分，仍没找到，百姓也就渐渐散了。知县倪元珙见众人散去，连忙派人寻着了吕下问，安慰一番，劝他连夜带了家眷走。老吕这回是不敢不听了，倪知县当下就差人护送出境。

小老婆被迫做了天体运动，老吕又慌又羞，只想跑得远远的。他怕在路上被民众查出，把随身带来的圣旨都给烧了，一天之间狂逃200里。

一直跑到绩溪县，还是心有余悸，自己爬到官署空房子的梁上躲了一整天，见确实没人追来，才战战兢兢地下来。

事情就这样闹大了，肯定要由地方官来处理。徽州知府石万程不愿替魏党的王八蛋们收拾这个残局，就告病挂冠而去，剃头当了和尚。

这就是著名的"徽州民变",是一次很给徽州人添光彩的民众暴动。但是其名声在现代教科书中却远没有"苏州民变"响亮,而且不少当代历史著作在提到这件事时,都说是"险些激起民众暴动",而不承认是一场成功实施的暴动。

民变之后,当地抚按上了一本,讲清了原委。魏忠贤见事情办成这样,也是没法儿。不久便有旨下来,说:"吕下问激变地方,不称任使,着回籍听勘。着巡按查明起事原由,量惩首恶。"这废物吕下问不仅丢了官,还白白丢了一万两银,只便宜了魏忠贤白得了这一万两。

徽州人为此甚是鼓舞。都说是苏州人打校尉给他们壮的胆。魏忠贤有了上回苏州的教训,也只顾在朝里弄权,不敢再派缇骑南下去抓什么首恶了——就是派了也没人敢去。

但木头还是要卖,魏忠贤又打发太仆寺丞许志吉,去歙县继续办理。

这个许志吉,是变卖木头方案的提议人。让他去,有解铃还须系铃人的意思。一开始,老百姓对他还抱有幻想,因为他也是歙县人,本乡本土的,下手总要留点儿情吧?

哪知道,许志吉一心想巴结,比吕下问还要狠,把原出售木材的指标又翻了一倍!

撵走了一个,又来一个,反贪官看来正未有穷期。当地老百姓又闹开了,群情汹汹!亏得知县倪元珙从中调停,百姓才安定下来。

事后,徽州巡按御史杨春茂紧急召见倪元珙。倪如实陈述了情况,杨巡按对歙县百姓深表同情,及时向上汇报,宁国府推官邓启龙同时也从中周旋,震惊徽州的"黄山山场大案"才得以平息(见《明史纪事本末》《三朝野记》)。

牵连到这个案子里来的徽州富翁程梦庚,就更冤了。他为人恃富骄傲,发达后住在嘉兴府城。过去曾偶尔在南京得罪了贵州的一位田副使(可能是提学副使),那田副使后来升官到嘉兴。程梦庚怕他寻事刁难自己,就带了万金前往京师活动,要把这个官撵走。正值吴养春事发,他一头撞在了魏忠贤的网里!

程梦庚坐赃十三万六千两,被逮进京后,没过半个月也死在狱里了，家私全部抄没入官。

清人陆应旸在《樵史演义》里提到吴养春等人的遭遇，叹道："反不如那肩耕步担人，不致杀身之祸。那程梦庚走到京师，自家送上门的，还也有说。吴养春好端端坐在家里，正是：闭门家里坐，祸从天上来！"这件事，只是魏忠贤作恶多端中的九牛一毛。其品性如此贪婪、手段如此狠辣，他又好在哪里？

好和坏，是与非，固然有公论，但在每个个体的心目中，又很不相同。卑鄙的下属，看卑鄙的领导往往就很亲切；委琐的下级，对委琐的上司都本能地愿意趋奉。

所有的人，在口头上都会说得很堂皇，但具体行事，总有一部分人是根据利益而定。这就是"有奶便是娘"原则。在他们看来，没奶，还能叫娘么？什么正义，崇高、清白，那能当奶喝么？

阉党的组成人员，百分之百都是"喝奶派"。在天启末年，魏公公的奶，就是现世最甜美的奶。

于是，关于魏公公"好得很"的舆论就甚嚣尘上，渐渐地演化成个人崇拜。

自天启六年（1626）中，明朝大地上，陡然兴起一个为魏忠贤建造"生祠"的运动。现在的年轻人，已经不大理解"运动"的涵义了，也就是——如火如荼，争先恐后。

那么，什么叫"生祠"呢？这是中国的一个古老风俗，最早起自汉代，就是为活着的人修建祠堂，以便歌功颂德和礼拜。

一般的宗族祠堂，是为了拜祭死去的祖先而设的。拜祖先，在中国伦理中属天经地义，而给活人建祠则要严格得多，必须是公认的忠臣义士或青天大老爷，方有资格受用，而且是由群众自发兴建。

魏忠贤是缺德的典范，他有何德何能享受这个待遇？这是因为，卑鄙者掌握了明朝的全部话语权。

掌握了话语权的人，没有不说自己好的。掌握了绝对话语权的人，往往就要开始造神。

明朝的造神运动，始于阉党中的封疆大吏。据大多数史料记载，首倡者为浙江巡抚潘汝桢，首次提出动议是在天启六年的闰六月。当然，也有文献表明，早在天启四年，这个苗头就有，不过轰轰烈烈地成为一场运动，还是在天启六年以后。

潘汝桢在动议奏疏上说："东厂魏忠贤，心勤体国，念切恤民。"他举的例子是，当年两浙受灾，魏忠贤主张，免除为皇家输送物品的专营户向内库交纳的孝敬费用。征用物品入库，须交纳小费，以便验收合格，这是明朝管库太监创制的恶例。如果废除这个恶例确有其事，那魏公公也算多了一件德政。

潘汝桢说，举百年积弊一旦革除，有关专营户如逢再生，"莫不途歌巷舞，欣欣相告"。群众感恩戴德，因此一致请求给魏公公建生祠。

民意不可违，很快就有批复下来，"宜从众请"，准了！

这个口子一开，大小阉党马上看好了行情：既然皇帝也同意，魏公公也坦然接受，那就比比看谁拍的马屁最响亮吧。

在一年多时间里，建造魏氏生祠的运动，迅速在各地展开，有如封疆督抚们的政治表态。据统计，所建生祠遍布九省，共有70余处。

到后来更是建到京城来了，内城、宣武门、卢沟桥都有，以至"都城数十里间，祠宇相望"（《明史》）。在朱元璋的孝陵和凤阳的皇陵，也有建造。

这个生祠是个什么样子呢？

可不是我们想象中的一座小庙，而是"飞甍连云，巍然独峙于胜境；金碧耀日，俨如天上之王宫。各题其额，则曰：崇德茂勋，普惠报功。两翼其坊，则曰：三朝捧日，一柱擎天"（《玉镜新谭》）。

建一座这样的生祠，多则几十万两银，少的也要几万两。各地官员借此又狠狠搂了老百姓一笔。

平地起楼，必然要占用民地，拆迁民房，砍伐树木，甚至刨人家祖坟。河南一地建祠，就拆毁民房一万七千余间。其中开封府建的祠，仿照帝王规制，拆毁民房两千多间。老百姓有泪只能往肚里咽，那年头，谁敢做钉子户啊！

天启皇帝还应众臣之请，给这些生祠题写匾额，诸如"普德""广恩”之类。生祠柱上的对联则大书“至圣至神，中乾坤而立极；乃文乃武，同日月以长明”之类的颂扬词（《先拨始志》）。每一祠，都有一名文武官员专职看守。

在这个怪胎生祠里面，有一个最核心的怪胎，那就是魏忠贤的神圣塑像。这是供人们顶礼膜拜的，正式名称叫做“喜容”。

这“喜容”又是何等模样呢？一般都是“垂旒执笏”，也就是戴着帝王的那种带穗儿的小帽，手执笏板。具体形状是“像加冕服，有沉檀塑者，眼耳口鼻手足宛转一如生人，肠腹则以金玉珠宝充之，髻空一穴，簪以四时花朵”（朱彝尊《静志居诗话》）。

对着这脑袋上插花的偶像，众官要五拜三叩，口诵魏公公于何年何月对自己的提拔之恩。

在天启末年，围绕这个生祠的问题，黑白忠奸，泾渭分明。我们后人读这段史，真真如看一场大戏。

遵化兵备副使耿如杞对生祠塑像有帝王之象而颇不满，仅半揖而去，被人告发，立刻逮入诏狱，栽赃三千六百两，后又论为死罪。

工部郎中叶宪祖对京城主干道遍布生祠不满，私下讥讽道：“此天子临幸国子监之驰道也，驾出，土偶能起立乎？”意谓，假如皇上从路上经过，魏公公的土制偶像能站起来迎送么？魏忠贤知道后，恼恨异常，将他削了籍。

顺天府尹某人建生祠于宣武门外，诸属官不肯揖拜，这个府尹就独自行八拜之礼，之后觉得不是滋味儿，下令：“不揖者死，后至者罪！”

那个曾经跟七君子之一周起元有过冲突的朱童蒙，后来被魏忠贤提拔为延绥巡抚。他虽然整军打仗有一套，但依附阉党也是死心踏地。为了感恩戴德，超规制建造生祠，用了皇家建筑才能使用的琉璃瓦。

巡抚杨邦宪在南昌建祠，为占用地皮，竟捣毁了祭祀周敦颐、程颐、朱熹的“三贤祠”——古之贤人，虚名而已；当今权贵，才是有奶的妈！

据说曾有个地方的“喜容”因设计不周，帽子小、脑袋大，戴不进去。工匠顺手就把“喜容”的脑袋削下去一圈儿。旁边监工的小宦官见了，抱着魏公公的土偶大哭。这不知轻重的工匠，当然也少不了挨一顿大棍。

人间何世啊，出来这些群魔乱舞？

有个国子监生员陆万龄，还嫌崇拜的不够，竟然上疏提议：以魏忠贤配祀孔子；以魏之父配祀孔子之父，在国子监西侧建立生祠！

无耻之尤，无过于此！乡人所说"墨水都喝到狗肚子里去了"，当指此辈。

可怜的孔老，生前奔波四方惶惶如丧家之犬，死后谁都可以拿他来耍耍把戏！

天启末年，崇拜魏忠贤的浊浪一浪高过一浪。对他的称呼，也步步升级。从一开始还比较客观的"厂臣"，到后来的"元臣""上公""尚公""殿爷""祖爷""祖爷爷""千岁""九千岁"，最后，竟然发展到"九千九百岁"。历史上的皇族，称"九千岁"的曾经有过，但一个阉宦，对其称呼竟达到了"九千九百岁"的高度，简直骇人听闻。

他离皇帝的宝座，只有几步之遥了。

33
大明在这一夜已天翻地覆

天道有恒，命运无常。

就在魏忠贤的政治狂舞达到极致的时候，一个意想不到的情况发生了。

一切在瞬间倾斜。

这是天启七年（1627）的五月，海内无事，边境无警，魏忠贤连续六个月得到封赏。好日子正在兴头上呢，天启皇帝突然要不行了！

天启自小身体就不好，"气质清弱"。估计老爹老妈都受气，也无心好好照顾他。即位后，魏忠贤更是不带他学好，纵情声色，越发的成了病秧子。

屋漏偏逢连阴雨。天启五年（1625）五月十八日这天，天启在西苑（现北海）游乐，一不小心翻船落了水，就更不得了啦。真龙天子，毕竟不是真的龙！

那天，天启在客氏和魏忠贤的陪同下，祭完了方泽坛（地坛），心情很不错。一行人到了北海，客、魏二人在桥北水浅处的大船上喝酒赏景。天启和魏忠贤的亲信小宦官高永寿、刘思源三人在深水处划船，王体乾在岸上看。

皇家之乐，也是富有人情味的。几个人纵情欢笑，俨若天仙。

合该乐极生悲，忽然一阵大风刮来，小船倾覆，三个人一起落水。岸上的侍从吓傻了眼，管事太监谈敬急了，带着几个人就跳进水里抢救。

大家七手八脚，把天启给捞上来了。那两个小宦官，谁也顾不上了，等到想起来，早成了鱼鳖了。魏忠贤也吓了个半死，好在皇上没事。死了两个亲信，他还挺伤心，到鬼节的时候也没忘隆重祭奠了一下。

天启虽然没丢命，但经过这一吓，元气大伤。御医们用了不少药，就是治不了根。

这么病歪歪地拖着，到了天启七年（1627）的五月初六，天启病情突然加重，起不来床了。

这个情况，是太急人了。最感到焦虑的，当然是魏忠贤和客氏。荣华富贵，都指望这一个人，他可不能去！

客、魏在天启初年以来的弄权本领，可谓一流，但他们那两下子，脱不了市井的局限，一直就没做长远的打算。

把东林扫荡以后，客、魏自以为天下无敌，别的就没多想，乐一天算一天。根本没想到天启时代之后怎么办。

现在他们才发现情况有点儿尴尬。客氏只顾了吃醋，后宫里的娘娘们怀孕一个就整死一个，活着的皇子也没想好好保护着。

他们这么干的原因是：就怕将来宫中的后妃母以子贵，势力坐大。所以只要天启无后，他们就不会受到什么威胁。

可是现在才猛然发觉：威胁大了！

国不可一日无君。天启要是死了，总得有个后继的皇帝，那么最可能接班的是谁？

是信王朱由检！

这个信王，他们就一直没有好好去拉拢。不过，就是他们有心拉拢也未见拉拢得了。原因我们放到后面再说。

要是早些年把魏家或客家的女子弄进宫，给天启做嫔妃，生个儿子做接班人，那也成。可是这一步，他们也没好好做。曾经想把魏良卿的女儿给天启做皇后，但尚待实施，现在也指望不上。只有一个容妃，是魏忠贤从民间给天启挑选来的，据说还认了干女儿。她生了个皇三子。

这一条伏线原本相当有利，可是王恭厂大爆炸遭天谴，把皇三子活活给吓死了。

最要命的，是宫里还有一个没来得及整死的张皇后，她在天启"宾天"之后，按例对谁来继任是有很大发言权的。

下一步棋，不大好走了！

本是普天之下爱怎么摆弄就怎么摆弄的局面，一下子没把握了！

两人在交泰殿西偏房里不知商量了多少回，最后还是没辙，只能想方设法把皇帝的病治好再说。

当时已经爬到兵部尚书位置的霍维华，上了个仙方叫"灵露饮"，其制作方法颇为奇特。就是用粳米、糯米、小米等五谷放进木甑去蒸，在木甑下面再放个大口银瓶，承接蒸出来的"米露"。这东西不过就是淀粉汤水，因为制作过程复杂，因此显得很神秘。

天启服了米汤，觉得还好喝，但服了几天后毫无效果，病势反而加重了，身体浮肿，米水难进。

魏忠贤一急，就埋怨霍维华：你耽误了大事！

霍维华也颇不自安，就是在这个时候开始想退路的。他想，自己目前掌兵事，是阉党的重臣，日后天启一蹬腿儿，魏忠贤还坐不坐得牢，那是谁也不敢打保票的。与其跟着冒风险，还不如现在就退。

于是，他一反常态，对魏忠贤换了一副面孔。昨天我是你的狗，今天我就跟你没关系了。他上疏要让功给袁崇焕，也就是这时候发生的事。

霍维华把自己和魏忠贤界限划清之后，索性上疏求去——我不跟你玩了。

——最早投奔你的人，有可能就是最先背叛你的人。喜欢被人阿谀者，我看应该记取这一点。

魏忠贤当然恼火，"降旨颇厉"。但眼下顾不上跟这小子算账，你愿走就走！他立刻让忠实走狗崔呈秀顶了兵部的缺。这个要害部门，关键时刻，还是要牢靠的人来管才好。

据说，魏忠贤在这个时期，也想了一些应急措施。一是由客氏养了八个宫女，都怀了孕，估计不是魏家的后，就是客家的后。然后打算效仿吕不韦事，进献给天启。等孩子生下来，名义上是皇子，实际上是客、魏的血脉，把朱家的皇统先偷偷篡了再说。

此事是客氏后来被整肃时供出来的，真假莫辩。我认为可能性不大，因为血统不是思想，实际上是不顶什么用的，孩子长大后，究竟倾向哪一边还真不好说。

这八个宫女，有还是没有？如果有的话，为什么还没送进宫去？都不详。估计是刚刚怀上孕，还没找着机会送。

第二个办法是，找个可靠宫女，让她假称有孕，然后把魏良卿的儿子抱进宫去，冒称刚生了皇子，来个狸猫换太子。然后效仿王莽事，由魏忠贤摄政。

魏忠贤觉得这个办法好，准备采纳。他托人婉转地给张皇后带话，大意是说：宫女可能有孕，将来可以等皇子生出来，再定嗣君，就不要急着让信王入继大统了。

张皇后此时的情况并无改善，生死仍操控在魏忠贤手里。她知道，如果不同意的话，值此动荡之际，没准儿魏忠贤会对她下毒手。但张皇后是刚烈之人，绝无低头之理。她断然拒绝，告诉来人说："我知道，同意是死，不同意也是死。一样是死，我不同意魏公公摄政，死后尚有脸去见二祖列宗之灵！你就这样回话去吧！"

魏忠贤得了回话，咬牙切齿，可是没办法。张皇后不发话，就没有理由摄政——人家没请你，你不能主动要求。这个计策也泡了汤。

第三招是，名义上，由张皇后垂帘听政，让天启先养病，而让魏忠贤摄政。这个办法，具有过渡性质，每个人的位置表面看并没有多大变化，魏忠贤要的不过是个"摄政"名义，应该易于实行。

天启七年八月十九日，文武百官进乾清宫给皇上问安。魏忠贤觉得机会很好，就派人把几位阁老请进来议事。

魏忠贤正襟危坐，环视一圈儿，说道："各位，今上龙体欠安，不能理政。然东兵压境，贵州、延绥等处也不安宁。军情紧急，是延误不得的。今日就与各位先生商量定下，再奏闻皇上，学那汉唐居摄事，等皇上病好了，再依旧自行裁夺。如此，方不致误了国事。"说是商议，魏忠贤还是如往常那样，发号施令罢了，这次不过是要阁臣出面来办。

哪知道，此话一出，他亲手安排的这个阉党内阁班子啊的一声，都惊呆了。大家的态度，出乎他的意料。

内阁的几位都是精英，饱读诗书，熟知历史。他们知道，这个"摄政"可非同小可。过去魏公公专权，怎么专都可以，因为是皇上授权或默许，法统上是没有任何问题的。现在要摄政，那就大不同了，大家都明白，魏公公是要学汉朝的王莽、唐朝的武则天了。那两位"摄政"，到后来可都是篡了政的啊！

改朝换代，事关重大，后世留下什么名声暂且不说，就是在当世，也有灭门的危险。况且，阉党成员虽然依附了魏忠贤，但毕竟是大明的臣子，观念上无法接受篡政。大家投奔这里来，不过是想作威作福，没人想押上脑袋搞颠覆。

这种场合，如何表态？只有不作声。

当时气氛很沉闷，魏忠贤已是有些诧异，却又见次辅施凤来动了动，示意有话说。

施阁老早已经揣摩好众人的心理，侃侃而谈："公公，若论'居摄'，前代故事已远不可考，且也学他不得（掉脑袋啊）！我朝景泰时，倒是有过旧例（英宗被俘，景帝刚开始时就是摄政），那也应该请一位亲王来。我等忝列内阁，断不敢参预（脑袋太重要）。若老公公以臣子身份为之，恐不能服天下之心。倘若生变，可就把老公公从前为国的心给泯灭了。"（《明季北略》）

魏忠贤本来对内阁的态度很有把握，想这不过是走走过场。哪想到在党羽中竟有人反对，气得面红耳赤，怫然大怒道："施老先生，我平日待你们浙人不薄，怎么事急之时，反倒做梗！"

说完，拂袖而去。议事不欢而散。

这个施凤来，《明史》对他的评价是"素无节概，以和柔媚于世"，分明是个软蛋。但今番的一席话，却也守住了底线。

由于阉党的内部争斗，最早入阁的阉党成员魏广微、顾秉谦，都已经先后下台，其他如冯诠等也都旋进旋出。此时的内阁共有4人，首辅为黄立极，其余三人是施凤来、张瑞图、李国普。其中李国普虽由魏忠贤引进，但却是位正人，决不依附阉党。除此而外，其他三人都是阉党。黄立极，也就是以"夜半片纸了当之"一语促魏忠贤杀了熊廷弼的那位。

这几位阉记阁老，能在历史的转折关头顶住压力，是有原因的，但终归是难得。估计这也是日后在遭清算时，他们都侥幸保住了脑袋的因素之一。

天启的病势加剧，不光是魏忠贤坐不住，朝臣们也很不安。七月二十八日，河南道御史倪文焕上疏，建议皇上要清心寡欲。

八月十一日，黄立极率百官到乾清宫门问安，天启在西暖阁专门召见了阁臣。

天启说：朕本来身子就虚（再加上当了回落水狗），近来焦虑辽东战事，终于累倒了，正在静养。凡朝中重大事务，都由阁臣与厂臣商量着办。

第二天，八月十二，皇上又召见了九卿、科道等官员，聊了聊，对国事念念不忘。这倒好像是告别的意思了。

就在这次召见中，天启发了一道上谕。其中有两个重大内容，一是重申对王体乾、魏忠贤的信任；二是透露了前一日接见了信王朱由检的消息。

看来，他已经对后事安排有所考虑，是在和群臣打招呼了。

信王入继大统的事，眉目似乎已渐渐清晰起来。无怪乎7天以后，魏忠贤就急着要商量"摄政"的事了。可是，皇帝已有言在先，对阁老们来说，这是很难逾越的心理障碍，关于摄政的动议提出的太晚了一点！

——阉党诸阁老都是趋炎附势的软骨头，他们要是有参与篡政的豹子胆，怕也有骨气不来依附你魏忠贤了。

魏忠贤用人，遇到了素质方面的悖论。坏人干坏事，也不容易，网罗的马仔尽是些扶不上墙的家伙。

据传说，魏忠贤这时候还有让福王入继大统的意图，毕竟他和李选侍——郑贵妃这一系还有些渊源关系。但今人也有认为这不大可能的，因为福王是万历皇帝的儿子，是泰昌帝的弟弟，也即天启的叔叔，皇位历来只有向下传、向幼传的惯例，非特例，很少有向上传的逆向运动。何况天启还有一个现成的弟弟。

总之这些真真假假的打算，说明魏忠贤在突发情况下，显然乱了阵脚。

天启在上谕里的一句话，实际已决定了事态的走向："昨召见信王，朕心甚悦，体觉稍安。"（《明熹宗实录》）

这说明他不仅主意已定，而且该交代的都交代好了。权力交接已完成了最关键的程序。

明眼人心中自然有数。

天启的这一决定，是他最后、也是最不昏的一个政治决定。长期以来，魏忠贤及其死党对天启虽然有极强的依赖感，但只想借皇权以营私，在实际上把他看成是个"昏童"，没有一件事不是在忽悠他。

那么，在生命的最后一刻，天启为什么没把选接班人的事交给魏忠贤来办呢？为什么要突然放出信息，说已经单独接见了信王呢？

历史在急转弯处，常有这样扑朔迷离的环节，言人人殊，让我们后世的人看得很迷惑。

一种说法是，魏忠贤向张皇后打招呼被拒之后，张皇后马上劝天启赶快召立信王。天启倒不急，说："魏忠贤告诉我，后宫有二人怀孕，他日若生男，就当是你的儿子，立为皇储。"张皇后说，"这样绝对不可！"她把道理一摆，天启也明白了这里面的利害，立刻秘密召见了信王（见纪昀《明懿安皇后外传》）。

事情假如是这个样子，那么，张皇后是怎么几句话就把天启给说动了呢？很简单，只须说一句就可，即"谨防有人狸猫换太子"。

但另外一种说法来自刘若愚，似乎更为权威。他说，十一日天启召见信王，是出于王体乾、魏忠贤的一手策划（《酌中志》）。

那么，这就怪了！魏忠贤究竟有没有"异志"，是否曾图谋篡立？显然成了个问题。

关于他有"异志"的说法，史书上可说是五花八门。除了前面提到的之外，还有说他想公开搞武装政变的。

一是说他曾与掌锦衣卫的田尔耕商议政变，田尔耕没胆量，只是唯唯。于是魏忠贤只好作罢。

还有说他曾与兵部尚书崔呈秀商量过此事，崔呈秀踌躇再三，说了一句："恐外有义兵。"（见《明季北略》）苏州民变，前车可鉴啊！

这两个说法，就算是有，也仅止于密室谋划，其余未见魏忠贤有任何异动。他训练的"武阉"人数最多时达万人，常备的精兵也有三千，可随时出入宫禁。但在这一时期，没见他有特殊的调遣。此外他也没跟各封疆巡抚打什么招呼。

可以解释得通的是，他确实曾有"异志"，但慑于民意，同时技术层面也不好处理，所以颇感犹豫。最终考虑风险太大而作罢，转而顺从大势，以求个平稳结局。

魏忠贤做了这样的选择，有人说他是忠于天启的，不可能谋逆；也有人说他毕竟是小人物，根本无法应付变局。

其实，他已经不是小人物了。能有板有眼地剿灭政敌、控制全部官僚集团，有这样神通的宦官，明朝仅此一位。他既然能做到这些，就能考虑到"天启之后"有巨大的不可预见性。必须有个适当对策。篡与不篡，一个有"找死"的风险，一个有"等死"的风险，他最后选择了风险较小的一种。

这也是一种谋略，只是有误区——他以为自己即使保持不住一人之下的位置，总还能保持个晚年荣誉吧？

老贼被自己给自己戴的神圣花环给迷惑住了。什么先帝信任、位极人臣、朝臣拥护，这些东西在下一个时代好使吗？

他忘了自己在扫荡东林时是何其毒也。作完了恶，还想"软着陆"，那可能吗？

坏人也许想不到自己在群众眼里有多坏，尤其像魏忠贤这样天天听歌功颂德的人。他既然定下"软着陆"的方略，当然就要在最高权力过渡时尽心尽力，以求给未来的新君一个好印象。

——官还不打笑脸人嘛。

那么信王的情况如何呢？

据记载，天启召见信王的时候，凝视了弟弟许久，说道："弟弟如何这么瘦？要善自保重。"（《明宫词》）

信王跪在御榻前，只是哽咽，不能作答。

天启又说："吾弟当为尧舜。"信王万没想到召见是这一层意思，大惧，说："陛下出此语，臣罪该万死！"天启已经顾不得玩虚礼了，先嘱托要"善视中宫（好好待你嫂子）"，又嘱咐"魏忠贤宜委用"。

信王知道，储君可不是好干的，掉脑袋的概率非常之大。他听完了吩咐，心里惶惶，不想多待，连忙叩头退出了。

也有人说，就在信王推辞的时候，张皇后从屏风后出来，急切道："皇叔义不容辞，事急矣，恐生变故！"信王于是接受了遗命。

这个说法，不妨视为小说家言，不一定有，但很逼真。

信王为何要如此战战兢兢？

因为他看清楚了：全明朝千万人命运的砝码，此刻，就是他朱由检的一颗脑袋！

信王朱由检，是泰昌帝朱常洛的第五子，与天启同父异母，生母是刘氏，天启叫他"五弟"。

信王生于万历三十八年（1610）十二月，比天启小 5 岁，时年 17 岁。母亲刘氏初入太子宫时身份是"淑女"，后来失宠郁闷而死，死时才 23 岁。那时泰昌帝还是太子，把一个老婆给气死了，怕老爹万历责备，就悄悄埋在了西山。

由检那年才 5 岁，太子常洛把他托付给李选侍"西李"抚养，后来西李生了个女儿皇八妹，由检又转给另一位李选侍"东李"抚养。东李是个正直的女人，对由检人品的形成有相当不错的正面影响。

起码由检在生活上是严谨的，不像哥哥那样浪荡。东李后来在天启元年封了庄妃，由于为人正直，没少受客、魏的欺负。东李常常跟由检讲起魏忠贤服饰逾制、不成体统的事，愤恨异常，这给由检也留下了深刻的印象。

庄妃死时，信王由检十分悲痛，在他心里是把东李视为生母的。

由检在天启二年封王。他处境变好了，越发地思念生母刘氏，曾派近侍太监悄悄去西山祭奠，还叫人画了母亲的像置于室内。

由检于天启六年迁往信王府邸。天启七年二月大婚，娶了南城兵马司副指挥周奎之女为妃。

由于幼时教养比较好，因此他与天启截然不同，史称"智识深远，寡言笑"（《稗说》），是个城府很深的人。

当时内廷太监都很怕他，连魏忠贤对他也颇为忌惮，曾经派人去试探信王，故意在他面前说魏忠贤的坏话。

信王虽年轻，这点儿猫腻还是唬不住他的，就假意斥责道：魏公公有辅佐之才，连皇上都很眷怜他，何况我以后还要借重他，你休要在此妄言，否则招祸！

密探照此回了话，魏忠贤不免得意，也就不再把信王放在心上。

天启五年后，魏忠贤已搞定了外廷，气焰愈张，信王也就更加谨慎，深自韬晦。等到天启病倒后，他干脆就假装有病不去朝谒了。

这个未来的皇帝，在登极之前，竟然长期不在明朝的政治中心之内！

为了掩饰得更像一些，他还带携带小宦官，微服到街市上乱逛，随便什么鸡毛小店都能进去歇歇。

这个王爷，太没样子！估计魏忠贤的耳目也就是这么汇报的。这就是信王的韬略。他的原则是：只要安全就行，现在除了忍，还能怎么办？

当然，深入民间也并非浪费光阴，他耳闻目睹了老百姓对魏忠贤的愤恨之态。这对他将来的政治博弈起到了至关重要的作用。

大明悲喜交集的一天终于到了。

八月二十日，天启病危。上午，太监李永贞御前请安，得知天启鼻中流出非血非痰之物。下午，医官又到御前问安，据此症状开了药，但终是回天乏术！

到二十二日上午，阁臣黄立极、施行凤来急请信王"入视疾"，由检匆匆进宫去看了看弥留之际的哥哥。据说，此时张皇后对他有所叮嘱。

下午申时（四点钟左右），天启驾崩，时年23岁。

天启死亡的这个时刻，史有明载，得到现代史家公认，但《明熹宗实录》《酌中志》《三朝野记》均称天启二十一日就已宴驾，诸阉秘不发丧，到第二天消息陆续走露，才由张皇后发懿旨公布中外。但这一说法，据当今专家说不能证实。

可以肯定的是，当天黄昏并未发丧，魏忠贤需要有一小段时间来考虑对策。等到了晚上，他惶乱无主，想急召崔呈秀、田尔耕进宫来密商议，但苦于"宫禁门钥，宿卫之士森然"，外人根本不可能在夜间进来，只得作罢。

时间在一点点流逝，可谓一刻千钧！魏忠贤既已决定顺从，就不敢担负"秘不发丧"的罪名，只得硬着头皮向张皇后请示，皇后马上传出懿旨："奉大行皇帝遗命，速召信王入宫。"寥寥数字，预示着自这一刻起，大明朝已然天翻地覆了！

天启算是个短寿的皇帝，但"英年早逝"四个字与他沾不上边，在位七年，一派昏乱，除了在处理辽事上尚有可取之处外，内政上的种种措置无异于自杀。以皇帝之尊，为群小开道，张顽竖之焰，寒正臣之心。临死前召见大臣，还不忘叮嘱"魏忠贤、王体乾恪谨忠贞，可许大事"（《明熹宗实录》），企图将他一手扶起来的阉竖集团保持到"后天启时代"。

最可怪者，是死前还要交代后继者"当为尧舜"！明末从万历开始，几乎每个皇帝在交代后事时，都有这个话。若他们真有此远志，为何又自己又要花天酒地？中国的"名"与"实"，其背离之远，有时真是令人瞠目！

张皇后懿旨一出，才算把这个荒唐年代终结了。魏忠贤为向新皇表示忠心，连忙亲自奉懿旨来到信王府，一见信王，就伏地大哭。信王已全都明白了，也忍不住哭泣。

魏忠贤恭恭敬敬将懿旨交与信王。信王仔细看了上面盖的印，确认是真货无疑。

他刚要起身进宫，忽又想到：魏阉的势力遍布宫中，如果这是想把他诱进宫中杀掉，策动政变，这一去岂不是踏上不归路？

更深人静，信王越想越怕，就托词道："天未明，诸大臣又尚无一人入值，我怎能仓促入宫？当宣懿旨、启禁门，召见诸勋戚大臣等入宫，议大行皇帝丧礼。我德望俱薄，岂敢嗣位？当听勋戚大臣之意，共推贤德亲王入继大统。"信王拿定了主意，就是不入险地。魏忠贤此时倒没有贰心，知道信王是个有主意的人，不能强求，只好自己先返回。

后半夜，诸大臣都接到了讣告，天一亮，廷臣们就全都赶到了皇极殿前，准备参加丧礼，却见殿门有值门太监阻拦。有人便大声向太监发问："皇上有遗诏否？"见人情汹汹，魏忠贤只得出来，正式宣读了遗诏，并说："已有懿旨速召信王入内，容再议。"大臣们一听就嚷开了："信王贤德，以弟承兄入继大统，天下服其贤久矣，何必再议！"于是阁臣黄立极、施凤来和英国公张惟贤等立即赶往信王府劝进，信王见大臣已经知道了消息，才答应嗣位。

皇帝"升天"，是个大变故，诸阉惶惶如丧家之犬，一切事宜似乎都茫无头绪。

皇极殿前仍是一片混乱，有太监出来告诉廷臣应穿丧服。廷臣连忙退去，回家换好了丧服再匆匆赶来。

等人集齐，却又有太监出来通知：现下还未到"成服"之时，诸位还是要穿常服。

大家只好再回去换衣服，如是，在路上奔走三四次，都累得气喘吁吁。

天启死后，宫内混乱，连这些祖制都差点儿给忘了，所以才有这颠三倒四的场面。

等众臣再次换好衣服回来，殿门仍未开，也未有哭临活动开始的迹象。众臣哀求值门太监多时，才得入内，大家在殿上哭了一回。

此时，王体乾、魏忠贤也在哭临的行列里。礼毕，只有王体乾发话，叫礼部准备丧礼。而魏忠贤则眼目红肿，一语不发，显是方寸已大乱。

群臣哭临完毕，陆续退去。魏忠贤这才缓过神来，急召兵部尚书崔呈秀入内。

这个细节，在《明史》里是这样记载的：

　　内使十余人传呼崔尚书甚急，廷臣相顾愕眙。呈秀入见忠贤，密谋久之，语秘不得闻。或言忠贤欲篡位，呈秀以时未可，止之也。

　　这是说，估计魏忠贤在这个最后关头意识到不对，想实施篡位方案。但崔呈秀认为时机尚不成熟，因而作罢。

　　但《玉镜新谭》却引了《丙丁纪略》的另一个说法：

　　忽有数内臣，招呼兵部尚书崔家来。百官相顾错愕，齐声云："所言公（公事），当与众公言之（公开商议），天下事岂呈秀一人所可擅与耶？"于是，呈秀不敢应命，而忠贤失意（没了主意），无所措手足。

　　《玉镜新谭》是小说家言，不及《明史》来得权威。我个人也认为，魏忠贤固然心慌意乱，但余威犹在，还不至于被群臣的议论所吓住。他在最后一刻企图扭转大势，是完全可能的。

　　魏忠贤的老搭档客氏在这一天，也毛了手脚。她还不如魏忠贤，魏是堂堂的内廷首脑，而她却没有任何合法职务，在宫里待着是非法的。天启一死，宫中就不大可能有她的一席之地。想到这个，她不是为自己想退路，而是以市井贪妇之心，干了一件愚不可及的事。

　　她把自己的儿子侯国兴唤来，叫他趁乱把宫中的珍宝搬一些回家去。这样，后半生的吃喝用度也就有指望了。

　　侯国兴比他老娘要明智一点儿，心想皇帝一死，老娘的地位就不比以往了。这么干，万一被抓住，风险太大。但是，这些宝贝如果不偷，今后可能将永无此机会。想来想去，还是找了魏良卿合谋同盗，一旦有事，还有他叔叔魏忠贤给挡一挡，不会有大事。

　　这魏良卿也未脱市井贪婪习气，一听就欣然同意。两人找了客、魏的两个心腹宦官帮忙，不到半日，竟把宫中的稀世珍宝盗走十之三四，远超过了客氏的设想。

　　管库太监发现侯国兴在盗宝，便要来抓，但见有魏良卿也在内，又都不敢下手了，任他搬去。毕竟魏忠贤还在其位，惹不起。

两人盗宝成功，不禁欢天喜地。

小人之卑鄙贪婪，往往不可理喻。都死到临头了，还要自己给自己套绞索。

在二十三日这一天，内阁次辅施凤来，安排礼部把即位与哭临的仪注送入宫中，又令禁军的军官带领所部士卒，上街站岗，从皇城内一直摆到十王府前，以备不虞。

然后文武百官员都一古脑拥到信王府去"劝进"，礼部三上"劝进笺"，照例是三劝两让，把那套虚礼一遍不少地演出一番。信王先是礼让，直到接了第三道劝进笺，才表示"勉从所请"。

八月二十四日五鼓时分，阁臣勋戚先到信王府，接了信王来到宫内灵柩前，宣读遗诏。读毕，新君在群臣簇拥下受了遗诏，换上皇帝衣帽，拜过天地祖宗，然后往龙椅上一坐，这就算登极了。

这天，魏忠贤也派了司礼监太监兼忠勇营提督涂文辅，一道迎信王进宫。

现下虽是大局已定，朱由检仍不敢大意，想起张皇后前几天曾叮嘱过他"勿食宫中食"（《思陵典礼记》），便在袖中塞了岳父周奎家做的面饼，才随众臣进宫去做皇帝。

登极仪式也显得很混乱。三大殿自从万历二十五年（1597）前后被烧毁以后，到天启七年（1627）八月二十日才修复完毕，五天后，就在这里举行登极大典，鸿胪寺官员简直忙昏了头。各司仪官员分为东西两列，还未排好队时，新皇就已身着冠冕来到了建极殿。

这时，奉命去南郊查看祭天准备的魏良卿恰好归来禀报，朱由检大声答道："知道了！"其声音十分威严。然后，在众官拥护之下来，穿过中极殿，来到皇极殿，登上九级御阶。

新天子在御座前停下，喝退了立在御座旁的两名太监，正式登极。

从这一天起，他就开始精心构筑一个内敛、但却令人敬畏的形象。

34
帝国上层一场最高级别的较量

朱由检，这个突然当上了皇帝的人，不得不万分谨慎。他在名义上是天下第一人，但无论宫中或朝中，都没有他的基本势力。目前，他几乎是一个人踏进了魏忠贤苦心经营了7年的地盘，说得严重一点，此刻是连生死都掌握在人家的手里。

二十四日这一晚，他忐忑不安，不仅不敢吃宫里的饭菜，连觉都不敢睡。

漫漫长夜，秉烛独坐。

无上的权力和脆弱的个人，构成了某种凄清的效果。

危险，就潜藏在夜色中的千万间屋宇中。朱由检目光炯炯，环视四周。

忽然，他看见一个太监佩剑走过，心里不由一惊！

他把那太监唤住，假意要观赏，要过剑来把玩了一阵，放到了面前的小几上。然后许诺天亮后赏给银子，把那太监打发走了。

夜深以后，朱由检听到外面有巡夜人的更鼓声，就对在身边的近侍说："巡夜甚苦，应赏酒食。"而后又问这笔开销应从哪里支出。近侍太监答："从光禄寺出。"朱由检立刻传旨光禄寺准备夜宵。待宫中太监取来酒食犒赏众禁卫兵卒时，众人欢声如雷（《三朝野记》《明季北略》）！

这夜在宫外，信王府邸的王妃周氏也紧张得一夜未眠，不时向上苍祈祷问卜，惟恐丈夫遭遇不测。

能把新皇帝吓成这个样子的，绝非平庸之辈。面对魏忠贤这样的对手，朱由检采取了引而不发的策略。一方面，他对魏保持了不近不远的距离，另一方面，只是埋头做一个新皇帝该做的事。

新皇帝对于旧政，应该有一个明确的态度。但是，他没有，他就像一切都没有变化一样。

魏忠贤当然也在窥测。他凭本能感觉到，这位新皇帝与天启很不同。但是，下一步这个年轻皇帝能干出些什么来，不好估计。在没有新的情况出现时，魏忠贤只能无所动作。

两个人，就这样开始了帝国最高级别的博弈。

朱由检现在要做的事多着呢，首先当然是公布即位诏书，向天下万民宣布，明年改元。内阁在劝进那天，就给了他四个年号供选择。前三个，他都没选。一是"乾圣"，他说这"圣"字他不敢当；二是"兴福"，他说"中兴甚好，亦不敢当"；第三个是"咸嘉"，他又嫌"咸"字中有个"戈"，不吉利。最后选了"崇祯"这个年号。

殊不知，他这一笔落下，为中国添了一个说不尽的伤心年代！

这位崇祯皇帝，这时候还没满 18 周岁。一个"花样年华"的少年，要对付的是史上最有权势的太监，要拯救的是二百年沉疴缠身的老大帝国，难啊！

刚刚送走的那位皇帝哥哥，也要有个了结。就在公布即位诏书的同一天，阁臣施凤来和大太监李永贞就去了天寿山，为天启选墓地。国库现在很空虚，但也得葬皇帝，朝臣们都主动捐了些银子。

礼部送来了为天启拟的谥号和庙号，庙号是"僖宗"。崇祯大概觉得"僖宗"太扎眼，让人想起了宠信宦官、惹出黄巢起义的唐僖宗，顺手就改成了"熹宗"。熹，嬉也，算是盖棺论定了吧。

《明史·熹宗本纪》说，嘉靖以后，纲纪就开始败坏了，到万历末年，已经废坏到了极点，即使有英武之君出世，也难以重振了。而熹宗的时代，偏偏又是"帝之庸懦，妇寺窃柄，滥赏淫刑，忠良惨祸，亿兆离心，虽欲不亡，何可得哉！"有切肤之痛的人，说得真是透彻！

崇祯接下来的事，还是"正名"，让礼部酝酿封自己的生母为皇太后、封自己的老婆周氏为皇后。

虚的做完了，又开始做实的。当皇帝，首先就要掌握一部分直接的兵权，以备万一。正好他岳父周奎原来就是个军官，马上提为右军都督同知；大舅子周文炳、周文耀任命为兵马司副指挥。此外，提高文化素质也很重要，筹备皇帝进修班——"日讲"的事也提上了日程。

一切正常，没看出有大动干戈的意思。

但是魏忠贤却感觉到，这种平静，其实很不正常，他必须小心这"深深的海洋"。没有别的办法，只能试探着巴结崇祯。

可叹他管理国家也有两三年了，竟不知拿出些救国济民的好点子来赢得信任，反而又使出了鸡鸣狗盗的歪招。

他想，现在这个皇帝，就是再英明，不也是个男人吗？拿下男人，惟有女人。崇祯即位后不久，魏忠贤就以关心为名，进献了绝色女子四名。

可是崇祯与他那个好色的老爹泰昌帝可不同，他的孔教底子打得好，根本不吃这套。这个魏阉，仿效王莽故事倒也罢了，现在来仿效"郑贵妃"故事，岂不是太低能了？

不过，崇祯并没有拒绝，像个正常男人一样"笑纳"了。他怕拒绝了以后，魏忠贤会起疑心。

四美女进来的时候，崇祯怕里面混有特工，叫人搜了身。匕首毒刺什么的倒没发现，只发现她们每人裙带上都佩了香丸一粒。

这香丸名曰"迷魂香"，只有黍子大小，其实就是催情药——谁闻谁知道。

崇祯知道这几个"红粉军团"是准备腐蚀他来了，就严命她们将香丸毁掉。

一招失败，魏忠贤又进了一招——不从意志上打垮皇帝，又怎么能控制住皇帝？从某种意义上说，魏忠贤的这个切入点，也不见得是下作，他的思路一向比较另类。

一天晚上，崇祯正在便殿批阅奏章，忽然闻到一股若隐若现的异香，让他春心大动。

他感到奇怪，就命近侍秉烛前导，寻遍了各处墙角，却一无所见。后来发现殿角有火星闪烁，近前一查，原来这里有个复壁，就如近世地道战那种装置。打开墙壁一看，一个小宦官持香坐在里面！

这还了得，手脚都做到身边来了。把人拎出来一审问，小宦官招认，是魏忠贤让这么干的。

崇祯长叹一声："皇考（老爹）、皇兄皆为此误！"（《明季北略》）

他也没把小宦官怎样，只是让毁掉迷香，责令小家伙今后不许再干这事了。

魏忠贤见崇祯拒腐蚀，一点儿破绽也没有，知道遇到了厉害角色。下一步怎么办？要另想办法。争取崇祯的宠信，看来不大容易了，首要的问题应该是避祸。此事他与王体乾、李永贞商量了一下，李永贞给他出了个主意：去结好徐应元。

徐应元现在是崇祯身边的亲信太监，魏忠贤当年进宫时，两人是"同年"，在宫里又发展成赌友，在魏忠贤发达之前关系很好。魏忠贤发达后，不再把徐应元看在眼里，关系就疏远了许多。徐应元先前随信王在藩邸，见魏忠贤那么横行霸道，也是相当不满的。

现在是时势易也。魏忠贤立刻展开对徐应元的微笑攻势，送了些稀世珍宝给他，又设宴盛情款待。魏忠贤对徐表示了两个意思：一是秉笔太监和东厂提督都不想干了，迟早是要让给徐应元，自己去养老；二是若有人在朝中说自己的坏话，请徐爷在皇上面前帮忙遮盖一二。

徐应元心肠软，又贪婪，见昔日不可一世的魏忠贤这么低三下四地来求他，先就有些怜悯；又见送了一些闻所未闻的珍宝，眼都照花了，当下就答应了。两人重叙旧情，都感慨万分。

徐应元说："咱不过是皇爷的旧人，其实是个没名目的官儿，全仗魏爷抬举，诸事望爷指教。"

魏忠贤此举表明，他已把下一步考虑好了。崇祯将来要怎么处置他，现在看不大明白，但无非两个可能，一是长期留用，那样就太好了，不过从几天来的迹象上看，把握不是很大。二是责令退休，那么顶上来的就应是徐应元。笼络好了徐应元，自己退休后也就有了一道可靠的防火墙。所谓"让贤"，不过是个顺水人情。

而那徐应元的智谋水准，就要差得多了。他原本野心不大，现在居然有个头把交椅要给他坐，真是开心都来不及。他心想，要是魏忠贤在退休前真的推荐一下，说不定当上掌印太监真就十拿九稳。这样一想，竟有受宠若惊之感。

崇祯即位后，按照惯例，要对拥戴登极的一批内外臣有"从龙恩典"，还要大赦天下。魏忠贤趁这个机会，活动了一下，把一个侄子荫了锦衣卫指挥，一个兄弟荫了锦衣卫千户。崇祯这几天来，对魏忠贤相当优待，这些好处，大笔一挥就给了。

到了九月初一，也就是天启死后第九天，魏忠贤考虑成熟，突然提出要辞去东厂提督职务。这当然是在试探，如果崇祯不准辞，那就是地位还稳固，也好给朝野都看看，魏忠贤还是魏忠贤。假如万一准了，那么徐应元肯定认为是我让与他的，正好做个人情，徐应元必会感激。

这是一个两边都不会落空的试探。

崇祯当然不会准，只是让徐应元协办东厂。魏忠贤心中暗喜，知道自己的位置基本还是牢靠的，皇上只不过要分他的权。但皇上也不是神人，不知他和徐两人已经是一个人了。徐应元在皇上面前，就是我老魏的耳目，这不是又一个"客巴巴"么！

魏忠贤放下心来，不再怕人在皇上面前说他的是非，又开始嚣张起来。

但是接下来的事，又让魏忠贤有些看不大明白了。

客、魏的核心似乎是经过商议，在魏忠贤请辞以后，也打算陆续提出辞职，以测试崇祯对他们的态度。当然，也不排除"新桃换旧符"之后，他们确实也有了倦归之意。

随即，客氏便请求从宫中迁回私宅。崇祯对这事的处理很耐人寻味，一点儿也没客套。九月初三日凌晨照准："奉圣夫人出外宅"。

客氏放归，是理所当然的事。但客氏本人对崇祯的态度，可能还是抱有侥幸心理的，她期望新皇帝也许会像待魏忠贤一样，给予挽留。等接到这样一纸冷冰冰的诏书,她明白了——与她情同母子的那个天启帝,毕竟已乘龙而去,如今已是人家的天下了。

"老祖太太千岁"?……从此何处觅游踪!

接旨当天,她五更即起。等宣完了旨,她立刻穿上衰服,到天启的灵堂拜别。

这个细心的妇人,从一个小匣中拿出一个黄龙绸缎包袱,抖开。这里面,装的是天启幼年的胎发、痘痂,还有历年剪下的头发、指甲。

客氏跪在灵前,将这些纪念物一古脑烧掉,忍不住大哭一通而去。(《三朝野记》《明季北略》)

客氏此次要求出宫,正中了崇祯的下怀。这个女人,在天启朝,其能量不比魏忠贤差,而现在不过就是普通一妇人,不属于任何行政系统。动她,已无关大局,起码不会实际牵连到内外廷的阉党,因此也就不怕有反弹。

把她赶走,既能拆散内廷的客魏联盟,又能起到对魏忠贤一伙敲山震虎的作用,何乐而不为?

果然,客氏被撵走,给阉党成员的心理造成极大震动。就在第二天,王体乾稳不住了,也提出请辞,但是崇祯没放。

崇祯知道,魏、王两人本是一体,在这时绝不能让他们感到有威胁。所以,到九月十五日,崇祯借三大殿建成之机,荫赏了一大批太监,其中就包括魏忠贤的"领导班子"。

打一巴掌,再给个甜枣——你们还是别乱动!

这,就是政治。

放客氏回家,这个微妙的信号被有些朝臣捕捉到了。有人见机而动。到九月十六日,"闷局"终于被打破。右副都御史、署南京通政司事杨所修上疏,一口气弹劾了魏忠贤的四名亲信:兵部尚书崔呈秀、工部尚书李养德、太仆寺少卿陈殿、延绥巡抚朱童蒙。

这道疏的内容,颇费了心思,绝口不提什么党争、专权之事,而是揪住他们四个死了爹妈不回家"丁忧"守孝的问题做文章,认为天启虽然同意他们"夺情",但实是有违"孝治天下",现在就请他们四个回家。

此外，连吏部尚书周应秋也捎上了，质问周尚书是怎么选的人，显然是失职。

被攻击的，一共五个，全是铁杆阉党。

可这个打第一枪的杨所修，自己就是个阉党！

杨所修，字修白，河南商城人，万历三十八年（1610）进士。关于他的记载不多，大约是从工科给事中干起，当了太仆寺少卿，后投靠了魏忠贤，得任"总宪"。

他是个很复杂的人，有头脑，也有他独特的锋芒，不好以一语来概括。并且这人还善画墨竹，效法苏东坡，清人徐沁的《明画录》上说他画的竹"劲节萧散如其人"！是不是这样，只能姑妄听之了。

既然他是阉党，怎么又跳出来向同伙开刀？这不奇怪。凡是不可理喻的事，都有它的"结"，而且都跟利益有关。

这个杨所修很聪明，看出魏祖爷爷大势已去，早晚是要崩盘。趁着大风还未起时，自己先来个"首劾"，将来就好撇清了。

他这样做有没有用呢？有！因为阉党毕竟不是"党"，谁是谁不是，只能凭感觉。因此，通过倒戈，完全有可能洗白自己。

但是接下来又有一个问题了，既然是倒戈，为什么不直指要害，非要这么声东击西？那是因为"首劾"要冒极大风险，弄不好就是"先死"。因此一定要含蓄，要意在言外。

崇祯在心里暗笑：我不放箭，你们自己就绷不住了吧？

但是此刻还没到火候。崇祯还要等。

于是他下诏斥责杨所修"率意轻诋"，警告道："本该降处，姑免究。"（《国榷》）

崔呈秀等人倒是很知趣，马上请求回家守孝。崇祯只放了陈殷回家，其余不许。同日又升了李从心、李精白等一批阉党的官。

铁杆们松了一口气。可是聪明人却看出了门道：设想一下如果是天启来处理这事，会怎样？难道看不出，崇祯的这个"姑免究"大有奥妙！

——就是要让你们自己咬自己！

到二十四日，又一个信号弹升起。国子监的司业（教务长）朱三俊弹劾监生员陆万龄等人，说这帮家伙鼓动将魏忠贤配祀孔子是胡说八道。

崇祯果断批复：下狱究治！一点儿没给魏公公留面子。

魏忠贤越想越不对，连忙请求将各地准备用来建造生祠的钱粮，解送到辽东充军饷。崇祯同意了。

这时候，也有那习惯思维扭不过来的，在做逆向运动。就在第二天，江西巡抚杨邦宪等上疏，盛赞魏公公大德，请求建"隆德祠"。——估计这都是消息闭塞惹的祸。

越是边远的地方，官场可笑的事就越多。

魏忠贤心里直叫苦：这都什么时候了，还来添乱！他赶紧找人代笔，以自己名义写了一道《久抱建祠之愧疏》，当天就递上去了，"乞止建祠"。

崇祯跟他玩太极推手，批了几个字："以后各处生祠，欲举未行者，概行停止。"（《玉镜新谭》）言外之意，已经在建的，就接着干吧。似乎并没有怪罪。

而且过了两天，又给魏良卿、魏鹏翼发了铁券。这"铁券"，俗称"免死牌"，赵匡胤夺了柴家天下，就给过柴家这玩意儿，上面刻有姓名、官爵、功勋、特权（如免死）等等。

这是猫在玩老鼠！

魏忠贤真的有点儿晕了。

十月初，崇祯又封赏了内外廷一批官员，里面还特别照顾了一下司礼监太监徐应元。一朝天子一朝臣，把近身的太监提拔起来做内廷主管，是新天子的惯例。崇祯这时候也在注意培植私人。

在这个月，他还完成了一件大事——去内教场阅操。看了武阉的表演以后，他显然很满意，叫大家都到兵部去领赏。等这些特殊兵种一出宫，就有上谕到了兵部，令诸武阉"散归私宅，不得复入"。一纸文字，就把一支具有最大威胁性的武力给解散了。

肘腋之患，消于俄顷！这个少年天子真是太厉害了。从这一刻起，他与魏忠贤的力量对比就已发生了质的变化。

魏忠贤，永远失去了操控局面的可能，只有等待挨宰的份儿了。

靠拍马、讨好上司爬至高位的人们，在形势逆转时，要想下非常的决心，很不容易，他们往往选择的是妥协。

但是在表面上，这件事混在一连串令人眼花缭乱的"优容""恩赏""慰留"之中，人们不大容易看出葫芦里的药。以为不过就是罢内操嘛，理所应当的。

阉党度过了最初的惊恐，又渐渐复苏了。尤其是崔呈秀，起初见忠贤居摄之事不成，便惧祸不敢来亲近，这些时候见魏忠贤又有些重振的光景，便又靠了近来。

他以为，崇祯上台也不过如此，也就是个不玩木匠活的天启罢了。魏公公倒不了！于是在兵部和都察院，他都放手招权纳贿，公然悬价，总兵、副将多少，参将、游击多少，用大天平称银子，要官的你们就来吧！

崔呈秀有个儿子崔铎，读过几年书，侥幸进了学，在顺天乡试揭晓时，中了第二名，满城哄动。落第的举子们不服，就议论这里面的猫腻。有的要上疏揭发，也有人要用揭帖广而告之。

崔呈秀只装做不知，听任那些来趋奉祝贺的官员牵羊担酒、簪花送礼。来拍马屁的除了按常例送旗匾之外，还有送锦帐对联的，一时间满堂光彩。崔呈秀窃喜"后天启时代"的日子也是好日子，便大开筵宴，接待亲友。

这边崔家正在炫耀，那边南京又来了消息：周应秋的儿子也中了！真个是：秋后也有小阳春啊。

可是且慢，另一面的潜流也在运动。阉党中不都是这种鼠目寸光的人。前面的杨所修上疏弹劾崔呈秀等，就不是一个孤立事件。他的这个上疏，是与吏科给事中陈尔翼、太仆寺卿李蕃等人商议过的。他们这一伙，对形势有一个明晰的分析：魏公公下台，只在迟早间。大家都得官不易，不能就这么跟着倒了，何况弄不好还有身家性命之忧。此时要是不主动，将来悔之晚矣！

他们认为，崔呈秀、周应秋贪赃枉法搞得实在不像话，不如把这两人攻倒，让这两人来承担天启时代的所有罪恶。然后，让左都御史孙杰接替周应秋为吏部尚书，再把杨所修调到北京来，大家一起努力，把将来的局面维持住。

这个想法，也不是没道理。东林的一批人是早已钦定为"邪党"的了，翻身无望；魏忠贤的势力眼看就要遭清算，那么朝中总要有人做官啊。将来能留下的，恐怕就是最先与魏忠贤决裂的人。

但是这几个人的事机不密，这次密谋被崔呈秀侦知。

崔呈秀知道李蕃、孙杰也搅在里边，大怒。

李蕃是何人？"十孩儿"之一！他最早是御史，和同僚李鲁生一道投了阉党，都是魏忠贤的刀笔匠。这两人极能拍马，他们先是谄附魏广微，魏广微下台后，又巴结冯铨。后来冯铨又被崔呈秀搞倒，他们又靠上了崔呈秀，而且直接当上了魏忠贤"义儿"。时人送了他们一个外号，叫做"四姓家奴"。

那个孙杰，也不是什么好东西，有人也曾把他列为魏忠贤手下"五虎"之一，在驱逐东林党人周嘉谟的过程中出过大力。

崔呈秀在阉党中的地位，在他们这一伙之上，到此时也还能拿得住他们。他把李蕃叫来，臭骂了一顿；又找到孙杰破口大骂，威胁要查孙杰的经济问题。

孙杰自己不干净，连忙告饶。崔呈秀就开出了一个条件，让陈尔蕃上疏反击杨所修。孙杰没有退路，只好答应了。

第二天，陈尔蕃果然有一道很不合时宜的奏疏上来，说杨所修上疏是"播弄多端"，原因在于东林党的"葛藤不断"。他请求崇祯，派东厂、锦衣卫及五城兵马司在京始缉拿东林余孽。

这是哪儿跟哪儿啊？

崇祯的答复也很巧妙。他说：群臣的品流，先帝已经分辨清楚了，倘有奸人搅乱新政，当然要缉拿。但是不许揣摩风影，致生枝蔓。

这话说的两头都贴，只有细加品味，才品得出，后面的一句才是真的：不许再提东林的事！

李蕃、孙杰这一伙是被压住了，但阉党其他人的"自救行动"仍在进行。十月十四日，云南道御史杨维垣再劾崔呈秀。

杨维垣是个反复小人，不过他此刻跳出来，还有一个背景。这是跟他表叔徐大化精心策划好的一个行动。

徐大化是谁？魏忠贤的得力帮手之一！

这真是让人慨叹。没有原则而仅以利益结党的小人，压力一来，不等别人打击，自己先就窝里反起来。他们焉得不败？

徐大化就是那个代魏忠贤拟旨反驳杨涟，写得连叶向高都感到惊讶的人。这人诡计多端，魏忠贤诬陷六君子接受熊廷弼贿赂，就是他出的主意。

阉党也知道这人卑鄙贪婪，靠不大住，但为了反对东林党，就管不了那么许多了。徐大化后来依附魏忠贤，爬到了工部尚书的位置，在监督皇极殿工程时，放手收受贿赂，又挪用惜薪司的库银，被人告了一状。魏忠贤也烦徐大化这副贪得无厌的样子，就让他回家闲住。

他在家冷眼旁观，认为魏忠贤已经摇摇欲坠了，就与表侄杨维垣商量，要杨维垣出面弹劾崔呈秀，以谋将来脱身。

杨维垣的奏疏，很有策略，对崔呈秀"贪钱坏法"等问题的攻击不遗余力，说是甚至已到了"指缺议价，悬秤卖官"的程度。但是对魏忠贤却不吝赞美之词，只轻描淡写地说魏忠贤"独是误听呈秀一节，是其所短"（《崇祯长编》）。

这个文章做得玄，几百年后的学者还在揣摩它的意思。有人认为，崔是当时魏最信任的人，攻崔就是变相的攻魏，其他赞美的话都是虚套。

也有说杨维垣此举是"丢卒保车"，想让崔呈秀来承担天启时代的一切罪恶，从而保住魏忠贤，不使全线崩溃。

我倒是认为，阉党几乎没有这种"一荣俱荣、一损俱损"的大战略眼光。在这个时候，基本上采取的都是"谁跑得了，谁就跑"的原则，这是人格决定，无关乎智慧不智慧。

杨维垣的奏疏一上，崔呈秀必须要有个态度，他连忙上疏辩解，同时请求回乡去守孝。

崇祯看了杨维垣的奏疏，仍是以静制动，只说是要"和辑安静"，要懂得"宁一之道"，不要生事，尤其不要轻议厂臣，当然说了也就说了，"姑不深责"。至于崔呈秀，就不要回老家了。崇祯还不想动他。

杨维垣不肯罢休，四天后又上一疏，还是弹劾崔呈秀贪婪专权，而且还提到他"通内"。通内，就是交结宦官，所指是什么，不言而喻。由此可见，杨维垣根本就不可能是"丢卒保车"。

而且，在论述崔呈秀与魏忠贤的关系上，这道疏简直是皮里阳秋。一方面在说，"厂臣尚知为国为民，而呈秀唯知招权纳贿"；另一方面却暗示，外人都说"呈秀于厂臣为功首（是厂臣的头号走卒），于名教为罪魁（是知识分子中的败类）"。

奏疏开列的罪状，件件属实，崇祯心里有所动。不过只要处分崔呈秀，就等于倒魏运动开始。事关重大，他还要考虑一下。于是崇祯下诏说"诸臣进退，朕自有独断"；对崔呈秀的处理，只是批了"令静听处分"。

这一巴掌如果拍下去，能否有泰山压顶之势？

崇祯考虑了整整两天。

难为了这位少年天子，登大宝之后，身边并无一个老谋深算者为他指点，全凭着天赋与多年隐忍练就的心计，在与举朝的魏党较量。

他素所倚重的近侍太监徐应元，本该起到万历之冯保、泰昌之王安的作用，此时却成了魏忠贤的内线，不从中捣乱就已不错了，靠他出主意是根本指望不上。

老丈人周奎，从利益上当然是要维护崇祯的。但此人只是个极其庸驽的中级官员，从他后来在崇祯末年的作为看，也是个毫无大胸怀的人。

在崇祯十七年（1644）的三月十日，宣府已被李自成军攻陷，北京到了最后关头。崇祯派太监徐高到周奎家劝捐助饷。周奎那时已封了嘉定伯，崇祯之意是让他给群臣带个头。还答应他晋爵为侯，以作为要钱的条件。

这个老国丈却死也不肯掏钱——"坚谢无有"。徐高悲愤难抑，质问道："老皇亲如此鄙吝，大势去矣，广蓄多产何益?"（《甲申传信录》）

这真是皇亲不急太监急。徐高愤泣曰："后父如此，国事去矣"。周奎见推托不过，只得勉强认捐献一万两。崇祯坚持要他拿出两万，周奎实在舍不得，就写了密信请女儿周皇后从中周旋。周皇后倒还识大体，自己偷偷给父亲垫了五千两，还劝父亲要尽力捐足数目。

据说，周奎拿到女儿的这五千两之后，当即就扣下了二千两归自己，到最后也没交足捐款数目。他都这个样子，群臣还怎么可能踊跃捐款？

在此 7 天之后，李自成大军围住北京，"四面如黄云蔽野"（《明季北略》）。

连军饷都发不出的军队，不知道为谁保家卫国。城外的京营"三大营"一哄而散，城上的老弱残兵吃饭都没人管。

又过了两天，北京陷落。李自成入城后，拷问前朝百官，追比钱银。周奎也被抄掠，从他家中竟抄出现银五十二万两，此外还有奇珍异宝、绫罗绸缎价值数十万两，都给闯王充了军饷。

周国丈，何其蠢！贪官之短视，其见识连儿童都不如。只知贪渎之乐无穷，国家要是垮了，你那豪宅宝马还留得住几日？

无怪乎明人文秉在《烈皇小识》里说："负君辱国，贻恨千古者，周奎也。"这个评价并不为过。

这样一个不成器的老丈人，怎么可能给崇祯出什么高明的主意？

那么，17 岁的少年，何来如此老成？

今人不可以今之眼光，来衡量古人的智力。古代无论士人俗人，子弟谋身立世都比较早。不似今日，30 多岁还可充老少年，开口闭口还是"我们男孩子"云云。

两天后，崇祯考虑成熟，觉得倒魏的潜氛围已经酝酿得差不多了，可以出手一击。此刻，朝中虽无人可以借重，但可以靠阉党自相残杀来解决问题，总有人会见风使舵。同时，也可以期待低级别官员来担任主攻，他们毕竟不是阉党一伙，忍了这么久，肯定要爆发！

于是，向阉党发起总攻的第一个信号发出了。十月二十日，有诏下：免崔呈秀各职，令其"回籍守制"，老老实实披麻戴孝去吧。

崔呈秀这下子知道：完了！这个时候，他多一句话也不敢说，连忙收拾家财，回了老家蓟州。

据说他见形势紧张，连金银财宝都来不及全拿走，留给家人看管，自己带着夫人和侍妾匆匆上路。在路上，又被一群前来索回贿金的官员拦住纠缠，威风扫地。

这相当于明末政坛的"王恭厂大爆炸"，阉党的巍巍大厦，开始倾斜了。

朝野士民，凡是憎恨魏忠贤的人，无不雀跃鼓舞！

数年恶政，一朝动摇；奸人落魄，万民狂欢。有此一刻，那是不虚此生啊！

崇祯的态度，极大地鼓励了决心倒魏的一批人。昔日令人望而生畏的大人物，如今已无还手之力，人们怎能不跃跃欲试？

愤怒者和投机家们混杂在一起，开始了集团冲锋。

十月二十二日，工部主事陆澄源首劾魏忠贤。他上疏言"四事"，即：正士习（端正干部作风），纠官邪，安民生，足国用。其中"正士习"才是制敌死命的匕首。

他说，近来官员作风很成问题，"惟以歌功颂德为事"。比方，厂臣魏忠贤服侍先帝，论功行赏自有常规，但"何至宠逾开国，爵列三等，蟒玉遍宗亲，京堂滥乳臭？"先帝也是，没个圣君的样子，"诏旨批答必归功厂臣，而厂臣居之不疑"。最后闹到外廷奏疏不敢明书魏忠贤姓名，生祠遍于海内，奔走狂于域中，把个狗屁不如的厂臣抬到了周公、孔子的高度！

对崔呈秀，他也没放过，说崔"贪淫奸恶，罄竹难书"，御史们参他什么"夺情"，不过都是细微末节！就说夺情吧，先帝在时，只说是因为三大殿工程未完。现在工程已完，他仍窃居兵部，意欲何为？——莫不是要搞兵变？

崇祯对此的答复很有意思："陆澄源新进小臣，何出位多言，且言之不当。本该重处，姑不究。"

是啊，仅仅一个小臣发言，他怎么能马上就批准倒魏？崇祯要等更大的舆论浪潮到来。不过，既然说了，也就"姑不究"。什么叫"姑不究"？就是言者无罪，你们就大胆来吧！

春水融冰，势不可当，大潮果然呼啸而至！第二天，就有直隶巡按贾继春上疏，继续弹劾崔呈秀"不忠不孝"，话说得十分刻毒，大骂崔呈秀"说事卖官，娶娼宣淫；但知有官，不知有母；三纲废弛，人禽不辨。"（《明季北略》）——就差明着骂他是条狗了！

这个贾继春，是早年的浙党中坚，跟东林党是死对头。在红丸案、移宫案中给杨涟捣了不少乱，当年"李选侍上吊、皇八妹投井"的谣言就是他大肆散布的。后来他投了阉党，也是一知名的骨干，在崇祯钦定"逆案"的时候，这家伙与魏广微、顾秉谦、崔呈秀、刘志选、霍维华、田尔耕、许显纯等人，都属半斤八两的货色。

就连这样的人也跳出来反戈，阉党，危矣！

与此同时，兵科给事中许可征也上疏倒崔。崇祯见火候到了，大笔一挥："下吏部勘处！"什么叫"勘处"？查问题，听候处理！

这已经不是简单的免职了，查出问题就要交法司论罪。崔呈秀，是彻底倒了！

在这样有节制的操控下，崇祯所期盼的舆论指向，自然会呼之欲出。二十四日，就有人开始揪后台了。兵部武选司主事钱元悫上疏，以崔呈秀事为切入点，直指祸首魏忠贤。

这已经不是旁敲侧击了，而是堂堂正正的一篇讨魏檄文。他说，"呈秀之敢于贪横无忌，皆缘藉厂臣忠贤，今呈秀虽去，而忠贤犹存，威权所在，群小蚁附，积重之势渐成难返，称功颂德布满天下。臣窃以为根株未尽也！"

他直指魏忠贤"出身细微，目不识丁"，其危害却不下于赵高、王莽、董卓之流。他骂得狠，文章也做得花团锦簇：

> 称功诵德，遍满天下，几如王莽之乱行符命；列爵之等，畀于乳臭，几如梁冀之一门五侯。遍列私人，分置要津，几如王衍之狡兔三窟；奥珍辇玉，藏积肃宁，几如董卓之郿坞自固。动辄传旨，钳封百僚，几如赵高之指鹿为马；诛锄士类，伤残元气，几如节甫

之钩党连重。阴养死士，陈兵自卫，几如桓温之复壁置人；广开告诉，道路侧目，几如则天之罗织忠良。

他说，皇上要是念魏忠贤侍奉先帝有微劳，不妨饶他不死，勒令放归私宅，解散他的死士，没收他的私蓄，如此，内廷无祸起萧墙之忧，外廷无尾大不掉之虑。至于魏良卿辈，速令解下绶带，夺其官爵，让他们以农夫身份而没世。这也能彰显皇上浩荡之恩，于魏忠贤亦为自全之策。对其他爪牙，也应暴露其罪，或杀或流放，可致"奸党肃清，九流澄彻"！

钱主事还埋怨崇祯手太软，是不是拘于先帝的托付，怕"割股伤肌"，才这么慢腾腾的？

此疏一出，阉党上下才感到大祸临头：这不是倒掉一个崔呈秀就能完事的！

崇祯知道这是激将法，不过还是没动。他有他的日程表，只批了："朕自有独断，业已有旨了，如何又来多言？姑不究。"

按道理说，"姑不究"只是一个结果。因为什么"姑不究"？是念钱主事动机是好的，还是念钱主事经验不足？这些前提全没有，就直截了当"姑不究"，这分明是在玩政治把戏。

这时，魏忠贤已如坐针毡。如何应对？他一时还想不好。他的爪牙，也都慌了手脚，纷纷请求免职，崇祯一一照准，走一个算一个。有那不自觉的，崇祯亲自点名免职，计有太监杨朝、李实、李希哲、冯玉等一干人，把魏在内廷的羽翼先剪除一部分再说。

经过这一天的震荡，形势已非常明朗。天启年间，要是有敢这么骂魏忠贤的，不立刻杖死就算至福，而今痛骂魏忠贤为赵高者，不过是个"姑不究"，真是恍如梦寐啊！铲除大奸巨蠹，就在此时！千载流芳之功，就在今朝！不上，还等着干嘛？

二十五日，又有刑部员外郎史躬盛上疏，论魏忠贤罪状。他写的奏疏，里面有一番话，简直是一段好骈文："举天下之廉耻渐灭尽，举天下之元气剥削尽，举天下之官方紊乱尽，举天下之生灵鱼肉尽，举天下之物力消耗尽。"这一天，御史吴尚默也有上疏。

小官们不是既得利益者，也不图什么私利，所以攻起魏忠贤来毫无顾忌。崇祯仍是在静观事态，未做答复。

这给了魏忠贤一个错觉，以为天启临死前的话，至今还有效力，崇祯不会拿他开刀。先帝尸骨未寒，当今皇上总还要给哥哥留点儿面子吧。

魏忠贤如今还想以退为进，他没有别的办法，又拿出了从前的那一招——当面哭诉，说一说委屈吧。老头子流眼泪，年轻皇帝也许会起怜悯心。

崇祯还是没态度（你又没伺候我长大）。

十月二十六日，一直静观的崇祯终于等到了他想要的东西。

这一天，一个纯知识分子、海盐县贡生钱嘉征，呈上了一本奏疏。标题挺长，叫做《奏为请清宫府之禁，以肃中兴之治、以培三百年士气事》，共列出魏忠贤十大罪状，包括并帝、蔑后、弄兵、无君、克剥、无圣、滥爵、滥冒武功、建生祠、通关节等十项。

阉党猖獗已久，民间怨气也压抑已久。这位钱贡生好不容易盼到了能讲话的一天，直抒胸臆，言为心声，一篇好文章一挥而就。

这文章就是今日来看，也觉得酣畅淋漓。他说：高皇帝垂训，宦官不许干预朝政，魏忠贤却一手遮天，杖刑立威，荼毒廷臣，连累士林。凡钱谷衙门、远近重地、漕运咽喉，都安置心腹，意欲何为？先师孔子为万世名教之主，魏忠贤何人，敢在太学之侧建祠？古制非军功不能封爵，魏忠贤竭天下之物力，建成三大殿，居然因此而袭上公，不知节省。宁远稍胜，袁崇焕马未下鞍，魏忠贤就冒封伯侯，设若辽阳、广宁复归版图，又将何以封之？各郡县请建生祠不下百余座，一祠之费，不下五万金，敲骨吸髓，无非国家之膏血！种种叛逆，罄竹难书，万剐不尽！

这是继杨涟弹劾魏忠贤"二十四大罪"之后，第一次有人如此系统地指摘魏忠贤的罪状。字字含怒，犹如当众鞭笞元凶、直唾丑类。真是三伏天饮冰，大快人心！

钱嘉征，字孚于，于天启元年（1621）参加顺天乡试，以国子监生中副榜。他一个贡生，原是没有资格给皇帝写奏章的，所以他将奏章送到通政司请求代呈时，通政司使吕图南怕惹出麻烦，便以奏章的格式称谓有误为由，要求重新誊写，实际上是想阻挠封进。

钱贡生是初生之犊，穷光蛋不怕你乘宝马的，索性把吕图南也捎上，说他是"党奸阻抑"。吕图南不服，上疏争辩，事情就这样闹到了崇祯这里。崇祯发了话：把钱贡生的奏疏呈上来瞧一瞧吧。

钱嘉征本来是因参加这年秋试而滞留在北京的，写好了这道奏疏后，有人劝他还是不要冒险。他慨然对曰："虎狼食人，徒手亦当搏之！举朝不言，而草莽言之，以为忠义士之倡，虽死何憾？"（朱彝尊《静志居诗话》）

朱彝尊为他叹道："自汉、东京（北宋）、宋南渡诸太学生后，久无此风节矣。"

好个"徒手亦当搏之"！这才是侠之大者，羞杀侏儒！

好文章，坏文章，只要是极致的文章，都能掀起滔天巨浪。钱嘉征的奏疏，就是一篇极致的文章。他因此而一鸣惊人，后人也将其文目为豪杰之作。

当日，崇祯看了这小人物的奏疏，情有所动，忍不住拍案叫绝！这贡生，了得！

在此之前，崇祯大概心里已经有数：魏忠贤是败定了。但是什么时候发动倒魏，他还看不好，朝中毕竟有盘根错节，阉党一众尚未伤筋动骨。但是看了钱贡生这疏，少年人按捺不住了，他当即召来魏忠贤，命近侍将奏疏念给魏忠贤听。

后世史家一般都认为，这是他看准时机出手了。还有的认为，念奏疏给魏忠贤听，是处心积虑先从精神上击垮这个对手。

据说，魏忠贤跪在地上，听得"震恐丧魂"（《明季北略》）。听完爬起来就告退，马上去找徐应元讨主意。可怜一世枭雄，如今只有这一个可以庇护他的哥们儿了。

徐应元的意见是：诸小臣来势汹汹，不妨先辞去东厂提督职，以避其锋。因为这个职务干的是整人的买卖，太招人恨。

魏忠贤想了整整一晚。他所想的，大概非常复杂。一是怨新君冷酷。我一个前朝老仆，苦心维护了权力过渡，在新朝又并无错谬，竟然就这么被视如敝屣。二是叹时不利兮。假使再挺下去，反对声浪在皇帝纵容之下只能越来越高，等于自取其辱。三是恨自己胆量太小。当初若放手一搏，胜算亦有八九分不差，无奈被庸碌之辈拖住了腿。

再三权衡之下，他觉得只有全退，才有可能最大限度地保全自己。于是第二天，他就上疏"引疾辞爵"。这是明代官僚受到弹劾时的一般反应，东林党当初就是这样被阉党一个一个逐走的。

如是皇帝深信之人这样做，那肯定要有一番真诚的挽留。但若是皇帝猜忌的人这样做，那就正中了皇帝的下怀。

崇祯当然乐得省事，一见辞呈就准了："准其私家调理。"让回家去养病，是官面的说法，而在实际上，是叫魏忠贤交出司礼监和东厂大印，到白虎殿去为先帝守灵。这是不大不小的一个处分。

这个结局，让魏忠贤悲不自胜。挽留没有，安慰的话也没有，连个正面的结论都没有，显然就是一脚踹开！

对此，他一是赌气，二是斗志全无，几天后索性上疏辞去公、侯、伯三爵，上缴封诰、铁券和田宅。

崇祯不管那么多，照单全收，让吏部等衙门去好好查收登记。同时又下诏，降了魏良卿等魏氏侄、孙辈的官职。

到此，显赫一时的魏公公成了"白人"一个了。权力冰山之消融，就在君王的喜怒之间！当初乘风直上时，哪想得到今日坠落之快！他也许有点儿明白了：昔日予取予夺、盘踞高位，跟他自己的功德实在是并没多大关系！

魏公公这只凤凰落了架，有人可就要狠命地叨他的羽毛了。言官们这次是揭发的主力，户科给事中段国璋、礼科给事中吴弘业、户部主事刘鼎卿、御史安伸、龚萃肃等均有疏上，对准阉党骨干周应秋、崔呈秀、田尔耕、许显纯、倪文焕、阮大铖、刘志选、潘汝祯等一通狂扫！

这些弹劾奏疏，件件都指向罪魁魏忠贤！

崇祯一件件看过，顿觉触目惊心。大概以前他只是对魏忠贤的跋扈有所愤恨，没想到魏忠贤在这么多领域都有"滔天罪行"。

他略做调查（调查对象也许是近侍，也许是岳丈家），受访者都异口同声说弹劾是实，并无水份。

其中，逼死贵人、动摇中宫一节，大小太监都可以作证。此外，削夺大臣、狱毙忠良，窃取兵权、把持要津、搜刮富户、追赃归己等种种，其暴虐程度，都远远超过了崇祯原先的耳闻。尤其是趁天启病重时，仍假传圣旨荫封客氏、提拔亲信等，更是蔑视皇权到了极点，让崇祯无法容忍。

少年天子终于发怒了！

内外大臣专权，历来都有，但不能严重侵害皇权。宋代以后，皇权制度渐趋完善，大臣或者宦官能架空皇帝的现象比较罕见。如果有，对之打击或清算的程度也非常厉害。崇祯与魏忠贤之间的较量，实质就是皇权与内臣擅权的争斗。

这是国家之根本，岂容含糊，所以崇祯出手非常果断。

魏忠贤离职三天后，十一月初一日，崇祯下诏："崔呈秀着九卿会勘，魏忠贤押发凤阳看守皇陵"。凤阳是朱元璋的"龙兴"之地，凤阳皇陵埋的是朱老皇帝的父母。让魏忠贤去皇陵，是担任"司香"。这是宦官阶层里最末等的活儿，等于就是打扫卫生的。

崇祯还传谕内阁，表示"逆恶魏忠贤滔天罪状，俱已洞悉"，这次除恶务尽，孤家绝饶不了他！

这道谕旨写得怒气冲天，我不妨照录，大家只要明白个大概，也就知道崇祯发了多大的火了。

谕曰：

> 今赖祖宗在天之灵，海内苍赤有幸，天厌巨恶，神夺其魄，二犯（指客、魏）罪状次第毕露。朕又思忠贤等不止窥攘名器，紊乱刑章，将我祖宗蓄积贮库、传国奇珍、异宝金银等物朋比侵盗，几至一空。何物神奸，大胆乃尔！本当寸磔，念梓宫在殡（先帝未葬），姑置凤阳。即将二犯家产，着锦衣卫同五城及缉事衙门亲诣

住所，一应家赀赃物，尽数籍没入官。其原籍违式服舍等项，有司清查确奏。如有隐匿蒙蔽等情，许据实纠参，一并连坐，亦不得株连无辜。其冒滥弟侄亲属，俱发烟瘴地面，永远充军。呜呼！大奸脱距，国典用彰，苟丽于辟，情罪允孚。特谕。

（见《崇祯长编》《国榷》）

这就意味着，魏忠贤可不是一般的犯了错误，这是要拿他当秦桧批判了！

魏忠贤的那位哥们儿、大太监徐应元急了！也许是念旧，也许是兔死狐悲，也许是受人之托、于心不安，忽然站出来为魏忠贤讲情：皇爷，能否宽缓则个？

崇祯是个冰雪聪明的人，一听就知道这俩没卵的早就有勾结。三问两问，又问出魏忠贤辞职，原来是徐应元出的高招儿，更是气恼，破口大骂："奴才们与奸臣相通，笞一百棍，发南京去！"（《明季北略》）也有另外的说法，是说把徐应元发到显陵当差去了，后来又改调去了凤阳。显陵是嘉靖皇帝老爸的陵墓，在今湖北钟祥市。）

这人的结局不知怎么样？这一去，如果是活过了甲申年，那还真是不错。否则，后来陪着崇祯上煤山的，有可能就是他了。

至此，距离崇祯即位不过才一个多月，一棵虬结老树，就被他连根拔起。

自古英雄出少年。崇祯这一辈子，也就英雄了这一回。《明史》赞美他"承神熹之后，慨然有为；即位之初，沈机独断，刈除奸逆"，这些都说得不错！

不过崇祯也并非了不得的神人。扫荡魏忠贤的大胜，他是占尽了天时、地利、人和。尤其"人和"一项不可低估。他一个人与一个集团对垒，若不是阉党"恐外有义兵"，一百个崇祯也会被魏忠贤拿下。

崇祯不动刀兵就平了大患，是他的至福，但也给他留下祸根。从此他在处理政务时，老是认为自己可以独断，且无往而不胜。当积重难返的内外问题摆在他面前时，他的"天纵英明"往往就不灵了。

　　魏忠贤作恶多端，树敌满天下，只要保护伞一失去，自然有人会拼了命来攻。崇祯其实是坐收了渔利，唯一可获高评价的，是他对事态节奏的把握极有分寸。魏忠贤实在不熟悉这引而不发的套路，所以应对失当，步步溃败。

35
小窗外忽然飘来一支催命曲

　　事态发展至此，已无任何悬念。一个"大人物"的终局，就在眼前了。

　　崇祯之所以要把魏忠贤赶出京城，估计是从诸臣的奏疏中体悟到，魏是一个能量很大的政治高手，如果不把他与阉党其余的人分隔开，阉党势力是不好清理的，而且说不定迟早还会生事。

　　以崇祯对魏忠贤下的结论来看，要剐十次也是够的了，之所以还是以罪臣待之，放了老魏一条生路，是因为目前还在先帝丧期，开杀戒不太合时宜。对这种除了专权别无所能的大珰，只要政治上判了死刑，也就够了。

　　事情若就此了结，那么老魏的结局也还不算太凄惨。害死了那么多忠良与无辜，总还保住了一条命。政治上的失势固然很窝心，但史上有几个权臣是能善始善终的？

　　可是事情又有了变化。

　　首先是攻魏的诸臣不能就此罢休。既然得罪了魏忠贤，就一定不能让他有一点儿复起的可能性。皇权之下，什么事情都可能发生，万一崇祯爷将来也活不长，或者万一崇祯爷将来又赏识了哪个阉党，事情在一夜之间翻过来，也不是不可能。

　　因此在"擒贼先擒王"的规则之外，其实还有一条"搞人要搞死"

的潜规则。

就在魏忠贤下台之后的几日，攻魏的奏疏无日无之，目的也就是要把他搞死。

此外，魏忠贤自己也有很大问题。他自天启元年当了内廷的"领导干部"之后，就一直扶摇直上，没受过大的挫折，缺乏必要的宦海历练，心理承受能力较差。从被劾开始，对世态炎凉的反应就有些过激。

当权之时，众喽啰今日通关节，明日报缉捕；今日送本来看，明日来领票拟；今有人送礼，明日有人拜见，何等热闹！而今一有风吹草动，登时车马冷落。连亲信刘若愚、李永贞，还有几个掌家，无事也来得少了。干儿子们更是绝情，一个也不来了。

只有一个周应秋，跑来捧着魏公公的脚，大哭："儿子如何过？"（《启祯两朝剥复录》）忠心倒是忠心，也不过徒惹人笑话。

魏忠贤除了对崇祯怨恨之外，对众人的这种势利心态也很激愤，交出魏家所有的封爵、铁券等等，就是他的过激反应之一。

这方面，他就远不如崔呈秀"皮实"了。崔呈秀对宦海风波看得多了，走就走，决不张扬。一下台，崔呈秀就知京城不可久留，多留一天，众人的弹劾就会升级一个高度。所以他连家财都来不及收拾完毕，把部分财宝埋于宅子地下，托付给几个家人照看，自己带着老婆和爱妾立刻开溜。行前，连魏公公也不去拜别了，一切低调从事。

离京那天，崔家的车马才出宅未远，就见乌鸦似的一群人拥上来，围住轿车。崔呈秀还以为是各衙门派来送行的，哪知道都是来"倒赃"的。那些人扯住崔家的人嚷道："事既不成，还我银子再去！"崔呈秀心理承受能力极强，只当听不见，催车马快走。

魏忠贤若有这等脸皮，那倒好了。跋扈了七年，看惯了别人的谄笑，他实在咽不下这口气。安置凤阳的诏旨一下来，他吃定崇祯再也不能把他怎么样了，心里反倒踏实，心想到了凤阳，也"不失为富家翁"。

于是他不顾崇祯有令要将他的家私全部籍没入官，命心腹把金银财宝四处转移，转移不了的，装了40余车，准备起运凤阳。

他这样想，也许有一定道理。前朝也有在政治上失势、但可安享天年的大太监。万历十年的冯保就是一例。

可是，人家冯保没杀过人啊！

还有，人家冯保是万历皇帝小时候的"大伴"（男保姆），你是吗？

魏公公忽略了这些，他只管做他的富贵梦。

那些带不走的家私，都散给门下众宦官。又送了些给候家（客氏儿子家）做纪念。

临行前一晚，魏忠贤与李永贞、刘若愚等人说了半夜。说着说着，他想起先帝，不禁恸哭，众人也哭个不止。

第二天离京，场面冷冷清清，只有李永贞、刘若愚二人相送。魏忠贤向阙叩头谢恩，望见三殿巍峨，不由叹道："咱也不知结了多少怨，方得成功，好不忍离！"说罢，洒泪而去。

陪他前往凤阳的，是他的亲信李朝钦，还有家丁六十儿。这个李朝钦，是魏忠贤的贴身太监，据说实际上就是男宠，是真正的"死忠"一个。史料上也有另一种说法，说是李朝钦并未随行，而是后来受李永贞派遣，去给魏忠贤飞马报信的。我在这里采取前一说。

走得虽然凄凉，但前"九千岁"出京，瘦死的骆驼怎么也要比马大！魏忠贤以平时蓄养的私人保镖"八百壮士"做护卫，刀枪耀日，乘马千匹，浩浩荡荡押着40车财富出发了。一个下台干部，能有这么大阵势，也真是令人难以置信。所以在此，我比较相信另外一种说法，那就是仅有壮士数十人，马数十匹。就这也够威风的了。

李永贞历来狡黠多谋，他担心魏公公这么招摇，又会惹出什么事来，就劝魏忠贤谨慎些为好。魏忠贤不听，说："皇上倘要杀我，就等不到今日了！"

这支奇怪的队伍，在押送太监刘应选、郑康升的监督下，出都门南下。出城后，魏忠贤看见顺天府通判孙如洌建的生祠，已被民众拆得只剩败壁残垣，又觉好生伤感。

刘若愚、李永贞等送了30里，长亭上，三人执手大哭而别。

初冬日，头上连南飞雁都没有了，满野是萋萋荒草。想想来京的那时候，是万历十七年（1589），那是什么年月？

那时还是 21 岁出头的小伙子，转眼间，"今日临歧鬓发凋"。

富贵一场。梦一场。人生真是不堪磨啊！

魏忠贤之所以要这样大摇大摆地出京，也是有赌气的成分在内。一是给世人看看，我魏某架子还没倒掉。有先帝的遗言在，我到底还是个人物。二是给崇祯看看，你尽可以随着性子来，但我毕竟是先朝老臣，大不了白帽子一顶去养老。你还能怎么着？有本事把你哥哥全盘否定，再来整治我。

他这一摆谱，当然有看不下去的。通政司使杨绍云马上奏报，说魏忠贤身边"啸聚者多枭雄敢战之辈，忠贤辇金而结之，安知无揭竿响应者乎？东南半壁，恐非宁宇矣！"

这已经是在夸大其词了，还嫌不够耸人听闻，又说"况凝秀（崔呈秀之弟）已建旗鼓于浙水之上，同心合谋，与皇家作难，再以心腹爪牙为之内应，未雨之防，不可不早讲也。臣闻其在途拥兵千余人，皆久蓄亡命，弓上弦，刀出鞘，声势鸥张，如叛逆然。与其降发凤阳，待其叛也，而后擒之，劳师动众，不若早肆市为便也。"（《玉镜新谭》）

"建旗鼓"，就是拉队伍造反。崔凝秀当时在浙江任总兵，有点儿兵权不假，但如今怕也是提心吊胆在过日子，怎么可能扯旗起事？这道奏疏，将魏忠贤出京的排场无限放大，成了炫耀武力。这就是想激怒崇祯，下令宰掉老魏。

不管造反的事情有没有，这层意思是说出来了。崇祯这会儿当然不可能讲实事求是。有没有人跟随吧？有。有就是叛逆，就是向皇帝示威。

加之这几天奏疏特别多，都是敦促崇祯"除恶务尽"的。崇祯看罢，果然被激怒，于十一月初四给兵部发去一道谕旨：

> 逆党魏忠贤窃国柄，奸盗内帑，诬诎忠直，草菅多命，狠如狼虎。本当肆市以雪众冤，姑以从轻发凤阳。岂巨恶不思自改，致将素蓄亡命之徒，身带凶戈恶械随护，势若叛然，朕心甚恶。着锦衣卫差的当官旗，前去扭解，交押赴彼处交割。其经过地，方着该抚按等官多拨营兵，沿途护送。所有跟随群奸，实时擒拿具奏，毋情

容赂贿。若有疏虞，罪有所归。

兵部不敢怠慢，马上派千户吴国安带人去追。

这就是缇骑。抓魏忠贤，他们就敢出京了。所谓"扭解"，就是绑起来押送到目的地，交给皇陵管理处。

这对魏忠贤，还只是个侮辱，没说要他的命。主要是想把他带的那一伙人给擒住，不能让他们成气候。

就在魏忠贤离京的这两天，李永贞、王朝用按照事先的约定，频频派人将京城情况飞报给途中的魏忠贤。

没有什么好消息。想都能想得到的，这回轮到阉党纷纷落叶如振槁了。周应秋、田尔耕、朱童蒙等被拿掉，徐应元被打发到显陵去了；各镇监军太监都已撤回；起复东林党的话头也被提起。

"怅望南云鸿雁断"！这个季节本来就不好，一次次的密报又如反复的锤击，让魏忠贤的心情十分抑郁。

魏忠贤一行出京后，一路经良乡、涿州、新城、雄县、任丘、河间、献县，于十一月初六日，到了阜城县地面。在距县城 20 里的新店，只见后面远远地来了四个人，都骑着马，像是番子手（东厂侦缉）的模样。

四位长髯公扬鞭直奔轿前。魏忠贤望见，不知有什么事，吃了一惊。只见其中一个跳下马来，向魏忠贤磕了个头，起来走到近前，附在耳边说了几句，又跳上马。四人便如飞而去。

四人走后，魏忠贤只是在轿中老泪交流。

原来，这是他在京中的死党派人送了信来，说皇上已向兵部下达了逮捕令。

李朝钦不知为何事，打马赶到轿前，见魏忠贤流泪，心知不妙，低声问道："是何事？"魏忠贤道："皇上着官校来，扭解到凤阳，还不许你们跟随哩！"

李朝钦一听，知道彻底完了，也泪如雨下。魏忠贤道："且莫声张，依旧赶路。"

是日晚，来到阜城县城。这地方比较偏僻，店铺不多。魏忠贤一到，人马把客店几乎都给挤满了。魏忠贤在县城南关拣了一间较大的店住下，店主叫尤克俭。

饶是如此，这个店还是简陋得难以忍受。门窗透风，炉火不暖，一灯摇曳。

随从的厨子做了精美饭菜，魏忠贤也无心下咽。饭后，他叫李朝钦与其余诸人先睡了，明早好赶路。自己在灯下僵卧长叹，想事情。

他万料不到：不到两月间，赫赫权势就成了南柯一梦。昔日公卿的性命也是捏在咱手里，今日却连小儿也都可来唾一口，这天上地下的差别，怎么能忍？

错就错在小看了新皇帝的韬略，以为黄口小儿又能狠到哪里去。却不知，错过了一日，就丢了一世，如今再无反手的机会了。随身虽还有千余壮士可用，但即便是逞了匹夫之勇，反他一家伙，也是杯水车薪。看出京时的那景象，又怎能有人来呼应？还不是死路一条。

无论怎么说，都逃不过这一剐了。那缇骑诏狱、十八般刑具，昨日都是我以之对付东林党的，这滋味真要让我自己来尝，岂不是让天下人笑话死？

据说这晚上，旅舍外有一位从京师来的白书生，一直在唱一支小曲《挂枝儿》，声极凄凉：

> 听初更，鼓正敲，心儿懊恼。想当初，开夜宴，何等奢豪。进羊羔，斟美酒，笙歌聒噪。如今寂寞荒店里，只好醉村醪。又怕酒淡愁浓也，怎把愁肠扫？

> 二更时，辗转愁，梦儿难就。想当初，睡牙床，锦绣衾裯。如今芦为帷，土为炕，寒风入牖。壁穿寒月冷，檐浅夜蛩愁。可怜满枕凄凉也，重起绕房走。

> 夜将中，鼓冬冬，更锣三下。梦才成，还惊觉，无限嗟呀。想当初，势倾朝，谁人不敬？九卿称晚辈，宰相谒私衙。如今势去时衰也，零落如飘草。

> 城楼上，鼓四敲，星移斗转。思量起，当日里，蟒玉朝天。如

今别龙楼，辞凤阁，凄凄孤馆。鸡声茅店月，月影草桥烟。真个目断长途也，一望一回远。

　　闹攘攘，人催起，五更天气。正寒冬，风凛冽，霜拂征衣。更何人，效殷勤，寒温彼此。随行的是寒月影，吆喝的是马声嘶。似这般荒凉也，真个不如死。

这分明就是催命曲啊！听得魏忠贤万念俱灰，长叹一声："似这般荒凉也，真个不如死！"

《明季北略》里记录了这首曲子，并说"时白某在外厢唱彻五更"。我们就姑且信之吧。

魏忠贤想了半夜，想好了，独自起身，解下腰带悬梁自尽了。李朝钦从梦中惊醒，见魏忠贤已经挂在那儿了，知道自己也是没活路，跟着便也挂上了。

天亮后，家丁六十儿见房里没有动静，开门一看，一双人在那里吊着，吓坏了，便嚷将起来。押送太监刘应选也被惊动，进来看见老魏死了，大惊。他怕皇帝怪罪下来，索性叫心腹搜了搜魏忠贤的身上和屋子里，把值钱的东西拿了些。然后大呼小叫，谎称魏忠贤跑了，乘马向南而去，从此便没了踪影。

另一个监押官郑康升闻讯到房内看时，见二人何曾逃走，不正双双吊在梁上么？连忙找来了地方乡保，申报本县。一面通报上级抚按，即刻差官检验。

差官会同知县来到南关客店内，恰好锦衣卫官校吴国安等也到了，就会同勘察了现场，认定死的是魏忠贤、李朝钦无误。又查得行李内玉带二条、金台盏十副、金茶杯十只、金酒器十件、宝石珠玉一箱等物，都开列了清单报都察院。随行的人役，交给锦衣卫官校并监押太监带回京覆命。又让地方上买棺收殓，候旨发落。

消息传出，当地人都来看热闹，一片杂乱。"八百壮士"和随从怕承担"从逆"的罪名，谁肯被带回京，便趁乱把40车行李大部瓜分，一哄而散。

家丁六十儿没跑，他在收殓时哭道："老爷枉做了一场大梦，今日见阎王爷不知怎的发落？"

魏忠贤自缢的消息，到了十一月十九日，才由直隶巡抚上报到崇祯那里。崇祯批复"姑与掩埋"，指示将行李解到河间府然后奏明情况，并叫把押解官郑康升解来司礼监问讯。至于魏的家人六十儿、店主、骡夫，审过以后就可以放了。

魏忠贤死了！

这好消息来得太急，也来得太晚！百姓们一片欢呼，不少人从邻近几十里远跑来看奸贼下场。

民间的怨怒，压制只能是一时。一有突破口，就会奔涌而出，

时隔半年不到，民间就有大量描写魏忠贤乱政的戏剧、小说问世。先有《警世阴阳梦》，继有《魏忠贤小说斥奸书》《皇明中兴圣烈传》《新镌魏监磨忠记》等。有关史著也相继问世，如《玉镜新谭》《杨大洪先生忠烈实录》《周吏部纪事》等，风行一时。

魏忠贤的形象，自那时就基本上定格。380年来，无人能翻，也无法翻过来，尽管"余孽"们在后来也有蠢动，但往恶人身上贴金，要想成功，除非全天下的良心都灭绝干净，那是连秦始皇也做不到的！

树倒猢狲散，有些人死了，臭名千年万年为人唾骂。有的人还活着，不知命运是否能好一点点？

36
横扫一切牛鬼蛇神

魏忠贤一死，阉党作为一股政治势力，就完全失去了能量。虽然他们人还在朝中，却个个都成惊弓之鸟，只能缩着头等挨宰了。

继清除了魏忠贤之后，崇祯下一步要干掉的，是另外两个首恶——崔呈秀、客氏。

十一月初九日，魏忠贤已吊起来了，但京师并不知道，对崔呈秀的总清算就开始了。户部员外郎王守履上疏，论其可杀之罪。崇祯批示：将崔呈秀"先行削了籍为民"，然后交三法司会勘。

将人拿到三法司去会勘，就是要定罪。昔日堂上高官，今日要成堂下罪囚了。

此时崔呈秀在老家蓟州，将搜刮来的古玩珍宝陈列于室，日日与妻妾饮酒作乐，正是活一天算一天的时候。听到要会勘的消息，知道这鬼门关是一定要进的了。到十一日，他在家中与宠妾萧灵犀纵情饮乐，喝完一杯，就砸掉一件珍异酒器。而后，带着无限不甘之心，也上了吊。那如花的小妾灵犀，则以利剑自刎而死。

丑类们在世时只恨忠良不早死，可是自己又活了有多长？他们只恨四海宝物不能尽归己有，可是能否有一颗珍珠带过奈何桥？

在猖獗之时，即便有人跟他们说这个，他们恐怕也没有时间来听。笙歌夜夜，哪一场能舍得拉下啊！

崔贼死不足惜，倒是可惜了"殉节"的这位萧氏。她生在宝坻，原是三河县的一位名妓，乳名叫宝娘，别号灵犀。萧灵犀姿容绝世，歌舞无双，虽生长在青楼，却不是倚门卖笑的浅薄之流。吟诗、画兰、弹琴、下棋，无所不通，也是个"秦淮八艳"似的绝世人物。

崔呈秀是个好色之徒，据说有美妾百人，娶了萧灵犀后，万千宠爱集于她一身，一刻不离左右。在崔呈秀悬于书房二梁之后，灵犀不愿再沦落烟花巷中，便以死报主，做了个"烈妇"。

蓟州知府委托兵备道的守备，前来勘验了现场。众官并不把崔呈秀之死当回事，却都叹息这位灵犀之死。

情况上报后，崇祯有旨曰："逆党崔呈秀负国忘亲，通同擅权，虽死尚有余辜，着法司按律确拟，暴著其罪，以垂永戒。"（《明思宗烈皇帝实录》）崔呈秀的儿子崔铎、弟弟崔凝秀也都被遣戍。

剩下一个客氏，就好收拾了。这个蛇蝎妇人自九月被放出宫后，也是在无奈中苟活，日日纵酒销愁。十一月十七日，崇祯再无客气，叫太监王文政把客氏押到宫里的浣洗局，着实审了再说。

魏、崔自杀，逃脱了惩罚。留下一个客氏，就不容她那么轻松去见阎王了。估计是崇祯有令，只要审出一点儿问题，就往死里收拾。

客氏被上了刑，立刻招认：有宫女8人怀孕，都是她私自带进宫的随身奴婢，在宫外面肚子就大了，准备效仿吕不韦事，给天启皇帝准备几个假儿子。

此口供一出，她哪里还得活？立刻在洗衣房被太监们用竹板子活活打死了（"笞掠而死"）。

那一刻鬼哭狼嚎，也是够惨的。不过恐怕也是赵选侍、裕妃、冯贵人、胡贵妃和王安的冤魂一起来缠她，令她不得好死。

客氏那个盗宝的儿子侯兴国，也被逮入诏狱，尝到了酷刑是什么滋味。几天后，与魏良卿一块儿被砍了头。客氏的侄子客光先、客琏等遣戍边地。

阉党里，死的还有一个李永贞。他是一个非常狡猾的人，发觉风向不对，在崇祯即位四天后就上疏告病，想开溜。到九月，崇祯才批准。

十月初，他把自家外宅的小院砌死，自己藏身在里面，昼夜读书打发时间。墙上留有小孔，递进饭菜。到了十月二十六日，他听说皇上批准魏忠贤辞职，以为没事了，便拆了墙出来。

他想赶紧去和徐应元联络，把事情化解一下，却不料徐应元在十一月初给发到显陵去了。李永贞这才有点儿慌，越慌越出错，他竟拿钱去打点王体乾、王文政、王永祚三个太监，每人五万两，让他们在崇祯面前多多为自己美言。

这三个人，这时候哪敢营私舞弊，掉头就把收的银子交给崇祯了。李永贞得知，吓破了胆，与外甥孙良济一起化妆逃跑了。其实，崇祯这时候还不想杀他，只下诏把他也发往显陵。可是圣旨到家后，家人也说不出人跑哪儿去了，其兄李成吓得自杀了。

到十二月九日，李永贞被抓获，押送到显陵去了。这么一折腾，他的另一个哥哥李奉也因忧惧而死。

转年是崇祯元年（1628）。二月，李永贞和徐应元被转至凤阳。三月，有人重新提起话头，李永贞倒霉，被逮至刑部议罪。六月会审，结果是拟斩。他在狱中多次自杀未遂，到七月，脑袋还是给砍掉了。

这个时候崇祯的做法，与他后来的刚愎、急躁作风截然不同。他此刻思维缜密，在对付一大堆阉党人物时，抓住阉党人士的侥幸心理，不徐不急，步步深入，分批收拾。没引起任何混乱，就扫掉了满朝的乌烟瘴气。

《烈皇小识》说他"以予身出入于刀锋剑芒之中，不动声色，巨奸立扫"，这绝非溢美之词。

当时朝中的言官——给事中和御史，大多都是投靠阉党上来的，整肃阉党，不能指望他们。崇祯就紧急提拔了曹师稷、颜继祖、瞿式耜、吴焕等人为言官，让他们大胆揭发。只要有人出头，就好办。其余言官为洗刷自己，也纷纷倒戈，声讨昔日的主子——娘没奶了就不是娘。

从天启七年（1627）的十一月起，清算风潮陡然涌起，一直持续了一年多。

趁着魏忠贤败死之机，崇祯发布命令：第一，对元凶客、魏、崔，要早定"爰书"（判决书）；第二，对"五虎""五彪"等，按照言官弹劾的顺序，由法司依律拟罪。

然而，百足之虫，死而不僵，阉党势力你不扫，他不会自动跑掉。此时主持清理工作的刑部尚书苏茂相、左都御史曹思城、大理寺左少卿潘士良等都是老资格阉党，他们哪里肯卖力？拖了一个月，才在崇祯元年正月二十五日将客、魏的判决书呈上，崔呈秀的还没做出来。

崇祯大为不满，要给阉党分子一点儿颜色看看，下令将魏忠贤尸凌迟、斩首，悬首河间府；在蓟州将崔呈秀尸斩首，客氏尸亦斩首示众。

这脑袋是砍给活人看的，在此重典震慑之下，对魏党的第二波整肃浪潮开始了。

在大臣中，户部尚书张我续、兵部尚书兼蓟辽总督刘诏、工部尚书孙杰、左副都御史李夔龙等一批要员被免职。其中李夔龙、倪文焕、田吉等后又升级为在原籍追赃。

太监中，李实被降职，安置到南京；涂文辅降为小火者（打杂的）。

魏忠贤的亲属中，魏良卿砍头；女婿杨六奇等一大批亲族永戍瘴地。

锦衣卫打手田尔耕、许显纯等削籍、抄没家产，后又升级逮至刑部论死。

这就是现世的报应！狂风怒卷之下，魏党群丑狼狈不堪。

户部尚书张我续，昔年有一个女仆是魏忠贤的本家，他将这个魏小姐娶做老婆，"加于嫡妻之上，进京八抬，称'魏太太'"，公然以魏家姑爷自居。这假姑爷被免官回籍后，百姓恨极，欲拦其轿毁其面！

原宣党头子、南京国子监祭酒汤宾尹，听说魏忠贤毙命，立刻精神失常，癫狂而死，其家为被害者所破！

"十狗"之一、太仆少卿曹钦程罢官，不为江州南康乡里人所容，争唾其面，只好在湖口县买宅居住，但湖口人士相约驱逐之！

还有前首辅顾秉谦，虽然致仕居于昆山老家，也被人弹劾"献媚图宠，廉耻已亡"。家乡士民更是愤而报复，一把火烧了顾家大片房产，将其家财哄抢一空。顾秉谦携带重金逃往苏州租房居住，诸生不容，写呈子给各衙门，要求驱逐。他惶惶如丧家之犬，只得转避南京，不久病死！

　　然而，阉党残余仍在抵制清算，为了减轻自己的罪过，就故意对被追究者轻判。一面是民愤滔滔，一面却是轻描淡写。诸阉党虽交给法司议罪，但定罪书却避重就轻，形同包庇。

　　这个定罪书一出来，引起舆论哗然。

　　山西道御史高弘图三次上疏，说"五虎""五彪"不过是杀人取媚，真正动摇社稷的是刘诏、刘志选、梁梦环三贼。尤其是刘志选，七十白发老匹夫，为钻营竟不惜攻击皇后。

　　三人因此相继被逮。刘志选自知不免，也学了魏公公，上吊自杀了。

　　山西道另一御史刘重庆也上疏，指李永贞、刘若愚、李实罪大恶极，若不刑之西市（砍头），恐被害诸臣必不瞑目于地下。

　　崇祯立刻准奏，将李永贞、刘若愚、李实和许显纯一起交给刑部，均论死。

　　清理阉党的运动，在一个阉党分子遍布的大环境下，犹如号召人家操刀割己，那是不可能痛痛快快的。阉党如不从整体上搬掉，新政就无从谈起，正人也无法起用。

　　崇祯对这一点看得很明白，他用了两个办法来应对这一困局。

　　一是在崇祯元年（1628）四月，果断启用刘鸿训为礼部尚书并入阁，使内阁有了很好的带头人。刘鸿训，字默承，山东长山人，是万历四十一年（1613）进士。天启元年曾任少詹事，负责的是太子的事情，是个闲职。后因得罪了魏忠贤而丢官。

　　刘鸿训与阉党没有任何瓜葛，执行崇祯的命令就不像其余阁臣那样"肉头"，到任后数月间，一连气儿建议罢斥杨维垣、杨所修、阮大铖、李蕃、贾继春、霍维华等一帮想金蝉脱壳的阉党分子，令人心大快。可惜阉党分子仍有能量，于半年后便把这个刘鸿训撵下了台。

　　崇祯的第二手，是推翻《三朝要典》。这是明朝遇到的"两个凡是"问题。《三朝要典》虽是阉党炮制，但由天启帝钦定，有先帝的"御制序"，要推翻它，人们不免投鼠忌器。

　　但是让它摆在哪里不动，就是新政路上的一座大山，导致阉党不能尽罢、东林不能解放。

崇祯元年（1628）三月，新任兵部主事别如纶就谈到这一问题，认为应该删削。四月，翰林院侍读倪元璐又论此事，认为应该销毁。

倪元璐说，这实在是一部恶史，魏忠贤要借这"史"杀人，众宵小要借这"史"攀爬；有此"二借"，谈何公正？在史书中颠倒黑白，这就是魏阉遗迹，"逆党之遗迹一日不灭，则公正之愤千年不释！"这位当时的小知识分子的史观，相当之进步，他痛斥道："以阉竖之权，屈役史臣之笔，亘古未闻！"（《崇祯长编》）

不仅是阉竖，任何强权加于史著的歪曲与粉饰，都无异于掩耳盗铃！你那么说，后代人真就那么信吗？

崇祯原先不想去触动他哥哥的问题，但看了倪元璐的奏疏，大为折服。当时内阁辅臣之一的来宗道，对这个奏疏有个票拟，说是"所请关系重大，着礼部会同史馆诸臣详议具奏"。这是想把问题"研究研究"，搁置下来。崇祯果断批示："听朕独断行！"（《烈皇小识》）

这是他主意已经定了，要推翻《三朝要典》！这是意识形态大翻盘，有人马上如丧考妣，怕这个文件一失效，"三案"再翻过来，自己要受牵连。

经过廷臣之间的激烈辩论，崇祯认为火候到了，于五月初十日下诏：销毁内外所有《三朝要典》及书板，并强调："自今而后，官方不以此书定臧否，人才不以此书定进退。"（《崇祯长编》）由此，为大规模清洗阉党扫清了最后的障碍。

经过一年多的清理与反清理，到崇祯二年（1629）正月，崇祯决定要"定逆案"，也就是确定一个阉党的正式名单，分类分等级，拟出处理办法。第三波、也是最彻底的一次清理就此开始。

正月二十四日，崇祯召集内阁辅臣韩爌、李标、钱龙锡及吏部尚书王永光、刑部尚书乔允升、左都御史曹于汴等，下达了定逆案的方针、原则和具体标准。特别要求"卿等数日内确定，不许中书（秘书）参预"，由阁臣按等级分列名单，刑部尚书附上相应的惩治条例。

但是这个临时组成的专案组，非常不得力。首先吏部尚书王永光本人就是个阉党，"素附党，仇东林，尤阴鸷"——不是个什么好鸟。

再有韩爌、钱龙锡等都是端厚谦和之人，"不愿广搜树怨"（《国榷》）。现今的一般史家也都认为，他们对朝中残存的阉党势力有所畏惧，企图和稀泥。

由于上述原因，第一次报上的名单仅有约 50 人。崇祯很不满意，要阁臣们广泛搜求，一个不能少，且要给予重处，起码是削籍处分。

韩爌等没法子，又报了一次，不过还是几十个人。崇祯这次发火了，直接说他们办事"不称旨"，当面批评道："忠贤一人在内，苟非外廷逢迎，何遽至此？"意思是说，假若只有这 50 多人，怎么能掀起那么大的浪来？崇祯又见内廷阉党一个也没涉及，便说："其内臣同恶，亦当入之！"

阁臣立刻表示为难，说外廷不知内廷的事。

崇祯又火了："岂皆不知，特畏任怨耳！"（夏允彝《幸存录》）——你们是怕招怨吧？

这又是另一个问题了。内廷与外廷的关系，向来微妙。韩爌他们考虑的是，不能因此而与内廷结怨，否则会给以后的内阁带来无尽的麻烦。你崇祯皇帝撑死能执政多少年，内廷与外廷的关系却是需要长期维护的。他们几个不愿意搞扩大化，我以为倒还不是为了私利。他们考虑的是内阁制度的长远命运，考虑的是士大夫阶层相对于皇权的某种独立性，所以不愿意"整人"。

几天后，崇祯又召韩爌等阁臣，打开一个黄皮包袱，里面全是诸臣以前为魏忠贤歌功颂德的"红本"（奏疏）。崇祯说："此皆结党实迹也，当一一按入之。"

韩爌等人知道崇祯真的是要撒大网了，只得随他去，但是坚决不担这个责任，说："臣等职掌，唯司票拟。三尺法非所习也！"先秦时代以三尺竹简书写法律，故称"三尺法"。法律这玩意儿，你找司法界人士去吧。

崇祯也真是服了这帮人了，只好转而责成王永光，让他来干。但王永光哪里肯，推辞道："吏部只谙考功法耳，不习刑名。"这个，我也干不了！

不久就有人弹劾王永光，说他过去"阴附阉党"，现在又"阴护持之"，他只得退出专案组。

崇祯气得没了脾气，把刑部尚书乔允升找来，叫他"据律定罪"。司法大僚，你总没得推了吧？

如此，又经过草拟第三、第四道名单。在崇祯的监督下，拾遗补缺，最后定下261人，罪分七等。文件名曰《钦定逆案》，于崇祯二年（1627）三月十九日，以谕旨形式向全国公布。

据《明史·阉党传》七等定罪的名单是：

一、首逆凌迟者二人：魏忠贤、客氏。这两人犯的是"谋大逆"罪，判决仅为名义，因两人早死并已经"正法"了。

二、首逆同谋论斩者六人：崔呈秀、魏良卿、侯国兴、李永贞、李朝钦、刘若愚。逆案公布时，前五人或自杀或已处死。考虑到这一等里目前一个能杀的也没有，不大好看，因此把刘若愚顶上。可是刘若愚最终也没死成，侥幸被宽恕，写了一本阉党实录《酌中志》，很有名。

三、交结近侍秋后处决者十九人：刘志选、梁梦环、倪文焕、田吉、刘诏、薛贞、吴淳夫、李夔龙、曹钦程、许志吉、孙如洌、陆万龄、李承祚、田尔耕、许显纯、崔应元、杨寰、孙云鹤、王体乾。这一等里基本都是核心人物，只有一位级别相当低的，就是提议要把魏忠贤与孔子并祀的监生陆万龄。

所谓"交结近侍"，就是阿附魏忠贤，其罪名为"诏附拥戴"，也就是诸衙官吏与内官交结、泄露事情、夤缘作弊等。这些人皆被论以斩首，秋后处决。其中田尔耕、许显纯恶有恶报，被"请君入瓮"，遭到酷刑拷打。

四、结交近侍次等充军者十一人：魏广微、崔应秋、阎鸣泰、霍维华、徐大化、潘汝桢、李鲁生、杨维垣、张讷、郭钦、李之才。这一类多是廷臣，首要者为罗织陷害六君子的罪魁。

五、交结近侍又次等，论徒三年、输赎为民者一百二十九人：顾秉谦、冯铨、张瑞图、来宗道、王绍徽、阮大铖等。这一等里多是当年为"三案"翻案者。

六、交结近侍减等革职闲住者四十四人：除黄立极、施凤来两人为阁臣外，其余为太监与客魏亲属。

七、魏忠贤亲属及内官党附者五十余人，另行处置。

此外还有"附逆案"及"附逆案漏网"者若干。

与钦定逆案的同时，南北两京在崇祯二年还开始了"京察"，分别剔除了一些阉党分子。

对崇祯定的这个逆案，在当时和后世都有不同看法。不过大多数人都认为崇祯"除恶务尽"的干法，实为远见卓识。不过，对于其中细节当时就有一些异议，有人说太过了，也有人说力度还不够；有人说有漏网之鱼；也有人说某人冤枉、不应列入，等等。些许误差可能会有，但我以为，这都无关紧要了。

政治问题，看大不看小。崇祯这一槌子砸下去，阉党案才算尘埃落定。

即使这样，阉党分子在明末及明亡后仍有死灰复燃的，以阮大铖在南明时期闹得最凶，甚至到了抗清事小、对东林反攻倒算事大的地步，把个小朝廷弄得乌烟瘴气。此乃后话。

总之，牛鬼蛇神谋权有道，贪财有术，但就是长不了。

七年猖獗，三年横暴，终归是镜花水月！

魏忠贤最终是凄凉自尽，脑袋被砍下来，悬挂在河间府。因为这里是明朝出太监的两大主产地之一，崇祯这么处置，是想以此警告后来者。

魏家在京中和肃宁老家的宅子被抄没或平毁，金银财宝也被送入内库。时人嗤笑道："可笑魏忠贤今日乞恩，明日乞赏，克国剥民，何曾留得一件自己受用？守得一件传与子侄？何曾留得寸土自己养身？留得一间与子侄栖身？"（《梼杌闲评》）

不仅如此，连累魏氏一门老小也跟着遭殃。据说，行刑时"俱骈首就戮，婴孩赴市有酣睡未醒者，天下以为惨毒之报，无不快之！"（《明史本末》）此事究竟有没有，尚存疑，因为崇祯念他的几个侄孙不过小儿，是免了罪的。连小儿都不免，就算是人们所希望看到的吧！

魏良卿为人还算谨慎，口才也好，才风光了几年就被灭了，还不如当初继续蹲市场。侯国兴据说简直就是个智障了，与人说着话，打个哈欠就能睡过去。不过看他盗宝的那种贪婪劲头，似乎也不糊涂。两人都是进了诏狱后，被砍头的。

据说，魏忠贤在阜城自杀后，河间府肃宁老家的村里，凡姓魏的，都怕受牵连，一跑而空，几年后才敢回乡，且都改姓了"卫"。

说来数客氏最惨，不敢自己死，结果就是既辱且死。原本崇祯只命内廷"宫正司"先重打一百竹板，再发法司勘问的。结果人送到刑部监狱时，早已给打烂了，死了多时了。

客氏死时，侯国兴已被关入诏狱，宅子也被封了，家人逃个干净，没有人敢来收尸。

崇祯元年（1628）五月，刑部会审许显纯、崔应元等阉党分子。许显纯以自己是万历孝靖皇后（即泰昌帝生母王氏）的外甥，要求给予减刑。

年仅 19 岁的黄宗羲来京为父申冤，当时也在场，他严辞斥道："显纯与阉构难，忠良尽死其手，当与谋逆同科。夫谋逆则以亲王尚不免诛，况皇后之外亲！"说着，从袖中抽出一柄铁锥，猛刺许显纯道："我看你招与不招！"锥锋至处，血流遍地，吓得许显纯伏地叩头："愿招！愿招！"崔应元也吓得瘫作一团。

在强大的舆论压力下，许、崔两人最终被判死刑。黄宗羲也没饶了崔应元，痛打他一顿后，拔了他的胡须去祭祀先父亡灵。

李实在受审时辩解说，当年以他名义诬陷黄尊素等人的奏疏，是魏忠贤指使别人冒名在空奏疏上填写的。在审讯前，李实还曾托人给黄宗羲送银三千两，乞求不要再追究他。黄宗羲严辞拒贿，并且上疏道："李实当今日，犹能贿赂公行，其所辩岂足信！"崇祯见疏后下诏，令刑部复审，追究李实的贿赂罪。大堂上，李实还想狡辩，忽见黄宗羲从袖中抽出利锥，竟吓得连喊："愿招！愿招！"许显纯等人斩首之日，黄宗羲偕同被害朝官的子弟，设祭诏狱中门，祭奠忠魂，一时哭声震天。黄宗羲把众狱卒召集在一起，晓以大义，而后问道："你等作恶，虽属受人指使，但罪责难卸。只要你等讲出谁是杀害家父的凶手，其余免究！"

众狱卒指认道："是叶咨和颜文仲亲手用毒药害死黄公的。"二狱卒连忙跪倒在地，大喊："饶命！"黄宗羲大喝一声："恶贼！岂可饶你！"抽出利锥猛刺，把两个狱卒刺死狱中，以祭奠英灵。

众子弟祭灵的哭声传入宫内，连崇祯也叹息道："忠臣孤子，甚恻朕怀！"这正是：逆贼授首，忠正洗冤！

权势之上，自有法制；若法不能制，必有人心；若人心不能制，终还有天道！如今，是天道转回来的时候了。袁化中之子袁勋于崇祯元年二月最先上疏，开烈士子弟诉冤之先河。继而，时为浙江诸生的黄宗羲上疏崇祯，字字血泪，历述冤者惨状，将迫害黑幕逐一向世人揭开。

紧接着，户科给事中瞿式耜上疏为杨涟、魏大中、周顺昌鸣冤，其文堪称古今第一正义檄文，字字作金石声。

十月，魏大中之子魏学濂上血书为父鸣冤。几天后，杨涟之子杨之易亦上血书。十二月，周顺昌之子周茂兰又上血书。

这种浪潮，连崇祯也觉得招架不住了，连忙下诏制止，说血书原非奏疏格式，不要再上了。不过，他倒是认真读过每一篇的，颇有触动，曾撰文将周顺昌比做屈原、岳飞。在旧时，这可以说是最高的评价了。

大明朝的此时，妖孽遁形，天地从此一新。

这是少年对老朽的清算，这是正义对黑暗的声讨。在历史上，正直的人难得扬眉吐气，但只要有这样一回，就证明大道不灭，公理永存！

崇祯元年九月，有诏，为已故诸君子追赠荣衔、官职和谥号，备极荣耀。谥号中，大多都有一个"忠"字。

这就是万古的伦常！尽管他物换星移，尽管他潮流浩荡，但总有一种东西，我们蔑视不得、抛弃不得，要永远敬畏。

那就是做人的最高准则——礼、义、廉、耻。

河之汤汤，海之渺渺，历史之莽莽苍苍，都掩不住、淘不尽人性之光！

从善者，永向善之光明地疾行；为恶者，永向恶之渊薮处沦落。